YULONG
XIANYU PINKUN
ZHILI CHUANGXIN

玉龙县域贫困治理创新

孙兆霞　毛刚强　王春光　◎著

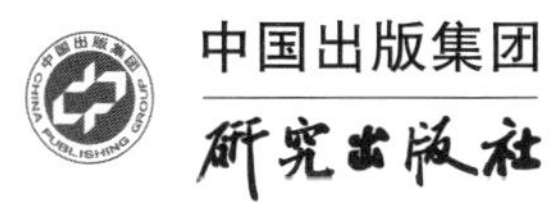

图书在版编目 (CIP) 数据

玉龙 : 县域贫困治理创新 / 国务院扶贫办
组织编写 . -- 北京 : 研究出版社 , 2020.11
ISBN 978-7-5199-0750-1

Ⅰ . ①玉… Ⅱ . ①国… Ⅲ . ①扶贫 – 研究 – 玉龙纳西
族自治县 Ⅳ . ① F127.744

中国版本图书馆 CIP 数据核字 (2019) 第 184503 号

玉龙：县域贫困治理创新
YULONG：XIANYU PINKUN ZHILI CHUANGXIN

国务院扶贫办　组织编写

责任编辑：刘春雨

研究出版社 出版发行
（100011　北京市朝阳区安华里 504 号 A 座）

河北赛文印刷有限公司　　新华书店经销

2020 年 12 月第 1 版　2020 年 12 月北京第 1 次印刷
开本：710 毫米 ×1000 毫米　1/16　印张：22.25
字数：278 千字

ISBN 978 – 7 – 5199 – 0750 – 1　定价：48.00 元

邮购地址 100011　北京市朝阳区安华里 504 号 A 座
电话（010）64217619　64217612（发行中心）

“中国扶贫书系”编审指导委员会

《玉龙：县域贫困治理创新》编写组

主　　编：孙兆霞

副 主 编：毛刚强

编写人员：王春光　曹端波　陈志永　马流辉　徐　磊
王晓晖　黄　路　张　建　田维绪　王国勇
梁　坤

目　录

概　要

云南省丽江市玉龙县地处青藏高原与云贵高原接合部、横断山南麓，北高南低，群峰林立，沟壑纵横。玉龙县是全国唯一的纳西族自治县。辖7镇9乡104个村（居）委会1266个村（居）民小组，总人口22.25万。居住着纳西族、汉族、傈僳族、白族、彝族、普米族、藏族、苗族、回族、壮族10个世居民族，其中少数民族人口19.13万，占总人口的86%。2004年玉龙县被列为省级扶贫开发工作重点县，2010年被列为滇西边境连片特困地区县。全县有3个省级贫困乡40个省级贫困村，有建档立卡贫困人口4154户15663人。2014—2017年累计减贫3794户14496人，其中2017年脱贫710户2571人，未脱贫360户1167人，贫困发生率从8.36%下降至0.62%，漏评率、错退率低于1%，群众满意度达到97%。2018年实现脱贫摘帽，是云南省首批实现摘帽退出的15个县之一。

一、玉龙县脱贫攻坚的制度设计

面对决战脱贫攻坚和决胜全面小康的艰巨任务，玉龙县委、县政府坚决贯彻落实中央和省、市脱贫攻坚系列重大部署，始终把脱贫攻坚作为最重大的政治任务、最重要的民生工程，举全县之力推进脱贫攻坚各项工作。

第一，确定总体布局。玉龙县结合县情实际，明确决胜脱贫攻坚

“1985”工作思路，即围绕“一个目标”：按照省、市、县脱贫摘帽工作部署，制定了到2017年贫困县摘帽退出、贫困乡及村全部脱贫出列，2019年实现建档立卡贫困人口全部脱贫，2020年与全国全省全市同步全面建成小康社会的目标。实施“九大工程”：产业扶持工程、基础建设工程、易地搬迁工程、生态补偿工程、危房改造工程、教育脱贫工程、旅游脱贫工程、劳务输出工程、社会保障工程。落实“八个精准到户”：政策宣传精准到户、挂包帮扶精准到户、产业扶持精准到户、安居建设精准到户、素质提升精准到户、就业培训精准到户、金融扶持精准到户、保障扶持精准到户。实现“五个确保”：确保“两不愁三保障”（不愁吃、不愁穿，义务教育、基本医疗和安全住房有保障）。

第二，锁定目标、精准施策，确保责任措施落地落实。

一是根据脱贫攻坚目标，玉龙县及时制定了40余份县级层面文件，农业、住建、卫生、教育等部门结合各自工作职责制定实施了产业扶贫、健康扶贫、教育扶贫等专项扶贫实施方案30余个，为决胜脱贫攻坚提供了强有力的政策支撑。

二是精准确定脱贫路径。结合“1985”工作思路，同时按照省、市“6，10，6，5”退出标准，自我加压，制定了贫困村、贫困户退出“56”标准。

三是精准落实工作责任。坚持“县负总责、部门联动、乡镇主体、村为重点、工作到组、扶贫到户、责任到人”，形成上下贯通、横向到边、纵向到底的责任体系。

四是精准发力攻坚拔寨。下沉力量聚合力：深入开展“四个一”专项行动，即县处级领导每月驻村一天、挂包帮单位领导班子成员每月驻村一天、驻村扶贫工作队每周驻村“五天四夜”、挂联单位干部职工每两个月到帮扶户家中“帮一天”。实现挂包帮扶全覆盖：县委、县政府把选优派强驻村扶贫工作队队员作为抓好脱贫攻坚、实施精准扶贫的重要抓手，切实把素质好、能力强、作风实的优秀干部派往脱贫攻坚第一线。党建脱贫双推进：带动全县农村各项工作整体上水平、上台阶，实现基层组织强、干部队伍优、人民群众富、人居环境美、社会反映好的目标。

二、玉龙县脱贫摘帽的做法

在具体做法上，玉龙县主要做了以下工作：

第一，大力保障资金投入。2014—2017 年共计投入资金 68 亿元，其中，中央、省、市财政专项资金 3.576 亿元，整合涉农资金 59.574 亿元，县级投入专项资金 4.85 亿元。

第二，系统性实施脱贫工程。玉龙县围绕“五个一批”的要求，以责任和时间倒逼进度，各项重点任务得到全面落实。

一是实施易地搬迁工程。完成 297 户 1239 人的易地扶贫搬迁，建设 7 个集中安置点，累计完成投资 9356 万元，其中，住房投资完成 3608 万元，基础设施投资完成 5748 万元。

二是实施危房改造工程。2014—2017 年，共计投入资金 2.18 亿元实施农村危房改造和抗震安居工程建设 12696 户，投入 5799.91 万元实施无政策挂靠农村 C、D 级危房改造提升 6856 户，投入 2.28 亿元实施玉龙县农村安居工程 4457 户。农村困难群众住房安全得到保障，生活环境得到改善。

三是实施产业扶贫工程。全县着力发展十大高原特色农业产业，累计整合资金 8025 万元，通过“党组织 + 经济组织 + 贫困户”模式带动脱贫一批，全县建档立卡贫困户户均扶持资金不低于 1.9 万元，每户至少有 1 项增收致富产业，户均增收 3000—5000 元。强化建档立卡贫困户与产业组织的利益关联，合作社、家庭农场和龙头企业带动建档立卡贫困户3318户，占全县建档立卡贫困户的79.9%。

四是实施基础建设工程。累计投入19.69亿元，加大水、电、路、信等基础设施建设，农村生产生活条件大幅度改善。

五是实施教育脱贫工程。全面实施贫困学生关爱、薄弱学校改造、学校信息化建设、乡村教师提升、家庭“明白人”培养五大行动。通过教育脱贫工程，玉龙县真正实现了“不让一个孩子因家庭困难而失学”的目标。

六是实施就业脱贫工程。围绕贫困群众稳定持续增收目标，实施《玉龙县就业脱贫工程》，以系统性的举措强力输出农村劳动力，通过转移就业、创业扶持、贷免扶补、技能培训等举措，力求“就业一人，脱贫一户”，让转移就业成为群众稳定脱贫的有效途径，让劳务经济成为持续增收的重要支撑。

七是实施旅游脱贫工程。依托玉龙得天独厚的自然资源和悠久厚重的文化底蕴，推进旅游业与农业产业、民俗民间文化深度融合，促进乡村旅游、文化旅游、生态旅游、红色旅游、休闲度假和康体养生等现代服务业健康发展，鼓励和扶持贫困群众参与旅游服务，发展与旅游配套的种养殖业增加收入。

八是实施生态补偿工程。全县生态补偿覆盖建档立卡贫困人口4027户15184人，累计受益资金902万元。

九是实施社会保障工程。建立完善城乡居民基本医疗保险、大病保险、医疗救助、医疗费用兜底保障机制。建档立卡贫困人口个人就医费用负担大幅度减轻，有效地解决了贫困群众因灾、因病、因学、因残致贫和返贫的现象。

十是实施整乡整村推进项目。实施3个省级贫困乡整乡推进项目，实施40个省级贫困村整村推进项目。

十一是实施“直过民族”脱贫项目。总投资7.46亿元，重点在7个乡镇15个傈僳族聚居区深入实施素质能力提升、劳务输出、安居建设、特色产业培育、基础设施改善、生态环境保护六大工程，全县“直过民族”傈僳族同胞生产生活条件得到明显改善。

十二是实施普米族整族帮扶项目。累计投资1.56亿元，实施普米族整族帮扶项目，普米族聚居区农业农村基础不断夯实。

三、本书主要结论及特色

本书是对玉龙县脱贫攻坚经验的全面总结，体现了研究者在研究定位、理论观照以及研究方法选择等视角的取向，形成了基于个案基础上特殊性与普遍性相结合的研究结论，并体现了自身的特色。在此，我们将之归纳如下：

第一，脱贫攻坚要对准目标，严守底线。在玉龙县案例调查的全过程中，从县委书记到村党支部书记，近百位被访者均将玉龙经验的要点归结为对标“两不愁三保障”目标，严守“三率一度”（漏评率、错退率、综合贫困发生率和群众满意度）底线。在科层制惯性的条件下对标守住底线，是需要通过重大创新才能实现的，因而，对玉龙县经验的总结，要更重视其脱贫攻坚行动的行动逻辑和创新做法，深究其背后的机制性建设。同时，精准扶贫对于整个中国来说，是一项伟大的社会工程和政治实践，需要超越单纯只算经济账的旧有扶贫理念，从贫困治理的多元目标出发，多维度反观减贫行动的潜在成效或溢出效应。玉龙县在脱贫摘帽实践过程中，紧紧围绕“两不愁三保障”目标和“三率一度”底线，更注重超越单一经济账的多元目标达成的考察；同时，也会以“算经济账”为参照系，来看待和讨论玉龙县脱贫攻坚重要减贫指标的完成情况。相较于其他深度贫困县，玉龙县扶贫资源相对较少，用有限的资源办了更多的事，正是制度创新溢出效应的体现，这理应成为玉龙县经验总结从“特殊”到“一般”所需要关注的重要内容。

第二，脱贫攻坚是党的建设的伟大实践，是中国政治制度优势的集中体现。如果说从扶贫开发到精准扶贫是中国共产党践行宗旨、实现承诺的时代宣言，是“一诺千金”的重要展现，那么从扶贫开发到精准扶贫、精准脱贫的阶段性推进，则是中国政治制度优势的精准发力。以党建促脱贫，又从真正意义上使精准扶贫成为党的建设的伟大实践。在脱贫攻坚的政治目标确立后，玉龙县通过“各级书记一起抓”，将纵向动员、组织力供给与科层制专业分工、理性运行嵌合起来，成为县域层面政策落地的关键。玉龙县脱贫攻坚实践中最为本质和最为关键的，就是党建与扶贫双推进、双提升，将脱贫攻坚与基层党建紧密嵌构，不断完善制度建设，较好地解决了以往县级以下层面扶贫实践过程中党建与扶贫“两张皮”的问题。一方面，玉龙县围绕脱贫攻坚，建立了一套干部选拔与激励、约束与惩戒制度。另一方面，玉龙县将党的建设贯穿于脱贫攻坚全过程，通过抓党建促产业发展，创新推出“红色信贷”等多种党建融入产业的模式，克服贫困脆弱性，实现资源整合，提升了贫困群体的内生动力。精准扶贫的核心，就是以党建促扶贫，这就是减贫与发展的中国故事的灵魂。习近平总书记在中央扶贫开发工作会议上指出，“抓好党建促脱贫攻坚，是贫困地区脱贫致富的重要经验”。因此，将此作为对玉龙减贫摘帽经验总结的切入点，是“总结研究”最重要的策略定位。

第三，精准扶贫、精准脱贫的实践体现了从贫困治理到农村社会治理再到推进国家治理体系和治理能力现代化的内在一致性逻辑，为构建人类命运共同体提供了基础。从学理上看，“贫困治理”概念与“扶贫开发”

概念相比，在内涵上强化了反贫困多主体参与的协同行动特征，在外延上扩展和明晰了社会主体性责任。这与精准扶贫、精准脱贫所指向的目标是一致的。贫困治理以互动、参与、合作、协同、公正机制建设为主要行动特征，支撑了脱贫攻坚行动的可持续基础。正是基于此，中国的减贫发展经验与全球贫困治理呈现一致性，成为建设人类命运共同体的重要实践基础，并提供了基于东方文化视角、南方国家立场、中国本土经验为主要特征的行动模式和文化支持。在玉龙县的脱贫攻坚经验中，治理是贯穿始终的维度，无论是贫困识别，还是基础设施与公共服务体系建设、产业发展，都凸显出治理，尤其是村庄治理的重要作用；而基层党建最终也落脚于村庄的社会治理。玉龙县通过强化基层党建提升产业发展所需要的组织力和服务力，以良好治理解决社区矛盾和冲突、增进社区团结，同时发掘本地种质资源优势和环境优势，多渠道、多形式推动基于产业的合作、建设协同行动平台，较好地解决了扶贫产业发展整体上面临的问题，将产业发展与社会主体性建设同构推动，形成了非常重要的、系统性的产业扶贫经验。在贫困治理的过程中，作为贫困主体和社会主体所依凭的精神文化土壤，作为“地方性知识”的品质特征，也很大程度上成为支撑贫困治理的文化和社会基础。在脱贫攻坚中获得的治理经验，必将成为县域治理能力提升的重要基础。

第四，脱贫攻坚要从实际出发，实事求是地选择脱贫的政策工具。从脱贫成效的视角看，玉龙县在三个领域最为显著，即产业扶贫、社会政策体系与公共服务完善、易地移民搬迁及农村危房改造。在产业扶贫的机制上，玉龙县尊重了当地以小农户为经营主体的实际，没有采用很多地方流行的简单通过土地大规模流转实施集中经营的模式，很好地解决了中国小农生产为主的农业发展所面临的“小生产、大流通、多环节、大市场”的结构性问题，并注重地方性知识和产业传统，着力推动生产组织、社会合作层面的创新。玉龙县将扶贫行动直接对标“两不愁三保障”目标和“三率一度”底线，以基础性保障和社会政策体系的完善来实现和巩固脱贫目标，避免了只追求经济收入增长目标而忽视不易克服的脆弱性问题。在易地扶贫搬迁方面，为避免大规模集中城镇化安置产生的可持续性生计风险，尤其是针对傈僳族这样的“直过”民族经济社会发展水平相对落后的实际，玉龙县把改善农村贫困人口居住条件作为重要目标，以就近集中安置的有土安置为主。同时，通过易地扶贫搬迁与危房改造结合推进的方式，坚持建档立卡贫困户与非建档立卡户共同推进的原则，既保障了贫困群体可持续性生计来源，又解决了公共品供给的效率问题，维护了社会的公平正义。玉龙县的政策创新、体制机制改革都以这三个领域的合项为载体，从路径选择、工具适用、市场嵌构、制度支持等维度集成推进。

第五，以“人”为载体，讲好中国故事。以往对中国减贫发展经验的相关研究，特别是学术性研究，总体上“见事不见人”“见理不见情”的情况较多，内容上欠丰富、欠鲜活、欠生动、欠完整，拨动人心的力量略显不足。对于承载讲好中国故事功能的研究来说，围绕“人”和“行动”的叙述至关重要，因此在本书中，专用一章的篇幅，对 13 位县、乡镇、村的书记进行个案深度描写，通过这一个个生动具体的案例，在对扶贫干部进行信仰、情怀与专业性、学理性及方法论坚守等综合、多维的实证分析中，讲述出“制度中人”与社会科学时代新意象嵌构的中国故事。也通过这样鲜活的个案，更加直观地展现出宏大的中国脱贫攻坚故事的微观细节。这也是本书的特色之一。

第六，为从微观层面更直观地记录脱贫攻坚“最后一公里”的重大成就，本书研究者坚持发展学的基本方法，将团队 18 年来在乡村发展和田野工作中使用的“村庄资源图”工具，作为呈现社区层面反贫困行动的重要形式。在 10 个深度调研的村庄中，以村民为主体，通过他们的参与绘制村庄资源图，既让研究者更好地与村民互动、深入了解脱贫行动的过程，也直观呈现了社区层面脱贫攻坚的物化成果全貌。最终经过精细的电子化制作，以村庄资源与脱贫攻坚示意图的形式，作为附加成果展现出来，并对每个村的基本情况作简要介绍。这是本书的又一特色。

四、玉龙县案例经验及价值总结

玉龙县取得脱贫攻坚的重大胜利，是中国反贫困事业的典型成果。作为中国脱贫攻坚典型案例，玉龙成功脱贫摘帽的基础在于：第一，全面贯彻落实党的方针政策，深入学习推进习近平总书记关于扶贫工作重要论述的政治建设过程。第二，全面推进党的组织建设，锤炼党员干部队伍，完善提升监督和激励机制，强化党的执政能力建设。第三，坚持以人民为中心，在党的领导下，政府积极进行社会动员，凝聚社会共识，全面解放和激发社会发展活力，提升社会能力的社会建设过程。第四，坚持“一个都不能掉队”、坚持民族平等、促进民族团结、传承民族文化、稳步推进民族贫困地区社会现代化的过程。第五，践行生态文明建设国家方略，合理、有效利用自然资源、开发地方性知识，在经济发展中促进生态文明建设。

玉龙县脱贫摘帽成功模式，其价值主要体现于：第一，脱贫攻坚打通了从贫困治理、农村社会治理到构建国家治理体系和治理能力现代化的行动路径，事实上已成为党的建设的伟大实践。第二，针对“小农中国”的农业经营实际发展扶贫产业，积极推动社会协同、社会合作，解决产业发展所面临的结构性挑战，全面实现了社会建设与经济建设的同步推进。第三，对标“两不愁三保障”的要求，全面推进社会政策和公共服务体系建设，提升了覆盖城乡的保障支持体系，最大限度实现了反贫困行动的正义价值。第四，发展和完善了贫困治理与乡村振兴相衔接的方法论和政策体系，演绎了一场“发动农民、组织农民、相信人民、依靠人民”的精彩中国故事。

玉龙县脱贫攻坚成功的关键在于：第一，不断强化党的领导，以脱贫攻坚引领经济社会发展全局，在扶贫的过程中推动改革，以改革保障和巩固脱贫成果。第二，把重点放在“人”的建设上，强化党员干部队伍的责任担当，提升干部工作能力，支持贫困群体能力建设和组织建设。第三，在产业发展过程中坚守“积极有为政府”与“有限责任政府”角色，政府“搭台”但不“唱戏”，既突出政府的作用，又清晰划定政府与市场的边界，培育和发展经营主体的可持续能力。第四，坚守“实事求是”的根本原则，不搞政绩工程，不好高骛远，坚持“一切从实际出发”的方法论基础。

在脱贫攻坚过程中，玉龙县涌现了大批优秀干部，培育了大批农村发展带头人，做实做强了大批基层组织，他们决胜脱贫、可歌可泣的故事值得我们铭记；玉龙各族人民吃苦耐劳、勤劳乐观的精神值得大力弘扬！正是玉龙县各族人民团结奋进，将“美丽的贫困”变成了“美丽的奋斗”。让我们记住这一新时代的伟大行动，让我们永远铭记脱贫攻坚的英雄们！

致敬玉龙！感谢玉龙！祝福玉龙！

第一章 玉龙县脱贫攻坚实践表征

玉龙纳西族自治县地处青藏高原与云贵高原接合部，地形复杂多样，区域内植物种类丰富，自然景观得天独厚，如国家冰川地质公园玉龙雪山、“三江并流”世界自然遗产老君山等。玉龙县为滇、川、藏经济文化交汇带，是东巴文化的发祥地，各民族文化绚烂多彩。然而，在经济上，则相对贫困，是滇西边境连片特困地区县。玉龙县委、县政府始终把脱贫攻坚作为最重大的政治任务、最重要的民生工程，锁定目标、精准施策，确保责任措施落地落实，并且聚焦重点，力求脱贫攻坚成效与质量，顺利实现40个省级贫困村3个省级贫困乡脱贫出列。玉龙县脱贫攻坚战创造了辉煌的成绩，这不仅在于全县各级干部众志成城，还在于扶贫工作队激发群众内生动力，创建了“党建＋产业”模式，建成了“共建”“共治”“共享”模式。党和政府发挥“发动机”和“服务员”的作用，而将产业“发展”的主体交给了农民，将“利益”归还给了农民。玉龙县各族人民所进行的精准扶贫，不仅仅是一次“经济革命”，更是“社会革命”，为世界反贫困事业提供了经验和智慧。

玉龙县的资源状况和致贫原因，既有特殊性，又有普遍性。玉龙县脱贫摘帽的成功实践，是重视地方资源优势、不断发挥制度优势，因地制宜、因时制宜、系统性推进的精准行动，是整个中国脱贫攻坚行动的一个重要缩影，是不断强化党的执政能力和政府行动能力、不断提升贫困群体发展主体性和脱贫内生动力、不断促进民族平衡发展和民族关系和谐的过程。

《中共中央、国务院关于打赢脱贫攻坚战的决定》明确规定："到2020年，稳定实现农村贫困人口不愁吃、不愁穿，义务教育、基本医疗和住房安全有保障。实现贫困地区农民人均可支配收入增长幅度高于全国平均水平，基本公共服务主要领域指标接近全国平均水平。确保我国现行标准下农村贫困人口实现脱贫，贫困县全部摘帽，解决区域性整体贫困。"联合国2015年决议通过的《变革我们的世界：2030年可持续发展议程》提出："消除一切形式和表现的贫困，包括消除极端贫困，是世界最大的挑战，也是实现可持续发展必不可少的要求。"实现脱贫摘帽、打赢脱贫攻坚战、全面建成小康，是我们党对全世界的庄严承诺，是必须完成的重大政治任务。必须把脱贫职责扛在肩上，把脱贫任务抓在手上，咬定目标不放松，以坚强的组织领导、扎实的工作作风，确保各项任务不折不扣落地见效。

玉龙县脱贫攻坚战是在以前扶贫开发基础上进行的。按照习近平总书记"精准扶贫"的指示，玉龙县吸取过去扶贫开发中"不精准"施策的教训，进行认真分析调查：一方面对贫困人口进行建档立卡，分析其致贫因素，精准施策；另一方面，动员广大党员干部和群众，制定系统的政策体系，集中力量进行脱贫攻坚战。

玉龙县"脱贫攻坚战"最大的要点在于"精准"，尤其体现在产业扶贫方面。玉龙县各乡镇的"精准扶贫"具有三个特色：

其一，“自然选择”与“科学选择”相结合的玉龙扶贫产业选择。政府对产业的选择，不仅因地制宜、尊重历史，而且对产业发展进行了评估，探索了适合玉龙县特色的产业。从奉科、鲁甸、黎明、鸣音等乡镇的调研中，玉龙的产业选择均是在尊重历史和小农习惯、知识、技术的条件下进行的“自然选择”，如高原生态药材、金沙江河谷“黄果”、滇西北野生蜂蜜等，这些高原特色产业为玉龙传统产业，通过科学化改造，推进高原特色产业现代化。

其二，创建“党建＋产业”的模式。在产业组织化和市场化方面，党和政府起了“示范”和“带头”作用，既没有“垄断资源”，也没有代替市场。党和政府主要解决“产业生产和销售的服务体系”，即主要解决产品的市场。从产业的培育、产业整个生产过程到最后的销售，政府职责定位于“服务”，构建服务型政府，正确处理了政府、社会与市场的关系。“党建＋产业”是玉龙脱贫攻坚的最大特色和亮点：一方面创新了“党建”，将“党建”从“文件学习”转向“实践”，玉龙县“精准扶贫”就是“党建”的伟大实践；另一方面开创了“产业扶贫”新模式，即在产业发展方面，让精准扶贫的“建档立卡户合作社”的“红旗飘起来”，即亮起每个党员的身份，真正让党带领群众共同致富。

其三，建成“共建”“共治”“共享”模式。玉龙县旅游资源丰富，如何进行“精准分配”成为产业发展链条上的关键一环。玉龙不仅在贫困户的识别和致贫原因上做到“精准”，更为重要的是精准“用人”和“施策”。任何产业和扶贫政策，玉龙做到了“以人民为中心”，即产业发展必须有利于玉龙建档立卡户和玉龙老百姓。玉龙县旅游扶贫中体现了当地老百姓与企业、政府等“共治”“共享”“共生”的模式，党和政府发挥了“发动机”和“服务员”的作用，而将产业发展的主体交给了农民，将“利益”归还给了农民。

一、资源状况及贫困成因

玉龙县属于农业贫困县，农业、农村与农民的发展至关重要。对于农业发展，舒尔茨认为农业对经济发展的贡献是巨大的，重工抑农的政策不会使经济现代化，反而使经济更加落后贫困。舒尔茨还重视人的能力提升，认为经济发展的关键因素不是物质资本，而是人的生产技能，对人的能力投资收益率要远远大于对物的投资收益率，“有高度生产性和获利性的农业投入来源于适用农业生产的科学知识的进步”[①]。

（一）贫困但美丽的玉龙县

玉龙纳西族自治县是原丽江纳西族自治县的传承和延续，是全国唯一的纳西族自治县。位于云南省西北部，东隔金沙江与宁蒗彝族自治县和永胜县相望，南与鹤庆县、剑川县接壤，西与兰坪白族普米族自治县及维西傈僳族自治县相连，北隔金沙江与香格里拉县及四川省木里藏族自治县毗邻。金沙江由西北塔城乡入境南流，在石鼓急转向北，形成著名的长江第一湾，在玉龙山与哈巴雪山之间穿过，形成世界上最深峡谷之一的虎跳峡。

玉龙县南北长 151 千米，东西宽 112 千米，总面积 6198.76 平方千米。有山地、盆地（坝子）、河谷三种地貌类型，山区、半山区面积占总面积的 96.53%。为低纬度高原南亚季风气候，具有“一山分四季，十里不同天”的立体气候特征，年均气温 12.6℃，年日照时数 2463.4 小时，年降雨量 800.6 毫米。冬无严寒、夏无酷暑，四季如春，气候宜人。最高点为玉

① ［美］西奥多·舒尔茨：《经济增长与农业》，郭熙保等译，北京经济学院出版社 1991 年版。

龙雪山主峰，海拔 5596 米；最低点为鸣音镇洪门村江边四组，海拔 1370 米，相对高差 4226 米。

1. 地质地貌与河流、湖泊

玉龙县域东部位于云贵高原西缘，西部属青藏高原横断山脉的一部分。县域地貌有山地、盆地、河谷 3 类。

（1）山地。山地因海拔及地质构造不同，又可分为极高山、侵蚀高山和溶蚀侵蚀中山 3 类。玉龙雪山是境内的极高山，由海拔 5000 米以上的 13 座山峰由南向北排列组成，东西侧均为陡峻的断层岩，是一座由一个复背斜组成的断块山。相对高差，南坡（以雪嵩村为准）达 2896 米，北坡（以金沙江面为准）达 3896 米。雪线高度 4800—5000 米，雪线以上平缓坡地由现代冰川所覆盖，冰川总面积 11.61 平方千米，为欧亚大陆最南端的现代海洋性冰川。

（2）盆地。县内盆地多为断陷盆地，俗称坝子，海拔 2200—2800 米，周围往往被断裂所围限。由于地势及山脉、水系多北高南低，盆地也多由北向南平缓降低。其中，石鼓、大具、龙蟠、巨甸为河流宽谷盆地，其余均为断陷盆地。这些盆地土质深厚、肥沃，灌溉便利，是县内粮食主产区。

（3）河谷。由于金沙江及其支流的深切作用，使山地分割解体，形成谷地，在江河沿岸常组成河漫滩及多层次的河谷阶地。境内以虎跳峡为界，明显地分为宽谷区和窄谷区。宽谷区：塔城至龙蟠金沙江沿线，海拔 1700—2000 米，谷地开阔，江水落差小，沿江地区土质肥沃，耕地面积多，气温较高，灌溉方便，为稻谷主产区，分布有巨甸、石鼓、龙蟠等较大的宽谷盆地。窄谷区：龙蟠虎跳峡口往东的金沙江沿线，海拔 1219—1700 米。此间除大具坝较宽外，其余各地山陡谷窄，耕地少，气候干热，雨量少，灌溉条件差。其中虎跳峡长 17 千米，落差 210 米，谷深 3896

米，为世界最深峡谷之一。

河流、湖泊。金沙江从塔城村进入县境，过境364千米，金沙江水系有巨甸河、漾弓江、黑白水河、大具河等；澜沧江水系主要有九河等，流经白汉场、九河坝，在甸尾坪出境流入剑川县。重要的湖泊有拉市海，海拔2450米，集水面积265.6平方千米，水深2.5—4.5米，相对容积380万—1840万立方米。

2. 气候与土壤

（1）气候。玉龙县地处低纬高原，全年太阳高度角大，辐射较强。年内温度变化不明显，四季不分明，但垂直高差大（相对高差4296米），因而热量的垂直差异比较明显，具有典型的立体气候特征。根据温度垂直差异，全县气候分为6种类型：河谷南亚热带（海拔1500米以下）、河谷北亚热带（海拔1500—2000米）、山地暖温带（海拔2000—2500米）、山地寒温带（海拔2500—3200米）、山地亚寒带（海拔3200—4200米）、雪山冰漠带（海拔4200米以上）。玉龙县光照强，据统计，丽江坝年日照时数为2530小时。境内干湿季分明。冬春两季晴天多，日照充足，空气干燥，雨量特少。夏秋两季雨量充足，降雨集中于6—9月，降雨量占全年降雨量的80%以上，其中7—8月降雨占年降雨量的一半。降雨地域差异明显。老君山及玉龙雪山为多雨区，年降雨量在1000毫米以上。金沙江河谷一带，因“焚风效应”作用，形成少雨区，东部河谷比西部河谷年少降雨100—200毫米。

（2）土壤。土壤类型与分布：海拔4200—4500米地带为亚高山寒漠土，海拔3800—4200米地带为亚高山草甸土，海拔3600—3800米地带为暗针叶林土，海拔3200—3600米地带为暗棕壤，海拔2800—3200米地带为棕壤，海拔2600—2800米地带为黄棕壤，海拔1300—2600米地带为红壤。以上7类为地带性土壤，在境内有明显的垂直分布规律。其余紫色土、石灰岩土、草甸土、沼泽土、冲积土和水稻土 6 类为非地带性土壤，分布较零散，除了有一定地域分布特点外，主要受地形、母质类型及人类耕作活动影响而形成，分散在一些地带性土壤之间，其中紫色土、石灰岩土、冲积土为零星分布在红壤和棕壤带中的非地带性幼年土壤。

3. 自然资源

（1）生物资源丰富。全县森林覆盖率 74.4%，属生物多样性生态功能区。区域内植物种类丰富，植被类型复杂多样：共有藻类植物 31 科 72 属 196 种；地衣植物 17 科 14 属 20 多种，大都具有药用和香料价值；苔藓植物中有苔类 45 种、藓类 130 种，分别组成水生、木生、石生、土生等植物群落；蕨类植物有 220 多种；种子植物 145 科 758 属 3200 余种、药材 2000 多种。是横断山脉中高山植物区系最丰富、最集中的区域，金铁贞、云南黄连、栌菊木、云南山茶花、丽江铁杉、长苞冷杉、华榛、云南榧树、香水月季、黄牡丹、延龄草、桃八七、皱叶乌头、天麻、海菜花、扇蕨、短柄乌头、玉龙蕨等，是国家重点保护的珍稀濒危植物。随着海拔和地形的变化，在较小范围内即有多种类型植物群落分布，被誉为“高山植物王国”和“药材之乡”。

（2）水力潜能巨大。境内水资源丰富。全县水域面积 15.5 平方千米，径流面积在 50 平方千米以上的河流有 21 条。金沙江从塔城入境，绵延出境，流经县境 364 千米。金沙江中游“一库八级”大型电站中的“一库四级”在玉龙县境内，总装机容量达 1520 万千瓦。其他河流水能资源理论蕴藏量 47.1 万千瓦，其中可开发量 9.14 万千瓦。太阳能、风能资源也极具开发潜力。

（3）自然景观得天独厚。有中国首批 5A 级景区、国家冰川地质公园玉龙雪山，有长 17 千米、相对高差 3896 米的世界最深峡谷之一虎跳峡，有国家地质公园、“北半球珍稀濒危物种避难所”、“三江并流”世界自然遗产老君山，有万里长江第一湾；有“环球第一树”万朵山茶，有国际重要湿地拉市海，有太安万亩高山花海田园风景。2018 年，玉龙县被评为“中国生态魅力名县”。

（二）多元共存的民族文化

玉龙县地处滇、川、藏经济文化交汇带，是东巴文化的发祥地，各民族文化绚烂多彩。《东巴经》是纳西族原始宗教东巴教仪式上所用的书，汇聚了纳西人的古代知识和智慧，被列为“世界记忆遗产”。东巴文字被誉为“活着的象形文字”。纳西族祭天、祭祖、“三多”文化独具特色。纳西古乐乃“天籁之音”，是人类文明的“音乐活化石”。金沙江岩画分布于丽江与迪庆州境内的金沙江两岸，这里山高谷深，岩画一般与江面直线距离 20—2000 米。金沙江岩画内容主要反映野生动物和狩猎场景。白沙壁画留有唐宋遗风，是丽江明清时期佛教寺庙及道教宫观中的壁画。白沙壁画是“茶马古道”各民族文化交流的产物，也是各民族传统友谊之结晶。

1. 人与自然的和谐

在长期的生产生活实践中，纳西先民对自然的崇拜意识上升到了一种人与自然之间的辩证认识，形成了大规模的“祭术”仪式。纳西人认为人类与自然界的精灵“术”原本是同父异母的兄弟，只有保持这种兄弟的均衡关系，人类才能得益于自然；如果破坏这种相互依存的和谐关系，伤害自然，那无异于伤害了兄弟之情，会招致自然的报复。《东巴经》认为乱砍滥伐、污染水源、盲目开山劈石、乱捕野生动物，是惹怒“术”的几个主要原因。这种蕴含纳西族先民对人与自然关系哲理思索的观念，充满了人类睿智和理性光辉的思想，形成了人与自然生态环境和谐共存的社会规范。

2. 历史悠久，贸易兴盛

玉龙是远古人类繁衍生息的家园。据考古发现，距今10万—5万年前，玉龙县境内有人类祖先晚期智人活动。新石器时期及青铜器时期，在东、西部金沙江河谷及丽江坝马鞍山等地，出土了大量的古代石棺葬，当地人称其为“摆夷坟”。纳西族先民居住在西北河湟地带，后逐渐南迁，并融合了土著民族。纳西族《东巴经·创世纪》记载，古时纳西族有梅、禾、树、尤四支，梅、禾二支迁到江边居住，树、尤二支迁到丽江坝居住。纳西族祭天、除秽、禳灾、求寿仪式中念诵的《东巴经》中有纳西人从西北河湟一带迁徙到境内居住地的迁徙路线等内容。

丽江古城作为茶马贸易的“交汇点”，自古以来是一座以民族文化交流和物质交换为主的“开放的不设防城市”。《东巴经·挽歌》中记载有一个“贩马”的故事，讲述了三个姑娘从丽江四方街、中甸纳帕海、苏罗河边、俄亚、左所、永宁等地贩卖她们豢养的马匹的故事。明末清初，纳西族地区的食物贸易更加发达，在丽江已形成用于贸易的市场。从玉龙县境内的作物来看，就是一道民族交流的“物谱”，如玉龙纳西族本土的“蔓菁”，也相传为诸葛菜，《云南记》载：“缘山野间有菜，大叶而粗茎，其根若大萝卜，土人蒸煮其根叶而食之，可以疗饥，名之为诸葛菜。云武侯南征，用此菜莳于山中，以济军食。”至于玉米、马铃薯等更是普遍种植。

3. 民族关系和谐共生

县域为多民族居住地区。据考古发现，距今10万—5万年前，县境内有人类祖先晚期智人活动。唐樊绰《云南志》载：县境西部金沙江河谷地区有么些蛮（纳西先民）、汉裳蛮（汉族）、施蛮、顺蛮（傈僳先民之一）等。境内世居民族有纳西族、汉族、傈僳族、白族、彝族、普米族、藏族、苗族、回族、壮族等。纳西族先民系居于河湟地区的羌人，后逐渐南迁，约汉唐时迁入境内，不断融合原居于县境的土著和外来民族，丽江遂成为全国纳西族人口最多的地区。纳西族在汉文献中记载为摩沙、磨些等，有纳西、阮柯、阮西、纳恒、露鲁等支系。其中，纳西占纳西族人口的 90% 以上，“纳”指黑色，“西”指人，意为崇尚黑色的人。境内各地均有分布，多和姓，讲纳西语西部方言。白族居住较多的九河、七河分别与剑川、鹤庆接壤，南诏时该地即有白族居住。宋淳祐四年（1244 年），蒙古兵第一次南下经县境征大理，白族将领高禾率部在九河阻击，击退蒙古兵，后在九河建“白王塔”纪念高禾等阵亡将士。傈僳族主要分布在黎明傈僳族乡的黎明、黎光、美乐、堆美行政村，鲁甸乡的安乐、杵峰、鲁甸、新主、太平行政村以及巨甸、石头、仁和、鸣音、石鼓、塔城、奉科、宝山、龙蟠等乡镇高海拔山区。明至清雍正“改土归流”前，境内的傈僳族受木氏土司的统治，狩猎和采集在其经济生活中占有重要比重。彝族迁徙相对较晚，多由四川、宁蒗等地迁来，居住在海拔较高的高寒山区。普米族自称“拍玫”或“拍米”，意为“白人”。玉龙县普米族属于较早迁徙过来的民族，多分布在阳光充足的高坡上，便于打猎采集。清乾隆《丽江府志略》载：西番“喜居高山……善用弩箭，种荞稗、牧牛羊为生，织褐为衣”。宋末，普米族随蒙古军征大理，部分普米族在县境“留守关塞”，蒙古军赐给普米族部分土地、草场。至 1949 年，仁和石支村、九河河源村等地均有属于普米族共有的“公山”“公地”。苗族于清嘉庆十七年（1812 年）由贵州省望谟县老雅滩迁入，分布在七河、玉龙、石鼓等地。1949 年前，境内苗族多为佃户，生活贫困，迁徙频繁。藏族多从维西等藏区迁入，分布于塔城、鲁甸、大具等高山区。汉族在唐代已有迁入，明代“边屯”军事移民大量涌入，清代设汛塘，汉族绿营兵及其家眷入驻县境，清代中后期至民国时期，一部分川籍汉族因逃荒或经商迁入县境。

纳西族《东巴经·祭天·远祖回归记》记载洪水后只剩下“崇忍利恩”，娶天女“衬恒褒白”为妻，生下三个儿子：“一母生下三个儿子，三个儿子讲出了三种话，一坛酒变成了三种味，骑马的方式有三种，穿的衣服有三种样式。”“大儿子成了藏族，去住到了朵啃盘地方。小儿子成了白族，去住到了日饶满地方。二儿子成了纳西人，说要不忘祖先迁徙的来历，一定要按先辈规矩祭祀天地，成为祭天的民族。”多民族长期交往，和谐共生。

（三）贫困状况与致贫原因

玉龙县 2004 年被列为省级扶贫开发工作重点县，2010 年被列为滇西边境连片特困地区县，是云南省首批脱贫摘帽退出的 15 个县之一。

1. 贫困规模

据 2011 年统计数据，玉龙县有 701 个贫困村民小组分布于海拔 2600 米以上的高寒冷凉贫困山区，贫困面广、贫困程度深、扶贫开发任务艰巨，是县扶贫开发工作的主要对象。该区域涉及全县 16 个乡镇 57 个村委会，有人口 26578 户 105939 人，其中纳西族、傈僳族、彝族、普米族、白族、藏族等少数民族人口 88836 人，占总人口的 83.86%。2010 年人均纯收入 669 元，人均有粮 424 千克。有农村五保户 1232 人，享受低保人数 5849 人，参加养老保险 380 人，参加新型农村合作医疗 100085 人，参合率 94.47%。有 5911 户住房困难，占总户数的 22.24%；423 个村民小组 43628 人饮水困难，占总人数的 41.18%；丧失生存环境人数 3192 人，占总人数的 3.01%；9 个村民小组 385 户未通电，59 个村民小组 1968 户未通电话，225 个村民小组 8583 户未能有效接收广播电视信号。部分村社在“八七”扶贫攻坚、“十五”及“十一五”时期已经实施过安居、易地及重点村、整村推进等扶贫开发项目，群众的生产生活状况有了一定改善。在 2011 年的调研过程中，县扶贫办调研组选择了 13 个乡（镇）37 个村委会的 81 个高寒贫困村民小组（其中，西部 9 个乡镇 30 个村委会 65 个村民小组，中部 1 个镇 2 个村委会 3 个村民小组，东部 3 个乡 5 个村委会 13

个村民小组）开展实地调研，共涉及农户3057户，总人口12498人，占全县高寒山区人口总数的11.8%，有彝族、纳西族、普米族、白族、傈僳族和汉族6个民族，其中，彝族166户711人，占调查人口总数的5.69%；纳西族1692户6891人，占调查人口总数的55.14%；傈僳族1025户4151人，占调查人口总数的33.21%；藏族59户255人，占调查人口总数的2.04%；普米族34户148人，占调查人口总数的1.18%；汉族81户342人，占调查人口总数的2.74%。81个村民小组共有劳动力7070人，占总人口的56.57%；常年外出打工人数989人，占总人口的7.91%；供养五保户167人，享受低保人口859人，占总人口的6.87%；参加新型农村合作医疗11765人，参保率94.14%。2010年年底，81个村民小组农民人均纯收入628元，人均占有粮食281千克，86%的人口处于深度贫困中。特别是海拔2800米以上的彝族群众，如鲁甸马场、美念不、巨甸后箐大羊场、黎明古盘古、各朗打、石鼓格子后山、宝山高寒等村社，自然条件极为恶劣，基础设施极其脆弱，群众生产生活极端困苦。

全县有3个省级贫困乡，40个省级贫困村，有建档立卡贫困人口4154户15663人。2014—2017年累计减贫3794户14496人，其中2017年脱贫710户2571人。截至2017年年底，未脱贫360户1167人，贫困发生率从8.36%下降至0.62%。

2. 贫困成因

（1）发展基础薄弱

玉龙县位于云南省西北部，由于山地阻隔、交通闭塞，市场化程度低。在基础设施差的山区、半山区，因为享受不到公共的服务设施，致使交通、通信落后，生产水平无法提高。据2011年调查数据，81个被调查村民小组中，存在饮水困难的人数达2226户8904人，占总人口的71.24%；2206户住房困难，占总户数的72.16%，其中1017户还居住在黄板房、杈杈房之中，居住条件十分简陋；因高寒冷凉、缺水和滑坡等地质灾害隐患而丧失基本生存条件的804户2479人，占调查人口总数的19.8%，亟须易地扶贫搬迁；有24个村民小组还未通公路，其余57个通路的村组中，仅有个别村组的道路实施了硬化建设，绝大部分村组只有简易的进村公路。概括而言，“走不出村子（条件恶劣，交通不便）、鼓不起袋子（无支柱产业）、挣不到票子（扶贫投入不足）、活不了脑子（观念落后）、闯不出路子（技术和技能欠缺）、树不了样子（党员干部发挥带头作用不明显）”就是玉龙县高寒山区农村贫困现状的真实写照。

（2）生态环境脆弱

玉龙县大部分属于金沙江干热河谷，生产性缺水较为严重。据2011年调查，81个被调查村民小组共有耕地面积23平方千米，均为旱地，“望天田”现象非常严重。玉龙县小农户均有牛、羊、猪、鸡等传统养殖业，但数量极少，出栏销售不多，形不成规模，基本以自给自足为主。玉龙县山区、半山区占全县面积的96.53%。生态脆弱区易发生自然灾害，加大了生产成本，基础设施建设更难以得到提高，因灾致贫、返贫的现象极易产生。工程性缺水情况严重。由于特殊的地理环境、水利化程度低及历史原因等因素，玉龙县境内水资源极度缺乏，加之缺乏农田水利设施、人畜饮水设施简陋等原因，造成工程性缺水。

（3）产业转型滞后

交通条件差制约着玉龙县经济发展。玉龙县位于云南省西北部山区，距省会昆明市502千米，县内公路至今尚未实现网络化互通。近年来，县委、县政府加大了公路建设改造的投入，但仍有67千米的国道、168.6千米的省道、406千米的县道、2554.33千米的乡道尚未改造，未通公路和交通条件极差的村社206个，7133户27108人出行困难；主干道桥梁大多始建于20世纪七八十年代，目前大部分超限使用；已改造的公路技术等级不高，而且大多是“九五”“十五”时期完成的改造，现路面破损严重，已经到了需要大修的阶段。由于玉龙县地处滇西北高原，全县有701个村民小组坐落在海拔2600米以上的高寒山区，占全县村民小组总数的76.77%。落后的交通条件，影响着玉龙的物流、人流、信息流畅通，严重滞阻玉龙经济的发展。

玉龙县域内山区的产业培育相对滞后，深度贫困地区能否脱贫，在于能否因地制宜实现产业转型。尽管玉龙县境内资源丰富，但因交通落后，进入性差，市场欠缺，现有的自然、人文资源难以转变成现实的经济价值，一些古村落和传统文化资源面临冲击；另外，没有相应的资金、基础设施和产业支撑，群众收入少且不稳定性较为突出。种植科技推广缓慢，群众科技意识比较差，还习惯于传统的种植方法，导致群众勤劳辛苦而收入不高，生活质量更达不到应有的水平。“美丽的贫困”成了玉龙的代名词。

（4）基础设施落后

玉龙县人畜饮水、农田水利基础设施陈旧老化，严重制约农村经济的发展。20世纪六七十年代，全县人民积极响应县委、县政府的号召，掀起了兴修水利的热潮，兴修各种水利工程1630多处，对保障农业生产、发展农村经济、改善农业生产条件和生态环境发挥了显著作用。但随着工程运行时间的延长、政策机制变化等原因，农田水利建设受到严重影响。全县农田水利实际灌溉面积不到设计标准的80%，加之投入减少，原有水利设施年久失修，存在不同程度病险和损坏，有的甚至遭受严重毁坏，骨干水利工程利用系数只有0.41左右，灌溉用水利用率45%，有效灌溉面积只占农田总面积的41.61%，58.39%的耕地仍“靠天吃饭”，全县419个村组无安全饮用水或存在人饮困难，涉及14738户51584人，占全县人口的23.48%。

经济的落后导致人才外流。玉龙县贫困地区人才外流严重，尤其以奉科镇最为典型。奉科镇贫困人口多，生态环境脆弱，金沙江干热河谷缺水，生产生活环境较恶劣。自 2000 年以来，外出务工群体增多，资金外流。玉龙县贫困乡镇大量人才外流，剩下的多数是老弱病残人口，不仅传统的种植、养殖业难以为继，也没有能力发展新型产业。

二、扶贫开发的演进历程

玉龙县扶贫开发经历了由“救济”“开发”到全方位“精准”的过程。

晚清至民国时期，玉龙县境内各民族主要依靠传统的种植业、养殖业，但因社会动乱，土匪横行，加上土地财富集中到少部分人手中，大量农民生活极为艰难。1949 年后，社会秩序趋于稳定，生产资源回归农民所有，农民生活水平有了较大提高。20 世纪 80 年代，农村经济体制改革促进了农民生产积极性，但因玉龙县产业滞后，大部分地方以“木头财政”为主。1990 年，时任云南省长和志强提出转变思路，加快生态旅游建设。1996 年丽江地震后，百废待兴，玉龙以此为契机，变“木头财政”为“旅游财政”，丽江经济获得新的发展。旅游业的发展带动了玉龙境内新的产业发展，但因交通闭塞，扶贫资金有限，整体扶贫工作仍停留在“局部”上。2014 年精准扶贫的提出和实施，玉龙扶贫开发事业迎来了“新的春天”，由此拉开脱贫摘帽的序幕。

改革开放至今，玉龙县农村减贫可以分为以下三个阶段。

（一）体制改革带动大规模减贫

第一阶段，20 世纪 80 年代初至 1985 年。

尽管这一时期国家没有颁布具体的扶贫规划，但农村经济体制改革其实就是最为有效的扶贫战略，解决了绝大部分农民的温饱问题。以家庭联产承包责任制为代表的土地制度改革，改变了个体农民生产积极性不足的局面，增强了农民生产的主体性，使得中国农民包括贫困人口普遍受益。玉龙县九河、七河一带属于人口密集的坝区，1960—1970 年，在集体经济时期，粮食难以满足众多人口的需要。20 世纪 80 年代初的经济体制改革，使一部分农民从农业中解放出来，转入市场，加速了农业结构的调整，乡村工业化获得发展，增强了农村经济的活力。在调查中发现，九河白族具有“男匠女耕”的传统，集体化导致男女均束缚在有限的土地上，而土地又严重不足，难以满足众多劳动力和人口的需要，因此出现“劳动密集型”农业和农业生产的“内卷化”。随着 20 世纪 80 年代经济体制改革的开展，大批九河村民延续祖先的“工匠”传统，开始“走南闯北”。玉龙县奉科镇的部分农民也进入市场，如黄明村一些农民从事皮毛贸易，将玉龙、宁蒗一带的皮毛贩卖到大理一带，农村经济体制改革全面增强了农村的活力，尤其是激发了市场的发展兴盛，为农民脱贫致富创造了机会。

这一阶段的减贫是制度改革带来的“发展权利”。中国 1978 年农村经济体制改革给劳动者（农民）带来了收益，这也是当时农民发动改革、拥护改革的基本动机。农村经济体制改革为其他领域的改革准备了条件，同时也推进了中国的整体改革。家庭联产承包责任制所解放的农村劳动力为工业化提供了动力，开启了中国工业化、城市化的序幕。玉龙县土地承包制的推行，使农户不仅成为生活单元，而且成了生产单元。但是在促进农民生产积极性的同时，农村基层组织功能弱化，公益事业和基础设施建设没有保障，尤其是农村合作医疗体系濒临瓦解。

（二）开发式扶贫工作不断深化发展

第二阶段，1986—2013 年。

政府成立专门扶贫机构，制定优惠政策，进行了有计划、有组织、大规模的开发式扶贫，形成以贫困县瞄准机制为重点的开发式扶贫治理结构。1986 年确立国家重点扶持贫困县，出台优惠政策，通过基础设施建设和特色产业培育，以“造血”模式为主，增强贫困县自我发展的能力。1994 年制定《国家八七扶贫攻坚计划》，即在 20 世纪最后七年内解决中国农村 8000 万贫困人口的温饱问题。在贫困县援助中，以工代赈即“公共工程扶贫项目”成为主要形式。政府对贫困县进行基础设施投资，为经济发展提供物质基础，另外也为贫困人口提供了就业收入。当时的“瞄准”机制是“行政村集体”而非“个人”，政府立项原则是“效率”，保证了项目顺利进行。

玉龙县地理位置偏僻，农民依靠传统种植业、养殖业难以致富。但玉龙蕴含丰富的森林资源，因此，当时农民大量砍伐木材，导致林业资源遭到破坏。1990 年，时任云南省长和志强到丽江考察，认为丽江地处“茶马古道”，历史上有过文明与繁荣时期，只是因时代以及地理环境的变化而变成交通死角或“口袋底”。因此，丽江的发展需要打破封闭，变“死角”为“通道”，形成新的对外开放格局。丽江只有集中力量加快发展交通、通信、能源等基础建设，特别是公路和机场建设，才能把丽江纳入滇西北以及大西南乃至东南亚大旅游圈之中，进行从“木头财政”向“绿色发展”的转型，从而实现经济的振兴。

传统的扶贫政策难以惠及边缘化贫困群体，区域经济的发展不一定促进边缘化群体减贫，这在一定程度上导致了扶贫资金瞄准对象不精准。为妥善解决上述扶贫“瓶颈问题”，2001 年《中国农村扶贫开发纲要（2001—2010 年）》确定扶贫开发总的奋斗目标，即尽快解决少数贫困人口温饱问题，进一步改善贫困地区的基本生产生活条件，巩固温饱成果，提高贫困人口的生活质量和综合素质，加强贫困乡村的基础设施建设，改善生态环境，逐步改变贫困地区经济、社会、文化的落后状况，为达到小康水平创造条件。

整村推进成为当时一个颇受地方政府推崇的扶贫模式。整村推进的主要内涵也是产业扶贫，其基本预设是：贫困农村的贫困不只是一家一户的，而是整个村庄的贫困，因此仅仅借助于对一家一户的扶持，不足以将整个村庄从贫困中解放出来，而村庄整体的贫困制约了一家一户的脱贫。整村推进的做法是：县政府整合上级各个政府部门的扶贫开发资源，先集中在某个村或某几个村进行扶贫开发，将村庄重建、基础设施建设与产业发展结合起来。整村推进并不能让所有的村民都能真正获益并脱贫致富，相反有可能会使一些村民陷入新的困境。首先，政府不知道产业扶贫的项目是否有市场需求，但是为了让村民支持项目，有时会过度地宣传项目将可能带来的收益，调动村民的参与热情，事实上项目实际收益可能会低于预期，一些参加者反而出现一定程度的负债。其次，政府在推进整村重建、产业扶贫过程中没有考虑到从生产性公共服务上提供支持，比如技术指导、市场信息服务等，因此当村民找到政府要求提供这方面服务的时候，政府却不重视，没有给予有效的帮助。最后，在产业扶贫中，不同农户掌握的资源不一样，小户无法与大户竞争，农户之间又没有建立合作机制。①

玉龙县2010年第一批省级整村推进项目2个，项目分别实施在鲁甸乡太平二组和塔城乡堆满村委会五组。第二批省级整村推进项目8个，项目分别实施在龙蟠乡鲁南村委会开达古组、石头乡兰香村委会河东村民小组、巨甸镇古渡村委会三组、鸣音镇海龙村委会真龙五组、黄山镇南溪村委会满中组、石鼓镇拉巴支二组、太安乡太安村委会九组、白沙镇白沙村委会岩脚村。第三批省级整村推进项目2个，项目分别实施在太安乡吉子村委会汝南化一组和黎明乡美乐村委会内普落组。2010年，继续组织

---

① 王春光：《扶贫开发与村庄团结关系之研究》，《浙江社会科学》2014年第3期。

实施2009年市级配套扶持村2个，项目计划分别实施在塔城乡塔城村委会务鲁组和陇巴村委会陇巴六组。2010年全年组织实施市级配套扶持村2个，每村投入扶贫资金15万元，总投入市级扶贫资金30万元。项目分别实施在黎明乡中兴村委会木瓜上村和鸣音镇太和村兴补罗组。2010年继续组织实施2009年度中央科技产业扶贫项目，项目分别为：鲁甸乡中药材种植产业项目投资100万元，塔城乡养殖业产业项目投资50万元，拉市雪桃种植产业扶贫开发项目投资100万元，丽江老君山食品有限公司海棠果、青梅基地建设项目两个科技产业扶贫项目投资50万元。

新农村建设也为玉龙扶贫开发带来了契机。如白沙镇玉湖村是典型的“美丽的贫困”，2003年农民人均纯收入仅为957元，人均粮食300多千克，村委会、学校更是破烂不堪。2004年新农村建设，一批有知识、有抱负、有能力的年轻人进入村“两委”。在丽江经商多年的赵世军当选为玉湖村村支书，建立村党支部议事制度、村“两委”联席会议制度、民主评议制度、村务公开等18项制度，严肃纪律，狠抓作风。村“两委”分析村情，认为玉湖脱贫致富的唯一出路是依托自然资源、人文自然，发展生态旅游。村党支部带领群众建立“旅游合作社”，按照“资源共有、利益共享、人人参与、户户受益”的原则，建立以党支部为核心（党社合一）的旅游开发合作社。制定《玉湖旅游合作社章程》，规定组织结构、生产方式、分配原则等，由村“两委”、村民小组长负责经营管理，普通党员为业务骨干，实行挂牌上岗，划分党员责任区，票务中心设立了“党员服务窗口”。合作社规范服务，作出“不让游客花一分冤枉钱，不让群众干一天受气活，不让干部管一本糊涂账”的“三不”承诺。玉湖村“党支部 + 合作社”模式，把党建融入合作社经营的各个环节，党员发挥了积极作用，群众得到了实惠。为加强对普通党员的教育管理，促进党员的先锋模范作用，玉湖党支部制定《玉湖无职党员设岗定责的主要岗位职责》，每一名党员可选择合适岗位。与设岗定责相配套，实行党员五星评定，如服务星、文明星、和谐星、致富星、学习星等，并挂牌公示。

“十一五”期间，玉龙县扶贫办以贫困人口为基本对象，以贫困村社为主战场，以改善贫困地区生产生活条件和增加农民收入为重点，认真组织实施了各项扶贫开发项目，取得了明显成效。5 年中，争取扶贫资金 3057.5 万元，实施了省级整村推进项目 112 个，投入省级扶贫资金 1680 万元；实施市级整村推进项目 21 个，投入市级资金 315 万元；实施了 730 人的易地搬迁项目；完成投放小额信贷资金 5614 万元，完成产业信贷 10140 万元；完成劳动力转移培训 145 期 15700 人，投入培训资金 344 万元；组织实施了科技产业扶贫项目 6 个，资金为 480 万元等。全县贫困人口从 2006 年的 14.75 万下降到 2010 年年初的 11.33 万，扶贫开发取得重大成效。

第二阶段扶贫更多表现为“区域性”，改善了贫困地区的基础设施，打通了小农与外界市场的阻碍，但对于贫困群体的针对性欠缺，一些特殊群体由于各方面原因，仍然停留在贫困状态。

（三）从精准扶贫到成功摘帽

第三阶段，从 2014 年开始，拉开了脱贫摘帽的序幕，也就在这一阶段，玉龙县成功实现了脱贫摘帽。

中国扶贫开发进入 21 世纪第二个 10 年。区域经济发展不平衡问题突出，制约贫困地区发展的深层次矛盾依然存在。2011 年开始实施《中国农村扶贫开发纲要（2011—2020 年）》，总体目标是：到 2020 年，稳定实现扶贫对象不愁吃、不愁穿，义务教育、基本医疗和住房安全有保障。贫困地区农民人均纯收入增长幅度高于全国平均水平，基本公共服务主要领域指标接近全国平均水平，扭转发展差距扩大的趋势。

习近平总书记在党的十九大报告中提出“脱真贫、真脱贫”的动员和部署，在加大扶持力度的同时，不断创新思维，由“大水漫灌”转为精准施策，推进深度贫困区内生能力的提升。习近平总书记多次强调：“小康不小康，关键看老乡。”“全面建成小康社会、实现第一个百年奋斗目标，农村贫困人口全部脱贫是一个标志性指标。”习近平总书记深刻指出：“扶贫开发推进到今天这样的程度，贵在精准，重在精准，成败之举在于精准。搞大水漫灌、走马观花、大而化之、手榴弹炸跳蚤不行。”

面对决战脱贫攻坚和决胜全面小康的艰巨任务，玉龙县委、县政府坚决贯彻落实中央和省、市脱贫攻坚系列重大部署，锁定目标、精准施策，确保责任措施落地落实。

1. 精准施策

制定《中共玉龙县委常委会研究脱贫攻坚工作议事规则》和《玉龙县乡（镇）党委研究脱贫攻坚工作议事意见》，坚持县委常委会每个季度至少一次、县扶贫开发领导小组每个月至少一次、乡镇党委班子每个月至少一次、村党支部每两周至少一次、村民小组和驻村扶贫工作队每周至少一次集中专题研究推进落实脱贫攻坚工作。根据脱贫攻坚目标，及时制定《中共玉龙县委　玉龙县人民政府关于举全县之力打赢脱贫攻坚战的决定》《玉龙县贫困县退出工作实施方案》《玉龙县贫困人口脱贫退出工作实施细则》《关于加强脱贫攻坚“挂包帮”“转走访”工作机制建设的通知》等40余份县级层面文件，农业、住建、卫生、教育等部门结合各自工作职责制定实施了产业扶贫、健康扶贫、教育扶贫等专项扶贫实施方案30余个，为决胜脱贫攻坚提供了强有力的政策支撑。

2. 精准确定脱贫路径

结合县情实际，制定决胜脱贫攻坚“1985”工作思路，即围绕“一个目标”，实施“九大工程”，落实“八个精准到户”，实现“五个确保”。同时，按照省、市“6，10，6，5”退出标准，自我加压，制定了贫困村、贫困户退出“56”标准，即贫困村“五有”：一有骨干特色优势产业，二有年产值 2 万元以上的村级集体经济收入，三有通达通畅的通村公路，四有方便适龄儿童入学的学校，五有合格的卫生室和村医。贫困户“六有”：一有人均可支配收入超过当年国家贫困标准，二有户均一亩以上稳定可持续增收的经济作物，三有户均三头以上商品牲畜出售，四有户均一幢人畜分离、厨卫入户的安居房，五有户均一人掌握一门以上实用农产业技术，六有安全清洁的饮用水、稳定的生产生活用电，全力推进精准扶贫工作落实。

3. 精准落实工作责任

坚持“县负总责、部门联动、乡镇主体、村为重点、工作到组、扶贫到户、责任到人”，形成上下贯通、横向到边、纵向到底的责任体系。一是党政主要领导任双组长，同为第一责任人。组建由县党政主要领导任双组长的扶贫开发领导小组，成立县脱贫攻坚“挂包帮”“转走访”工作联席会议、易地扶贫搬迁指挥部、农村危房改造和抗震安居工程建设领导小组、整组帮扶精准脱贫攻坚督查工作领导小组等议事工作机构，为决胜脱贫攻坚提供了组织保障。二是“书记抓，抓书记”。充分发挥各级党组织总揽全局、协调各方的领导核心作用，严格执行脱贫攻坚“一把手”负责制，层层压实主体责任。细化分解贫困乡、村人口减贫目标任务，分年度将减贫任务分解到乡村两级，到户到人。在此基础上，各级各部门对各项任务进行项目化、责任制分解，责任到人、时限到天。三是四级联动，限时推动。明确四级联动责任层级，即乡镇党委政府向县委县政府、“挂包帮”单位向县委县政府、“挂包帮”单位干部职工向单位负责人、“挂包帮”单位干部向帮扶贫困人口层层递交责任状，做到不脱贫不脱钩，为决胜脱贫攻坚压紧压实责任。

4. 精准发力攻坚拔寨

培育多元社会扶贫主体，推行扶贫项目竞争立项，强化政府责任，引导市场机制、社会力量协同发力，形成专项扶贫、行业扶贫、社会扶贫互为补充的大扶贫格局。

（1）下沉力量聚合力

深入开展“四个一”专项行动，不断创新形式、丰富内容、拓宽途径、完善机制，引导全县领导干部职工深入贫困群众、了解贫困群众、融入贫困群众，为贫困群众排忧、为贫困群众解难、为贫困群众谋福祉，促进干部直接联系和“挂包帮”扶贫困群众工作常态化、长效化。2014 年至 2018 年 10 月，县处级领导干部驻村督促检查工作 3240 余天，“挂包帮”单位领导班子成员驻村开展工作 3.8 万余天，干部职工驻户开展帮扶 12.8 万余天。

（2）“挂包帮”全覆盖

县委、县政府把选优派强驻村扶贫工作队员作为抓好脱贫攻坚、实施精准扶贫的重要抓手，切实把素质好、能力强、作风实的优秀干部派往脱贫攻坚第一线，实现“一村一帮扶工作队、一户一帮扶责任人”。挂联单位和个人积极争取各类项目和资金扶持挂钩村、挂钩户改善基础设施、发展支柱产业、改善居住条件，省、市、县挂联单位到村、户累计开展专题调研 5800 多次，累计投入帮扶资金达 1.06 亿元。

（3）党建脱贫双推进

全县农村党组织广泛开展“脱贫攻坚先锋村”“基层党建先锋村”“产业发展先锋村”“美丽乡村先锋村”“民族团结先锋村”5 个“玉龙先锋村”争创活动，每年评选一次，每个先锋村 3 个名额，每评上一个“先锋村”，所在村党支部书记、村委会主任下一年度工作报酬每人每月提高 500 元，其他村干部提高300元。截至2018年，评选出鲁甸乡太平村、九河乡金普村、白沙镇玉湖村等15个“玉龙先锋村”，带动全县农村各项工作整体上水平、上台阶，实现基层组织强、干部队伍优、人民群众富、人居环境美、社会反映好的目标。

（4）开放式参与

组建基层党员服务队186支3419人、青年志愿服务队10支120人、巾帼帮扶服务队121支1430人、文艺下乡小分队4支62人、科技服务小分队16支149人，扎根脱贫攻坚一线，走村串寨帮劳力、帮技术、帮理财，深入贫困户家中宣传脱贫政策，帮助农户厘清脱贫思路，通过特色种植养殖业的发展改善贫困户生活条件，增强农户脱贫发展能力，凝聚起各方面、各行业脱贫攻坚的强大合力。

三、脱贫摘帽的做法与成效

玉龙县结合县情实际，制定决胜脱贫攻坚“1985”工作思路，即围绕“一个目标”：按照省、市、县脱贫摘帽工作部署，制定了到2017年贫困县摘帽退出，贫困乡、村全部脱贫出列，2019年实现建档立卡贫困人口全部脱贫，2020年与全国全省全市同步实现全面建成小康社会的目标；实施“九大工程”：产业扶持工程、基础建设工程、易地搬迁工程、生态补偿工程、危房改造工程、教育脱贫工程、旅游脱贫工程、劳务输出工程、社会保障工程；落实“八个精准到户”：政策宣传精准到户、挂包帮扶精准到户、产业扶持精准到户、安居建设精准到户、素质提升精准到户、就业培训精准到户、金融扶持精准到户、保障扶持精准到户；实现“五个确保”：即确保“两不愁三保障”。深度聚焦“两不愁三保障”目标要求，围绕“六个精准”要求，立下2017年脱贫摘帽军令状，完善推动落实工作体系，始终在精准上着力、在实干中担当，形成以上率下、合力攻坚的大扶贫工作格局。

（一）大力度保障资金投入

玉龙县委、县政府立足玉龙县情实际，围绕决胜脱贫攻坚“1985”工作思路，紧扣“两不愁三保障”目标要求，逐项分解、明确责任人和时间进度，聚焦工作中心不偏移，集中力量、精准发力，2014—2017 年共计投入资金 68 亿元（其中，中央、省、市财政专项资金 3.576 亿元，整合涉农资金 59.574 亿元，县级投入专项资金 4.85 亿元），严格落实“五个一批”政策，大力实施“九大工程”，取得了显著成效。建档立卡贫困人口从 4154 户 15663 人减少到 2017 年底的 360 户 1167 人，贫困发生率从 8.36% 降至 0.62%；40 个贫困村 3 个贫困乡全部达标退出。

2014—2017 年脱贫攻坚资金投入情况：四年精准扶贫总投入 687523.16 万元，其中，专项扶贫资金上级部门 11753.19 万元，县级 2149.51 万元；涉农整合资金上级部门 53829.72 万元，县级 16996.79 万元；基础设施中交通 47907 万元，水利 150940 万元，供电 14871.61 万元，烤烟生产 61050.41 万元，国土 23728.98 万元；工信项目 9300 万元；安居（住建）6120 万元；林业 31551.82 万元；农业、畜牧 13683.68 万元；教育 24103.71 万元；卫生 2569.54 万元；易地搬迁、人居环境提升 30206.02 万元；民政 23098.18 万元；人保 2931 万元；知识产权局 14026 万元；金融扶贫 36043 万元；涉农贷款投入 95000 万元等。

2014 年：总投入 86112.92 万元。其中，专项资金上级部门 5360 万元，县级 1208.34 万元；基础设施中交通 7025 万元，水利 22074 万元，供电 4439.65 万元，烤烟生产 21315.45 万元，国土 4687.66 万元；工信项目 900 万元；安居（住建）1650 万元；林业 8658.64 万元；农业、畜牧

1857.9万元；教育3936.28万元；金融扶贫3000万元等。

2015年：总投入150493.96万元。其中，专项扶贫资金上级部门6393.19万元，县级941.17万元；基础设施中交通4623万元，水利49082万元，供电1846.21万元，烤烟生产17773.22万元，国土8500.2万元；工信项目2269万元；安居（住建）7162万元；林业8028.05万元；农业、畜牧4280.5万元；教育4145.98万元；易地搬迁、人居环境提升13958.18万元；民政7812.26万元；人保688万元；金融扶贫9000万元；涉农贷款投入4000万元等。

2016年：总投入250429.93万元。其中，涉农整合资金上级部门19012.51万元，县级10996.79万元；基础设施中交通16031万元，水利56339万元，供电5318.25万元，烤烟生产12476.63万元，国土8340.67万元；工信项目4240万元；安居（住建）6851万元；林业6863万元；农业、畜牧3564万元；教育7185.17万元；卫生827.65万元；易地搬迁、人居环境提升16247.84万元；民政7698.42万元；人保938万元；知识产权局6500万元；金融扶贫11000万元；涉农贷款投入50000万元等。

2017年：总投入200486.35万元。其中，涉农整合资金上级部门34817.21万元，县级6000万元；基础设施中交通20228万元，水利23445万元，供电3267.5万元，烤烟生产9485.11万元，国土2200.45万元；工信项目1900万元；安居（住建）6120万元；林业8002.13万元；农业、畜牧3981.28万元；教育8836.28万元；卫生1741.89万元；民政7587.5万元；人保1305万元；知识产权局7526万元；金融扶贫13043万元；涉农贷款投入41000万元等。

玉龙县举全县之力，整合各个方面的资金，如2016年坚决执行“四到县”制度，多渠道整合资金，2016年中央、省、市投入财政专项资金1.3亿元，县级投入专项资金1.02亿元，整合各类涉农资金25亿元，为精准脱贫提供了强有力的资金保障。2017年，中央、省、市、县投入专项扶贫资金6099.5万元，在完成近10亿元涉农资金的基础上，加大各类涉农资金整合力度，为精准脱贫提供了强有力的资金保障。2018年，紧扣“两不愁三保障”和“三率一度”目标要求，共整合投入财政涉农资金2.35亿元，集中力量抓重点、补短板、强弱项，持续推进基础建设、产业发展等重点工程，投入4416万元实施非“四类重点对象”危房改造3845户，实现农村危房“清零”；投入1000万元重点扶持产业合作社、龙头企业，带动建档立卡户3318户、覆盖率达79.9%；顺利完成贫困县退出国家专项评估检查实地调查工作。深化教育惠民，投入4307.6万元加快实施农村中小学基础设施提升工程。玉龙县整合各项资金，聚焦于脱贫攻坚，有效地解决了贫困乡村的主要问题。

（二）系统性实施脱贫工程

围绕“五个一批”的要求，全力实施“九大工程”，以责任和时间倒逼进度，各项重点任务得到全面落实。

1. 实施易地搬迁工程

严格按照搬迁政策要求逐条筛查，以政策红线为标尺，坚决调整不符合政策要求的对象，完成297户1239人的易地扶贫搬迁工作，建设7个集中安置点，将按户补助调整为按人补助，取消建档立卡搬迁户贴息贷款，建档立卡搬迁户每人补助2万元，签订并履行旧房拆除、宅基地腾退协议的每人奖励0.6万元，同步推进产业培育和转移就业，有效解决了农户“住房难、出行难、吃水难、看病难、上学难、发展难”的问题，实现了“搬得出、稳得住、能发展、可致富”。2016年度完成建设任务284户1180人，其中，建档立卡贫困人口219户956人。2017年度完成建设任务13户59人，其中，建档立卡贫困人口13户59人。累计完成投资9356万元，其中，住房投资完成3608万元，基础设施投资完成5748万元。

2. 实施危房改造工程

针对全县贫困户和非贫困户C、D级危房和“疑似危房”较多的状况，按照“安全稳固、遮风避雨”的要求，全面排查、一户一策，让资金跟着项目走、方案随着短板定，分三批集中消灭全县C、D级危房。2014—2017年，共计投入资金2.18亿元实施农村危房改造和抗震安居工程建设12696户，投入5799.91万元实施无政策挂靠农村C、D级危房改造提升6856户，投入2.28亿元实施玉龙县农村安居工程4457户，农村困难群众住房安全得到保障、生活环境得到改善，“住上了好房子、过上了好日子”。

3. 实施产业扶贫工程

立足贫困村、贫困户资源禀赋和生产条件，制定《玉龙县建档立卡贫困户产业扶持发展指导意见》，全县着力发展十大高原特色农产业，累计整合资金8025万元，通过“党组织＋经济组织＋贫困户”模式带动脱贫一批，强化建档立卡贫困户与产业组织的利益关联，成立农业专业合作社791家、家庭农场115家、扶持龙头企业48家，带动建档立卡贫困户3318户，占全县建档立卡贫困户的79.9%。

4. 实施基础建设工程

围绕“产业兴旺、生态宜居、乡风文明、治理有效、生活富裕”的目标，累计投入19.69亿元，加大水、电、路、信等基础设施建设，将更多教育、文化、卫生等公共服务设施建设项目向农村延伸。投资4930.42万元实施农村饮水保障工程，投资11.34亿元完成以水源工程、农田水利工程等为重点的水利基础设施建设；投资1.48亿元全力推进以生产项目、基建项目等为重点的供电网络改造项目；投资6.38亿元全速推进总里程达 680 千米的农村路网改造项目，农村生产生活条件得到大幅改善。

5. 实施教育脱贫工程

全面实施贫困学生关爱、薄弱学校改造、学校信息化建设、乡村教师提升、家庭“明白人”培养“五大行动”。按照学前教育阶段、小学阶段、初中阶段学生每生每年分别 300 元、500 元、625 元的标准给予生活补助，全面免除建档立卡贫困户子女 1502 人（次）高中学杂费 117.63 万元。通过教育脱贫工程，真正实现了“不让一个孩子因家庭困难而失学”的目标。

6. 实施就业脱贫工程

围绕贫困群众稳定持续增收目标，实施玉龙县就业脱贫工程，设立“敢问路向何方”就业脱贫微信公众号，以系统性举措强力输出农村劳动力，通过转移就业、创业扶持、贷免扶补、技能培训等举措，力求“就业一人，脱贫一户”，让转移就业成为群众稳定脱贫的有效途径，让劳务经济成为持续增收的重要支撑。全县累计开展农业产业技能培训 443 期，培训农村劳动力 2.84 万人（次），其中建档立卡贫困劳动力 5126 人（次），积极组织开展现场招聘会 19 期，转移就业建档立卡贫困劳动力 3500 人。

7. 实施旅游脱贫工程

依托玉龙县得天独厚的自然资源和悠久厚重的文化底蕴，推进旅游业与农业产业和民俗民间文化深度融合，促进乡村旅游、文化旅游、生态旅游、红色旅游、休闲度假和康体养生等现代服务业加快发展，鼓励和扶持贫困群众参与旅游服务，发展与旅游配套的种养殖业增加收入。全县间接参与旅游业 5.17 万人、直接参与 2.05 万人，建档立卡贫困人口直接参与旅游服务 750 户 796 人。

8. 实施生态补偿工程

全面开展新一轮退耕还林、天然林保护、森林生态效益补偿、木本油料产业等为主的生态补偿工程，全县生态补偿覆盖建档立卡贫困人口4027户15184人，累计受益资金902万元。其中：新一轮退耕还林工程，覆盖建档立卡贫困人口228户，受益155万元；森林资源管护聘用建档立卡贫困户劳动力143人，累计受益319万元；森林生态效益补偿，覆盖建档立卡贫困人口1554户5859人，累计受益212万元；能源建设覆盖建档立卡贫困户699户，受益109万元；开展木本油料产业发展，覆盖建档立卡贫困人口1078户，受益107万元。

9. 实施社会保障工程

累计发放各类社会救助资金1.7亿元，其中：农村低保对象最低生活保障资金1.21亿元，医疗救助金1962万元，临时困难救助资金498万元，农村特困（五保）供养金2394万元。提高社会保险水平，实现符合条件参加城乡居民基本医疗、养老保险的建档立卡贫困人口全覆盖。突出保障重点和保障对象分类施保、分类施策，将农村“两无”（无业可扶和无力脱贫）建档立卡贫困人口614户1207人全部纳入农村低保保障范围，落实“两线合一”。建立完善城乡居民基本医疗保险、大病保险、医疗救助、医疗费用兜底保障机制。建档立卡贫困人口个人就医费用负担大幅度减轻，有效地解决了贫困群众因灾、因病、因学、因残致贫和返贫问题。

10. 实施整乡整村推进项目

实施3个省级贫困乡整乡推进项目，鲁甸乡总投资1.32亿元，黎明乡总投资2.35亿元，奉科镇总投资2.01亿元。投资3579万元实施40个省级贫困村整村推进项目，实现村委会“八有”、村民小组“七有”、农户“六有”的“876”目标，基础产业得到夯实，基础设施建设得到明显改善，人员基本素质有了明显提高，基本保障体系得到初步建立，基层党组织坚强有力。

11. 实施“直过民族”脱贫项目

总投资7.46亿元，重点在7个乡镇15个傈僳族聚居区深入实施素质能力提升、劳务输出、安居建设、特色产业培育、基础设施改善、生态环境保护“六大工程”。同时，完成4个乡共500万元的“直过民族”项目，加紧推进实施总投资2.5亿元、总里程353.31千米的“直过民族”地区交通路网建设，全县“直过民族”傈僳族同胞生产生活条件得到明显改善。

12. 实施普米族整族帮扶项目

按照中央“五个一批”和整族帮扶精准脱贫攻坚行动计划，累计投资1.56亿元，在九河乡河源村、金普村，石头乡利苴村深入实施普米族整族帮扶项目，惠及普米族人口371户1905人，其中建档立卡贫困人口84户432人，普米族聚居区农业农村基础不断夯实。

在脱贫攻坚过程中，玉龙县干部队伍扎实深入的工作作风、落实落细的工作态度、到村到户到人的精准施策是脱贫攻坚取得胜利的关键。

（三）脱贫攻坚的具体成效

玉龙县始终聚焦“三率一度”的要求，紧盯贫困人口、贫困村、贫困乡、贫困县退出“6，10，6，5”标准，按照“缺什么补什么、弱什么强什么”的原则，抓细精准识别、做实精准帮扶、严把精准退出，确保贫困人口精准识别率、精准退出率、综合贫困发生率等均控制在达标范围内，顺利实现40个省级贫困村3个省级贫困乡退出，于2017年脱贫摘帽。

1. 精准识别，阳光透明

以群众人均可支配收入为基本衡量标准，严格做好宣传发动、普遍调查、规模控制、农户申请、群众评议、初步公示、听取意见、深度核查、民主评定等各项工作，摸清底数建系统、多轮识别“过筛子”、阳光透明保精准，确保2014年建档立卡贫困人口实际收入在扶贫标准2736元以下，2015年建档立卡贫困人口实际收入在扶贫标准2800元以下，2016年建档立卡贫困人口实际收入在扶贫标准2952元以下，2017年建档立卡贫困人口收入在扶贫标准3200元以下。通过“三评四定”、“五查五看”和多轮次信息筛查识别，经县、乡、村、户四级确认，2017年末全县确定建档立卡贫困人口4154户15663人，做到采集信息准确、帮扶责任明确、帮扶措施精准。

2. 自强不息，群众满意

面向全县农村家庭，特别是建档立卡户、分散供养户、低保户、残疾贫困户“四类重点对象”家庭，开展以“厨房整洁、卧室整洁、个人整洁、厕所整洁、庭院整洁”为主要内容的“五整洁”专项行动，不断提升贫困群众人居环境。同时，通过“主题党日”、文艺巡演、户主会、群众会和进村入户宣传等多种形式，持续开展“自强、诚信、感恩”主题活动，加强乡风文明建设，努力在全县推动形成“自强不息，诚实守信，人人心存感恩、个个遵守公德、户户增收致富、家家和睦相处、村村倡导文明、处处体现和谐”的浓厚氛围。经多次核查统计，群众满意度保持在90%以上。

3. 指标落实，严格考核

严格对标贫困退出标准，一条一条研究、一项一项推动、一件一件落实，贫困人口、贫困村、贫困乡、贫困县退出考核各项指标全面达标，全县农业农村发展基础进一步夯实。

贫困人口脱贫考核指标合格率100%。年人均纯收入方面：全县已脱贫的3794户11496人，年人均纯收入均达到3500元以上，稳定超过国家扶贫标准，实现不愁吃不愁穿。住房方面：全县累计实施易地扶贫搬迁项目、农村危房改造和抗震安居工程建设、玉龙县农村安居工程建设共计 21295 户，覆盖建档立卡贫困户 4092 户，占全县建档立卡贫困户的 98.5%，实现全县建档立卡贫困户住房安全稳固、遮风避雨。适龄青少年就学保障方面：实现义务教育阶段无辍学，同时不因贫困影响继续接受高中或职业院校教育以及大学教育。基本医疗保障方面：全县建档立卡贫困户家庭成员 15663 人全部参加新型城乡合作医疗保险，符合条件的参加大病统筹。社会养老保险方面：全县建档立卡贫困人口符合参加城乡居民社会养老保险的 11663 人，实现应保尽保、全员参保。享受扶贫政策、资金、项目帮扶方面：到户项目共扶持全县建档立卡贫困人口 4154 户 15663 人，实现扶贫政策、金融扶持、产业扶持项目全覆盖；易地扶贫搬迁、农村危房改造、教育帮扶、资产收益、就业培训、有序转移就业、生态扶持等资金项目帮扶每项覆盖 50% 以上贫困户，每户至少覆盖 4 项以上帮扶措施。

玉龙县委、县政府坚决贯彻落实脱贫攻坚重大战略部署，回应贫困群众热切期盼，结合实际，抓紧抓牢各项脱贫攻坚措施，确保了贫困农户持续稳定增收、贫困群众生活持续改善，促进了贫困地区基础设施显著加强，取得了明显成效。

四、脱贫攻坚成果的主要特点

玉龙县高度聚焦“两不愁三保障”核心任务，始终以“不落一户一人”为准则，全方位审视各项工作，一户一户梳理、一人一人对照，弱什么攻什么、缺什么补什么，确保工作落实到位、问题及时“清零”。

（一）责任到位的“党建促扶贫”

脱贫硬仗，不怕山高，就怕腿软。为此，玉龙县始终致力于构建以上率下、上下联动的合力攻坚机制。县级党政领导亲力亲为，一管到底。经常性深入村组随机调研，强化督查问效，不断向基层传导压力；县处级挂钩领导和县直部门一把手用70%以上的时间和精力抓脱贫攻坚，切实靠前指挥，实地解决存在的问题。在玉龙县，奋战在脱贫攻坚第一线的党员干部大部分具有农村出身背景，懂农村且熟悉农村工作。乡村干部分片包干，压实责任，具体落实；驻村干部每周至少驻村“五天四夜”，沉下身子，决战到底。制定40多份综合文件及30余个专项方案，将各项措施任务实行项目化、责任化分解，细化到村到户到人，挂图作战、限时交账。严格督查问效追责，乡镇党委政府和“挂包帮”单位向县委政府立下“军令状”，“挂包帮”单位干部职工向单位递交责任状，2015年至2018年先后给予工作不力等31名相关责任人党纪政纪处分，以过硬的责任倒逼工作落地落实。

（二）提升以贫困群体为主的社会能力

玉龙县立足自然环境、产业基础和人口素质，始终把建档立卡户的持续稳定增收作为根本，突出产业扶贫，初步形成十项主要扶贫产业，经济组织与增收项目对贫困户的带动作用不断显现。产业发展建立在“党建”的基础上，发挥贫困群众的主体作用。

第一，“帮”找出路，激活自主发展意愿，防止以“给”为主、“越扶越懒”现象。驻村工作队员和“挂包帮”单位深入帮扶对象家庭，与农户一起深入分析产业发展利弊，结合农户自身条件确定扶持项目，激发农户摆脱贫困的信心和干劲。

第二，“给”作保障，确保扶贫资金到位。在农户确定产业项目基础上，多渠道整合投入产业扶持资金8035万元，相当于户均不低于1.9万元，扶持有产业发展意愿和条件的农户至少发展1项增收产业。

第三，群众参与，提升脱贫信心。凝聚脱贫攻坚共识，形成最大合力。组建基层党员服务队、青年志愿服务队、巾帼帮扶服务队、文艺下乡小分队、科技服务小分队，扎根脱贫攻坚一线，走村串寨帮劳力、帮技术、帮理财，结合社会力量，深入贫困户家中，宣传脱贫政策，交流沟通，制定脱贫计划，帮助农户厘清脱贫思路。通过特色种养殖业的发展改善贫困户生活条件，增强农户自身生产能力，进一步凝聚起了全县各方面、各行业的脱贫攻坚力量。

玉龙县始终把产业扶贫作为贫困群众增收致富的根本来抓，坚持市场导向，将短平快项目与长线发展项目相结合，因村因户施策，强化企业带动，通过抱团发展真正“拔穷根、拓富源”。党员干部逐户逐人开展工作，到村到组落实任务，做贫困群众的“知心人”“领路人”，实现让贫困群众从坐等上门到自己行动，努力改变命运。

（三）促进和谐团结的民族关系

2013 年，玉龙县扎实推进“民族团结进步示范区”建设，成为推进民族经济和民族文化繁荣与旅游互促发展示范县。2015 年，通过省示范区建设领导小组检查验收，形成了民族特色突出、区域协调发展、各民族团结和睦的城乡经济社会一体化发展格局。玉龙县打造了黎明傈僳族文化抢救保护基地、鲁甸新主村东巴文化传承基地、白沙玉湖纳西文化、民族歌舞剧《依古纳西》等文化保护传承项目。完成一批民族文化生态旅游特色村寨建设，如玉龙雪山、拉市海、老君山、三股水等旅游基础设施建设，玉湖村列入首批“中国乡村旅游示范村”，老君山成功创建国家 4A 级景区等，玉龙县被评为云南十大特色旅游新地标。

精准扶贫实施以来，玉龙县根据不同民族的特点制定相应的扶贫政策。如“直过民族”傈僳族，因“刀耕火种”的游耕习俗，一些群众居无定所，有的甚至已经迁徙到缅甸境内 30 多年，知道家乡的精准扶贫政策后，带着庞大的家庭（有的家庭在缅甸生育子女多达 10 个）回到玉龙老家。政府为其解忧解难，专门针对这些人口建档立卡，帮助他们走向共同富裕之路。对于人口较少的普米族，玉龙县专门进行民族文化传承基地的建设，满足普米族群众的文化需求。玉龙县位于藏族、彝族、白族等多民族交界之地，自古以来就是各民族交往的通道和纽带。作为“无墙之城”的丽江，民族众多、文化多彩，各民族以贸易为媒介，长期共同交往和互相学习，形成了“互嵌”的“民族共生”格局。

第二章 党建引领脱贫攻坚的行动创新

玉龙县注重党建与扶贫工作双推进、双提升，持续将基层党建工作作为脱贫攻坚统揽经济社会发展全局的核心工作和基础支撑。其成功脱贫摘帽，是将“抓党建促脱贫、以脱贫促党建”做实，以战役型贫困治理突破科层制治理的局限，同时又最大限度发挥科层制治理长处的中国贫困治理县域行动的样本。玉龙县将贫困治理、乡村治理与构建地方和国家治理体系和治理能力现代化充分结合，是中国政治制度优势在县域脱贫发展领域的充分发挥。玉龙县党建、扶贫双推进、双提升，得力于先行一步的基层党建体系化建设，以及以此为基础多层级推进基层党建做强做实的政治定力。主要特征包括：一是创新机制，从科层制中激发“活力”；二是通过制度建设，积极推进有边界的战役型贫困治理；三是通过抓乡村治理、抓集体经济，做细做实基层党建与产业组织发展的新型载体。玉龙县做实党建促脱贫攻坚，解决了科层制结构与战役型贫困治理国家行动的内在张力问题，用有力的行动，谱写了一篇党建与贫困治理同构的中国故事。

玉龙经验的核心价值在于，将贫困治理、乡村治理与构建地方和国家治理体系和制度能力现代化充分结合，是中国政治制度优势在县域脱贫发展领域的充分发挥。玉龙县党建扶贫的重要成果，是中国道路自信、理论自信、制度自信和文化自信在县域层面的具体体现，也是全球反贫困斗争中国经验和中国故事的重要体现。马克斯·韦伯等人认为，科层制的优势

是循序渐进、按部就班、照章办事，具有规范性、程序性、精确性、连续性和可操作性，能够较好地履行行政职能。[①]但与此同时，科层制固有的口号主义、形式主义、文牍主义、推诿扯皮等反功能，又易导致科层组织自保自立、裹足不前，难以实现政治系统所形成的公共政策目标。[②]而对“运动型治理”制度进行研究，亦成为当代中国政治制度研究中以组织、动员、意志等范畴为重点的体制研究的重要论域。[③]但运动型治理的概念，又难以准确表达中国脱贫攻坚行动的特征和内涵，更难以体现中国脱贫攻坚战所展现出来的经验价值和制度优势。所以，我们在对精准脱贫战略下的脱贫攻坚行动进行深入研究的基础上，提出战役型贫困治理概念，即在中央和国家层面对中国贫困现状进行综合科学研判的基础上，提出系统化行动目标和策略、统一路径安排、行动部署、资源动员、进度控制、战术统筹。对于精准扶贫而言，常规性治理机制不足以完成精准扶贫所需要的动员力度以及资源投入。战役型贫困型治理机制可以应对常规治理机制出现的低效率乃至组织失败的风险，打破影响脱贫成效的官僚化桎梏，同时也对基于科层制的常规性贫困治理的组织和制度基础带来创新空间，生发新的机制调整和创新机会，但也不可避免地存在一些张力，而这些张力解决的过程，也可以理解为从贫困治理到中国乡村治理，再到构建地方和国家治理体系与治理能力现代化的建设过程。

在古代中国，即使“皇权不下县”，基层社会也拥有自己悠久的政治文化传统。社会结构的整体性在很大程度上是借由“权力的文化网络”来实现的，[④]随着现代国家建设和市场化的逐步深入，多数村庄的内部组织化

---

① ［英］戴维·毕瑟姆：《官僚制》，韩志明等译，吉林人民出版社 2005 年版。

② 欧阳静：《政治统合制及其运行基础：以县域治理为视角》，《开放时代》2019 年第 2 期。

③ 周雪光：《运动型治理机制：中国国家治理的制度逻辑再思考》，《开放时代》2012 年第 9 期。

④ ［美］杜赞奇：《文化、权力与国家：1900—1942 年的华北农村》，王福明译，江苏人民出版社 2003 年版。

已然瓦解，原子化的社会越来越难以实施基层治理。在“农民真老，农村真散，农业真脆弱”[①]的新“三农”问题日渐凸显的背景下，乡村的治理也面临更大挑战。[②]从党建扶贫的视角来看，村庄治理要以基层党组织建设为抓手，以国家通过制度化配置资源为前提，以推动农村社会合作为策略，以村庄组织化建设为手段，以村庄治理能力提升为路径，支持村庄组织发展，建立旨在满足农村生活需要、降低农村生活脆弱性、提升乡村生活价值的社区行动机制。[③]

然而，在一些脱贫攻坚的实践中，原本应该成为一个统一体的基层党建与扶贫工作往往相互分离，出现“两张皮”的问题。另外，长期以来，我国的政策话语中对扶贫类型的划分都是采用“专项扶贫、行业扶贫、社会扶贫”这一政策执行体系，没有将党建统领贫困治理这一根本性的内容包含其中。而缺乏其他政策资源的党建扶贫，从制度设计上就已经出现两头游离状态。大国体制的优势反而受制于科层制纵向一体化行业封闭性的硬约束，缺乏横向弹性整合和沟通的制度衔接，使制度的政治目标与制度结构之间形成一种错位。

习近平总书记多次指出，消除贫困、改善民生、逐步实现共同富裕，是社会主义的本质要求；贫穷不是社会主义，如果贫困地区长期贫困，面貌长期得不到改变，群众生活长期得不到明显提高，那就没有体现我国社会主义制度的优越性，那也不是社会主义。党始终代表着最广大人民的根本利益，始终把全心全意为人民服务作为自己的根本宗旨。从成立那天起，中国共产党就始终为了人民的利益而奋斗，消除贫困一直都是党的事业的必然组成部分。因此，党对脱贫攻坚工作的领导具有历史和现实的合法性基础。

---

① 王春光、孙兆霞等：《社会建设与扶贫开发新模式的探求》，社会科学文献出版社 2014 年版。

② 孙兆霞等：《政治制度优势与贫困治理》，湖南人民出版社 2018 年版。

③ 孙兆霞：《以党建促脱贫：一项政治社会学视角的中国减贫经验研究》，《中国农业大学学报（社会科学版）》2017 年第 5 期。

一、攻坚行动的政治前提与政治站位

梳理2014年以来中央以党建促脱贫的相关精神，会发现其针对的问题均是在扶贫工作进入攻坚克难阶段后，因基层党的建设或滞后或薄弱而带来的懒政、惰政、形式主义、官僚主义等。在实践中，基层党的建设怎么做、与扶贫工作如何结合等问题，既是减贫发展的中国道路如何延伸的探索，也是中国共产党统领中国脱贫攻坚在体制机制上发力的关键和前提。

玉龙县脱贫摘帽经验集中体现出，以党建促脱贫走过的最为突出的四年，是既艰难复杂又充满理性和光荣的路程，其以基层服务型党组织建设启程，以基层党建与扶贫开发双推进为抓手，以县、乡、村、组四级党的建设与脱贫攻坚双提升的深化建构为标志，将以党建促脱贫的中国故事镌刻在了玉龙大地。

（一）以“人民性”的坚守，破解贫困治理瓶颈难题

自党的十八届三中全会要求加强基层服务型党组织建设以来，玉龙县在云南省委和丽江市委的具体要求和工作部署下，开启了基层党建促脱贫的历史进程。经过一年多努力，在验收考核中发现，浮于表面的党建并未回应好农村发展，特别是扶贫工作的要求。2016年，云南省将本年工作重心定为“基层党建推进年”，要求重点解决组织不强、队伍不硬、短板较多、整体水平不高等问题，全力补齐基层党建“短板”，不断夯实党的组织基础。2017年，玉龙县继续将基层党建工作作为脱贫攻坚统揽经济社会发展全局的核心工作和基础支撑，将党建与脱贫攻坚双推进置于重中之重的位置。

1. 先行一步的基层党建体系化建设

党的十九大报告提出，要以提升组织力为重点，突出政治功能，把基层党组织建设成为坚强的战斗堡垒。脱贫攻坚工作，正是党的组织力在我国广大的农村基层社会不断生根发芽的沃土。在脱贫攻坚工作中，首先需要明晰农村党的基层组织建设的引领地位和作用。党的基层组织是我国农村脱贫攻坚伟大事业的坚强堡垒，是脱贫攻坚战的“尖刀班”，也是农村经济社会发展的“领头羊”，因此，只有建好了农村基础党组织，我国农村发展的动力和方向才能有强大的保障。加强基层党建，特别是农村基层党建，成为我国自上而下解决“三农”问题的引领性工程，在有脱贫攻坚任务的贫困区域，更是被明确为“以党建促脱贫”的主导性工程。但是，在扶贫与党建之间，谁是基础和首要任务？二者关系架构的理论预设是什么？在实践中，农村基层党建怎么做？在这些问题上存在较大的认识误区和实践偏差。玉龙县抓住机遇做实基层党建，建构出以党建促脱贫的支撑性基础，集中表现为二者基础性子系统的体系创新及功能呈现。

建设服务型基层党组织，需要基层党员、基层支部通过服务凝聚人、团结人、影响人，从而更加扎实地巩固党在农村的执政基础。2014 年 5 月，中共中央办公厅印发《关于加强基层服务型党组织建设的意见》；2014 年 7 月，云南省委办公厅出台《关于印发〈云南省加强基层服务型党组织建设的实施意见〉的通知》；2015 年 1 月，习近平总书记深入云南考察指导工作并发表重要讲话。以此为契机，2015 年 3 月，云南省深入学习习近平总书记讲话精神，其中，在基层党建中决定将迪庆州、丽江市作为建设基层服务型党组织的示范区。[①]

早在 2014 年 11 月 3 日，玉龙县抓住历史机遇，迅速制定了《关于加

---

① 《中共云南省委关于深入贯彻落实习近平总书记考察云南重要讲话精神闯出跨越式发展路子的决定》，《云南日报》2015 年 4 月 3 日。

强基层服务型党组织建设的实施意见》，明确“通过三年努力，力争一年布局突破、两年全面提升、三年实现‘三个显著’成效，即全县基层党组织服务意识显著增强、服务能力显著提高和服务效能显著提升”。为此，玉龙县还将基层党建列为全局工作之首，在2015年7月，县委书记曹金明就明确提出“谋划全局工作时不忘基层党建，部署全局工作时不忘基层党建，推动全局工作时不忘基层党建”。

玉龙县以抓基层党组织建设为核心的精准扶贫工作具有如下特点：

第一是“硬”。基层党建被定位为精准扶贫的基础和前提性工程。2015年1月，习近平总书记考察云南，论述了生态与扶贫的关系。从玉龙县进入脱贫攻坚期（2016年）的时间点看，其农村基层党建先行在前，已为开展脱贫攻坚工作奠定了坚实的基础，与我们调查过的不少县相比，玉龙县在决胜脱贫攻坚中遇上并抓住了基层党建的重要机遇。

第二是“快”。战役型治理中对创新性的需求，提供了“超常”和“超载”的整合式、系统性、专题性相衔接的路径选择。示范现场会要求在不到一年的时间内召开，这就要求打破科层制常规型治理的部门之间、上下之间、各专项工作之间的隔阂，创建以党建引领各项工作的机制需求是不言而喻的。

第三是有“突破口”。快速、坚定地抓基层党建，并将之作为精准扶贫精准脱贫的基础和前提，客观上也形成脱贫攻坚“啃硬骨头”的突破口效应。在接下来的实践推进中，更深刻地体现出这一突破口的牵引力量。

案例 白沙古镇村庄治理中的“党员承诺”

白沙古镇位于丽江城北约10千米，北临玉龙雪山，南至龙泉，西依芝山，是纳西族的古都、世界级“古纳西王国”，曾是丽江政治、经济、商贸和文化的中心，原丽江土司“木氏家族”的发源地。据白沙镇党委书记和志强介绍，在决胜脱贫攻坚的新的历史时期，在以基层党建助推古镇旅游发展与村庄治理的过程中，白沙镇的经验在于实行“党员集体承诺”。

例如，在白沙镇玉湖村，通过全村党员大会共同表决，根据本村实际情况制定了《玉湖村党员集体承诺书》，并张榜公布，主要内容有：带头做到不偷一篓金矿，不乱挖一车砂石，不乱砍一棵树木，不乱占一块荒地；带头做到亮出党员身份，提高旅游服务质量，让游客高高兴兴地来，平平安安地走，维护好玉湖纳西古村落旅游品牌，争做创业致富带头人。以此，通过有内容、接地气的党员承诺，积极发挥党员的先锋模范作用，白沙镇玉湖村的基层党建切切实实落了地，推动了村庄治理“有书可循”，也使本村旅游发展“有律可依”。

2. 深化多层级推进基层党建做强做实的政治定力

自上而下的农村基层党建要求要在县域及乡、村、组坐实，并不是一件容易的事情，特别是经济发展目标及脱贫任务艰巨的县份，党建从理论到实践的落地均面临诸多的挑战及困难。对此，玉龙县从三个维度去启动和推进工作。

第一，与源自党的宗旨和初心的承诺对应，明确基层党建的价值和意义。2014 年 11 月，玉龙县委在省委部署建设基层服务型党组织工作的第一时间印发了《关于加强基层服务型党组织建设的实施意见》，在“目标要求”部分，明确指出，建设基层服务型党组织，是建设学习型、服务型、创新型马克思主义执政党的基础工程，是对基层党组织功能定位认识的深化和飞跃。对于密切党同人民群众的血肉联系、提高党的执政能力、夯实党的执政基础具有重要意义。因此在目标要求下，把坚定理想信念作为第一位的要求。强化党员干部的坚定意志和坚守情怀，发挥“固本守魂”的功能。“以服务群众、做群众工作为主要任务，以改革创新为动力，以群众满意为根本标准，实现领导变服务、党务变业务，促使基层党组织建设转型升级”，以“服务改革、服务发展、服务民生、服务党员为主方向”。例如，服务党员，是“增强党员的归属感、光荣感和责任感，激发党员服务群众内在动力”，而服务群众，则是“围绕群众，‘最盼上赢民心，最急上见真情，最怨上改作风，最需上办实事’的服务理念，健全服务机制”。必须牢牢把握新常态下党建规律，树立“以抓党建是本职，不抓党建是失职，抓不好党建是不称职”的责任意识，把基层党建工作放在巩固党的执政基础的高度，放在推动全县经济社会发展的有力抓手这样的位置，使党的建设真正与时代同步。

第二，方法论上的求真务实。在农村基层党组织大量弱化、缺乏应有的组织功能的情况下，平地建堡垒、系统求功能的前提，即是以极强的组织力，求真务实地夯实基础。这既是方法论上的理念引领，亦是实践探索上的路径选择。玉龙县基层党建起步及延续，即是对此信念和原则的践行。一开始，即在推进方案中明确“消除‘盆景党建、展板党建、口号党建’的思维”。在 2015 年 7 月工作推进会上，针对近一年工作中仍存在党建、经济两张皮的现象，推进方案中明确：“要建立相应的督查机制，层层加强监督检查，层层传导压力，以最坚决的态度、最严密的措施确保创建工作不虚标、不空泛。”

第三，组织力建设的体系贯通。围绕基层服务型党组织建设目标，玉龙县设计了以组织力为核心、以三大平台子系统为抓手的制度体系建设，或者说建设一套上下贯通、横向关联的党建构架，也可称为“四梁八柱”，即工作体系、制度体系、保障体系和平台子系统，从而建立一整套以基层和群众需求为根本导向的组织运行体系、服务管理体系、服务保障体系和考核评价体系，使基层党组织战斗堡垒作用和党员的先锋模范作用的发挥有了真实可靠的平台。

案例　村民小组党建工作有阵地

玉龙县农村基层党建，不仅延伸到了行政村一级，更重要的是，在有条件的村民小组中也积极推动党建落实，其中重要的内容便是要使村民小组的党建活动有阵地。为此，从 2013 年开始，玉龙县就把“每年实施 20 个村（居）民小组的活动中心建设项目，同时每年实施不少于 10 个村级组织活动场所项目”作为县政府承诺的十件实事之一，按照“五个一点”(即县级财政投入一点、乡镇党委政府配套一点、挂钩联系部门支持一点、村级组织争取一点、留存党费补助一点）办法筹集建设资金，于 2014—2016 年三年间累计投入 1587 万元，修建了 34 个村级活动场所、75 个村（居）民小组活动中心，切实兑现了政府承诺。

自脱贫攻坚工作开始，尤其是云南省 2017 年“回头看”之后，玉龙县按照省委及市委组织部的统一部署，在省、市奖补资金投入 1364 万元的基础上，由县级财政整合资金 1350 万元、党费补助 138 万元，合计 2852 万元，于 2017 年集中推进了全县 248 个村民小组的活动场所建设。目前，玉龙县基本实现了村民小组活动场所的全覆盖，并在搞好这些工程建设的同时，积极推动活动场所的管理与使用，确保活动场所作为基层党员活动阵地的功能得到最大限度地发挥。

（二）以扶贫党建“两双机制”，坐实共嵌制度落地生根

从2017年起，两个硬指标自上而下传递到玉龙县：其一，玉龙县是全省首批拟摘帽的贫困县，但摘帽时间从原定的2016年推迟到2017年，验收评估时间相应推迟到2018年；其二，基层党建工作由中央到省要求更加严格，坚持政治引领突出党建先行，成为做实做细所有工作的前提。如果说之前抓两项工作的定位是双推进的话，那么从2017年起，玉龙县的定位就应确定为双提升。从内在逻辑上，双推进与双提升相比，双提升对党建与脱贫攻坚内在有机嵌构的要求更高，组织力与制度创新的功能要求也更强。

习近平总书记要求的“绣花”功夫，从制度创新对二者的支持功能来看，显然是必需的实操，同时也是积极而有创造力的时代探索。玉龙县对此所做的制度创新实践，我们分别从脱贫攻坚与基层党建及二者嵌构的制度性结构功能的分析框架加以呈现和讨论。

1. 以扶贫促党建，是必然性内在衍生

按照当地基层干部的体会，玉龙县如果不按照省里统一布局，将贫困县脱贫摘帽的时间从原定2016年初推迟到2017年底，又将验收时间推迟到2018年8月，那么许多扎实而系统的工作，就缺乏相应的时间来做实做细，特别是基层党建工作，经过2015—2016年的积累，为接下来的脱贫攻坚奠定了非常坚实的基础。2016年，验收小组在三次巡视和试评估基础上提出十分尖锐的100多条整改意见，县委县政府召开研判会，最后痛下决心：与其在匆忙之中侥幸过关，不如彻彻底底、老老实实将“攻坚”做实，造绩于当下，施福于未来。

一套严密而完备的脱贫攻坚方案出来了，将其做实的前提是这是一套能落地的制度安排，有目标、有载体、有保障措施、有子系统间互动

共进的时空衔接机制。玉龙县结合县情推出需要以制度载体落地完成的“1985”脱贫攻坚任务体系。同时，为使以上任务形成更为系统性和内在关联性，对关涉乡村振兴的基础性工程，玉龙县又自我加压，超前制定了贫困村、贫困户退出“56”标准。

与机械、片面、碎片化、政绩化扭曲理解和执行“五个一批”和“六个精准”，为脱帽而脱帽的工作内容相比，玉龙县2017年初推出的这套工作体系，具有以下特点：

第一，具有系统性和完整性，将当下和可持续减贫的目标统一起来，有载体，踏石有迹。第二，将建档立卡户和非建档立卡户的基础减贫条件在村级层面结合起来，对激发广大农户特别是贫困户的内生动力有根本性作用，是对利益公平公正分享的参与机理的创新。第三，将保障型、生存型和发展型减贫的分级、分类条件进行整合，使贫困治理有了贯通性的“人民”基础。

如果按照国际反贫困理论来衡量，玉龙县的这套方案无疑已经将因权力被剥夺而导致贫困的现象进行了制度创新的“消灭”。因为这一方案已经对由家庭到社区，到市场、政府和自然、历史、环境的内耗与张力进行了体系化回应。但是，如同已有前沿研究指出的一样，如此严密而环环相扣的减贫方案何以做实？“权力＋资源配置”的宏观前提如何实现？这是挑战。回应这些挑战，无非需要三个条件：第一，是讲政治的担当。第二，是组织力的发力。第三，老老实实、一步一步地实干。而这三点的嵌入，必然是党建扶贫在政治制度坚守上的制度创新。

2. 抓党建促脱贫，是根本性行动逻辑

针对原有专项扶贫、行业扶贫和社会扶贫与党建扶贫体制机制各成一统、互不搭界，从而碎片化施策，玉龙县以党建促脱贫攻坚为突破口，进行了战役层面型施策创新，以快速、有力的党建方略攻克体制机制性的内

耗，主要从三个方面开展工作。

第一，以科层制框架为本，对应建立基层党建扶贫责任主体体系，围绕“六个精准”目标，进行以政治担当与组织力牵引的上下贯通的制度创新。

科层制行政机构以单位、部门的层级及分工开展业务工作，而党务系统与行政层级和部门相匹配的机构设置，在脱贫攻坚中怎样作为主心骨，起到组织和牵一发而动全身的作用，这既是一个实践问题，也是一个理论问题，更是一个政策探索创新问题。既具有复杂性，更具有艰巨性。玉龙县在稳定原有行政科层架构及功能运作中，以党的组织系统为中轴，以党的干部为组织力的承载主体，将工作以责任清单的方式进行制度化设置，使战役型贫困治理依托于科层制组织体系中，理性地发挥其主心骨的功能。具体做法是：设立八个责任清单，在履责中梳理出问题清单，研判后形成任务清单，以踏石留痕地督查完成任务（见表 2–1）。

八个责任清单即：县级领导脱贫攻坚挂钩责任清单；县委书记、县长脱贫攻坚主体责任清单；县委副书记、政府分管副县长，县驻村扶贫工作队总队长、副总队长脱贫攻坚主要责任清单；“挂包帮”单位和干部职工帮扶责任清单；各行业部门脱贫攻坚责任清单；县扶贫部门脱贫攻坚责任清单；乡（镇）、村干部脱贫攻坚一线工作责任清单；驻村工作队脱贫攻坚工作责任清单。一共 62 条细则，将脱贫攻坚相关工作由县到村的四个层级 80 多个维度的方方面面，进行了以党组织为主心骨、领导人为主体责任人的上下左右无缝对接。“绣花功夫”的底图主体人、资源配置、验收评估、督查巡视，均有了明确纲领和行动依据。从制度设计上，将大而化之、大水漫灌、懒政惰政、形式主义、官僚主义等滋长的空间彻底清除干净。部门之间互相推诿、互相争利、不作为、乱作为均可快速敏锐预警报警。这套制度，是在抓党建、讲政治的内生成长中必然生成的，凸显出抓党建促脱贫攻坚的体制创新的题中之义。

表2-1　玉龙县脱贫攻坚“八个责任主体”责任清单

序号	责任主体	责任清单（有删略）
1	县级领导（4条）	1. 县委、县政府负主体责任。2. 实行县四套班子主要领导分乡（镇）负责联系制。3. 落实县级领导挂乡包村帮户责任制。4. 实现脱贫攻坚驻乡（镇）指导工作机制
2	县委书记、县长（4条）	1. 落实中央、省、市脱贫攻坚方针政策和重大工作部署。2. 落实各项强农惠农政策措施等。3. 执行目标、任务、资金、责任“四到县”制度。4. 经常深入到脱贫攻坚第一线调查研究、检查指导，协调解决困难问题等
3	县委副书记、政府分管副县长，县驻村扶贫工作队总队长、副总队长（9条）	1. 督促各部门编制行业扶贫计划和年度工作方案，指导各乡（镇）、贫困村、贫困户制定脱贫方案。2. 督促指导各乡（镇）、各部门和“挂包帮”单位，扎实开展扶贫对象精准识别、建档立卡、动态管理，逐村逐户谋划帮扶项目
4	“挂包帮”单位和干部职工（6条）	1. 强化组织领导。2. 落实“挂包帮”责任。3. 宣传脱贫政策。4. 搞好协调服务。5. 强化督查指导。6. 加强信息沟通
5	各行业部门	总要求（略）。各行业部门主体责任清单（略）
6	县扶贫部门（9条）	1. 贯彻落实各级党委、政府扶贫开发的各项方针、政策、措施。2. 认真履行县脱贫攻坚领导小组办公室工作职责。3. 按照“四到县”相关要求，认真执行
7	乡（镇）、村干部（22条）	1. 乡（镇）党委书记、乡（镇）长责任清单：（1）设立专门的脱贫攻坚办公室，配置稳定的扶贫专干，细化责任分工等；（2）制定本乡（镇）脱贫攻坚工作规划和年度工作计划等。2. 村“两委”责任清单：（1）制定本村脱贫攻坚工作规划和年度工作计划，成立本村脱贫攻坚领导组织机构；（2）积极组织发动群众，激发村民积极性和自信心，集中力量解决发展难题，消除“等靠要”思想
8	驻村工作队（6条）	1. 宣传中央和省、市、县脱贫攻坚重大方针政策，帮助落实好各项强农惠农富农政策规定和脱贫措施，逐村逐户分析致贫原因和发展需要，帮助制定村级发展规划和年度实施计划。2. 配合村“两委”完成贫困村、贫困户建档立卡，贫困户精准识别、大数据录入和动态管理工作

第二，将战役型治理活力激发功能与“最后一公里”落地生根的求实求真，在抓基层党建平台建设中实现嵌构性提升。

如何使党建平台建设发挥出脱贫攻坚与基层党组织建设的有机融合和双提升的载体功能，是破解长期以来多地基层党建与扶贫开发“两张皮”的突破口。玉龙县在脱贫攻坚最关键时刻，即2016年底推出了“玉龙先锋村”创新平台。2017年底，玉龙县组织部评出九河乡金普村、鲁甸乡安乐村等15个“玉龙先锋村”（见表2–2）。

表2–2　2017年度15个“玉龙先锋村”[①]

类别	村庄		
脱贫攻坚先锋村	九河乡金普村	鲁甸乡安乐村	白沙镇文海村
基层党建先锋村	鲁甸乡太平村	白沙镇白沙村	石鼓镇石鼓村
产业发展先锋村	太安乡太安村	鲁甸乡鲁甸村	拉市镇均良村
美丽乡村先锋村	白沙镇玉湖村	黄山镇白华村	宝山乡宝山村
民族团结先锋村	塔城乡陇巴村	宝山乡吾木村	塔城乡塔城村

在“玉龙先锋村”基础上，2018年全面推进党支部规范化建设，进一步巩固提升一批基础扎实、创新有效、做法科学、经验可推的党建示范点，又重点探索“丽江先锋”基层党建示范村创建，明确党（工）委分管领导为党建示范点创建第一责任人，创建单位党组织书记为直接责任人，一个示范点一套班子，一个示范点一个方案，一个示范点一个重点，选派第一批骨干蹲点研究，组建重点课题组进行集中攻关。“最后一公里”的党建扶贫提升工作，以“绣花功夫”从调查研究到提出方案，再到做出实效，在更接地气、“直通天线”、理性研判、攻坚克难的系统闭环中达到创新，不能不说是体制优势发挥到极致的表征。

① 根据玉龙县组织部《2017年“玉龙先锋村”评选结果公示》整理。

第三，组织部自上而下层级式专业发力与普通党员以志愿者身份结构性投入村、户贫困治理，以闭环嵌构，形成村庄社会新结构的内生动力。

以“组织力”的业务平台发力，用“六个精准掌握”作为基层党建+脱贫攻坚双提升的对标标的，将贫困治理在社会结构维度的机理做实做细，使以党建促脱贫攻坚的效能“落地生根”于社会结构的嵌构过程，从而诠释出“夯实中国共产党的执政基础与发挥协商民主的制度内涵，使人民利益在公平公正公开的制度结构创新中得以实现”这一本质特征。

县委组织部是基层党建与脱贫攻坚中担负“组织力”人力供给的业务平台，其“专业性”功能，是将做思想工作与实务工作进行无缝对接，反过来对实务工作的结构性嵌入，不但能有效有力地将制度干预以结构方式融入社会，也能在深化党建扶贫上实现创新。

从 2017 年开始至脱贫摘帽前，县委组织部每年开展一次遍访贫困乡镇、贫困村和贫困户活动。从 2018 年 5 月起，还对 15 个脱贫攻坚重点村派出专门督导组驻村工作，重点做到“六个精准掌握”：一是精准掌握各乡镇党委、政府履行脱贫攻坚主体责任，落实中央、省委、市委和县委脱贫攻坚部署要求情况，查找存在的问题，听取基层党员群众的意见、建议。二是精准掌握贫困乡镇党政领导班子和贫困村“两委班子”情况，提出存在的问题和优化建议。三是精准掌握驻村扶贫工作队总队长、副总队长、第一书记和驻村扶贫工作队队员作用发挥情况。四是精准掌握各乡镇抓党建促脱贫攻坚工作情况，重点是责任落实、农村基层党组织设置和标准化建设、乡村治理机制建设等。五是精准掌握村党组织和党员在脱贫攻坚中发挥作用情况。六是精准掌握村级集体经济发展和村民小组活动场所建设情况。

掌握情况并按清单完成后，要形成活动成果，即写出贫困乡镇、村领导班子及主要领导干部分析研判报告。报告要列出问题清单和改进问题的任务清单。最后督促解决问题，并完成任务。责任清单、问题清单、任务清单的闭环运行，即是制度创新的建构。

党员志愿者嵌入村庄减贫工作的制度创新。脱贫攻坚“最后一公里”村庄与农户内在勾连下的减贫与发展工作，除了考虑科层化体系硬件性质的制度嵌入与创建之外，玉龙县还从实际出发，从软件性质的制度创建上，通过组建党员志愿者队伍，以润物细无声的功效，在补漏、做实个别性及调动社区社会资本参与反贫困等方面进行的制度创新。其主要做法是：“组建基层党员服务队 186 支 3419 人，在村里帮劳力、帮技术、帮理财，深入贫困户家中，宣传脱贫政策，帮助农户厘清脱贫思路。”[①] 党员志愿队的作用很大，在村危房改造最紧张的时候，找不到劳动力，党员志愿队的志愿者一干就是五天，搬砖、抬水泥、修屋顶，连吃饭都是自带干粮、喝点凉水来解决。后来，房屋主人听说后十分感动，从丽江市的打工单位请假回家跟着干。“我们老百姓的满意度，就是这样一点一滴干出来的。”[②]

组织部对全县村户的遍访按三张清单实操，实现相关党建与脱贫攻坚问题及如何解决问题、问题解决成效及评估的全覆盖，而组织起来的党员志愿者队伍在村户之间的调查及帮扶，对“弄懂”任务背景后如何帮扶做实做细的“落地”举措赋能，从制度衔接上与前者又形成无缝对接的闭环。从这个意义上讲，以党建促脱贫攻坚制度建设的主要内容，即是以村庄为平台的全面嵌构。

---

① 中共玉龙县委、玉龙县人民政府：《提高政治站位，担当时代重任，举全县之力，坚决打赢脱贫摘帽攻坚战——玉龙纳西族自治县脱贫攻坚工作报告》，2018 年 7 月。

② 访谈玉龙县委组织部，2018 年 12 月 14 日。

二、活力激发与制度约束同步建设

脱贫攻坚“活力”与“规范”的张力，是制度与“人”结构性存在的内生特质。脱贫攻坚进入决胜阶段时，“五级书记一起抓”成为中国政治制度优势聚合发力和启动攻坚的总攻策略。在省、市“两级书记”上接“天线”的执行力层层传递到县一级时，县、乡、村三级书记及与此勾连的行政官员也在此政治体制中归位尽责，以行动主体的身份，系统发起了向贫困村、贫困户脱贫摘帽攻坚战的总攻。

（一）从科层制中激发“活力”

在十三届全国人大二次会议上，习近平总书记参加甘肃代表团审议时，对党建扶贫又作出了更为明确的界定，“脱贫攻坚任务能否完成，关键在人，关键在干部队伍作风。要把全面从严治党要求贯穿脱贫攻坚全过程，强化作风建设，确保扶贫工作务实、脱贫过程扎实、脱贫结果真实。要及时纠正脱贫攻坚中反映的干部作风问题，深化扶贫领域腐败和作风问题专项治理，完善和落实抓党建促脱贫制度机制，加强贫困地区农村基层党组织建设，加强对一线扶贫干部关爱和保障”①。

专项扶贫、行业扶贫、社会扶贫是以科层制为主要路径和抓手的制度体系；而在政策实施过程中，发展型、保障型和生存型扶贫组合的减贫实践，又往往从“过程”论维度，与体制抓手的扶贫形成错综复杂、理不顺且难贯通的碎片式扶贫难题。玉龙县以“人”为抓手的党建扶贫，对以上体制资源的引领和整合式探索，彰显出一种抓住主要矛盾的创新。

---

①《习近平在甘肃代表团参加审议指出“脱贫攻坚不获全胜决不收兵”》，《新华每日电讯》2019 年 3 月 8 日。

1. 抓思想建设，紧贴“最后一公里”配干部

以政治目标为引领的战役型贫困治理，其直接载体是在举国体制中的重要存在、却常常被学者们的研究所忽视的党的建设的责任主体，即各级党的书记。[①]“书记抓、抓书记”是玉龙县将县、乡、村及第一书记几种类型干部队伍在脱贫攻坚中的首要建设，凸显为围绕村级脱贫攻坚工作而进行党建的基础工程。具体做法是：

第一，树牢党要管党思想。县委强调抓好党建是最大政绩最大责任的理念，自 2015—2017 年底，县委常委会已召开了 13 次专题会议研究党建工作，县委书记带头开展党建专题调研 22 次。制定了县委领导班子“一岗双责”，抓基层党建工作“三单”，即工作责任清单、问题清单和重点项目清单，把全面从严治党要求落实到党的各个组织，覆盖到各个领域，延伸到全体党员，形成了以人为工作抓手，到扶贫第一线抓工作的“书记抓、抓书记”的工作格局。“充分发挥各级党组织总揽全局、协调各方的核心作用，严格执行脱贫攻坚‘一把手’负责制，层层压实主体责任。细化分解贫困乡、村、人口减贫任务，分年度将减贫任务分解到乡村两级，到户到人；在此基础上，各级部门对各项任务进行项目化，责任到人，时限到天”。[②]

第二，树牢思想党建这个根基。我们在调查过程中，所有乡镇党委书记都不约而同地讲道，他们必须要以极大的责任担当，不忘初心，牢记使命，以打赢脱贫攻坚战的理念开展工作。为增强党员归属感和荣誉感，玉龙县下发《基层党组织基础党务台账清单》，施之以四轮基层党建综合调研督查，并制定《玉龙县脱贫攻坚一线了解识别干部工作方案》，对扶贫

① 孙兆霞：《以党建促脱贫：一项政治社会学视角的中国减贫经验研究》，《中国农业大学学报（社会科学版）》2017 年第 5 期。

② 中共玉龙县委、玉龙县人民政府：《提高政治站位，担当时代重任，举全县之力，坚决打赢脱贫摘帽攻坚战——玉龙纳西族自治县脱贫攻坚工作报告》，2018 年 7 月。

干部全覆盖地开展县组织部牵头、沉入一线的实地专访：“一看干部是否坚持精准扶贫精准脱贫基本方略，做到了六个精准；二看干部是否履职尽责，真抓实干；三看干部是否认真落实脱贫攻坚责任制；四看干部是否务实进取，敢于担当；五看干部是否廉洁纪律，遵守纪律；六看干部履职群众是否满意和认可。”人民利益高于一切为宗旨的实地专访，将求实精神真正沉入一线，进行毫不含糊的可行性操作。

第三，选优配强贫困地区领导班子和在一线搞干部队伍建设。一是加强扶贫工作领导，健全领导机构。除及时成立玉龙县扶贫工作领导小组之外，由县委副书记直接联系挂钩扶贫工作，与县政府分管副县长一同落实领导小组的工作部署。二是加强县乡扶贫队伍建设，保障专门部门扶贫力量。扶贫办设主任 1 名、副主任 2 名、扶贫专员 2 名，均为常年在扶贫战线上工作，责任心强、业务素质高的干部。县扶贫办也配足 20 名干部职工，全县 16 个乡镇和 1 个办事处，都是由书记亲自部署扶贫工作，高位推进，每个乡镇都设有扶贫分管干部，扶贫工作由分管领导安排，由挂村领导具体落实到位。16 个乡镇和 1 个办事处都设扶贫专干。

第四，精准选派和严格管理第一书记和驻村扶贫工作队队员，并辅之以“召回”制度。在玉龙县，凡是乡镇党委觉得下派人员不合格、不精准，都可以将其退回原下派单位。这不仅影响被退回人员的前途，也会影响下派单位的工作。以脱贫攻坚统领全面工作的人力组织保障，是挂包帮扶全覆盖全县行政村。为此，切实把素质好、能力强和作风实的优秀干部派往脱贫攻坚第一线。全县组建驻村扶贫工作队 62 支，队员 434 名。省市 345 个挂联单位 7452 名干部职工挂职全县 16 个乡镇和 1 个办事处，包 104 个村结对帮扶 4145 户 15663 人，实现“一村一帮扶工作队，一户一帮扶责任人”。省、市、县挂联单位到村、户累计开展专题调研 5800 多次，累计投入帮扶资金达 1.06 亿元。2014 年以来，县处级领导干部驻村督促检查工作 3240 余天，挂包单位领导班子成员驻村开展工作 3.8 万余天，挂包帮干部职工住户开展帮扶 12.8 万余天。并通过“三率一度”测评，特别是老百姓的满意度，确保上下贯通，实事求是。

第五，以明确职责定位补短，精准派人和精准用人无缝对接。乡镇主要领导既要准确把握下派干部的特长，又要认清他们的短处，由此要给下派干部以明确的职责定位，让他们真正发挥其长处，更好地服务精准扶贫和脱贫，而不是各自为政，形成内耗。玉龙县并没有把下派干部视为万能的，或者当作无所不能的人员来使用，也没有把所有难事都交给他们去完成，而是结合各乡镇情况，给出下派干部合适的工作。某乡镇党委书记说，下派干部有三大优势或长处：一是对上级政策比较熟悉，二是他们的合法性更高，三是眼界开阔。他们的短处是不熟悉基层，特别是村庄的情况。因此，给他们的一个任务是向村民宣传国家精准扶贫政策，要求他们与村民进行面对面交流和沟通，通过交流化解村民对一些政策的误解。在这个过程中他们可以深入了解村民的想法和意见，然后就知道怎么去为民做事。由此可见，他们的任务不限于与建档立卡户进行交流、沟通，而是与全体村民，尤其是与非建档立卡户的交流沟通，从而化解卡户与非卡户之间在精准扶贫和脱贫，特别是脱贫攻坚过程中产生的矛盾，增进村民对国家政策和政府做法（尤其是乡镇府的做法）的理解。基层干部们将这种定责用人的做法，称之为“地毯式扫遍”。

2. 整合资源到一线，支持干部敢担当

用好干部，不仅仅是停留在选好干部，而是按中央要求，在整合涉农资源、创新体制机制的脱贫攻坚一线的全面施策中提供资源，让能干事的干部干得成事。具体做法是：

第一，在县扶贫开发领导小组对全县资源整合后，按规划往乡镇报的，由村扶贫团队综合论证后提出项目清单，精准下拨资金等项目资源，也是全县计划的有机组成部分。资源和干事的合嵌，让干事的责任人有事可干、干事能成。访谈中询问一位傈僳族的村支书，村里2017年8月到2018年5月要完成3个自然村水泥路工程，这么紧的时间，这么重的任务怎么办？村支书说“现在国家给钱给干部来帮助修路，我们自己不干，机会就没了，这会上对不起祖宗，下对不起当代村民及后代子孙的”。这个村就是在这样的组织和资源支撑下，顺利摘帽的。

第二，以动员县内干部职工出钱的方式，构建城乡命运共同体，补齐脱贫攻坚缺资金的短板。2018年初，面对农村危房改造与贫困户“两不愁三保障”的底线需求，玉龙县汇聚和整合城里干部职工爱心筹款，精准用于贫困户和村庄基础性解困项目。

第三，扶贫干部在扶贫一线的物质性资源支持，还来自派出驻村工作队员的挂帮单位的后台运作。一线与后台均围绕“五个一批”“六个精准”，就如何做实做细进行工作衔接与资源供给的渠道谋划，为扶贫一线驻村干部提供智力支持促使其能力提升，同时为扶贫一线干部提供专业性和拓展性资源。干部在党建中成长，在脱贫攻坚中聚力，也深深嵌入了本单位的“行业”专业性资源。如仁义村来自县委组织部的第一书记告诉我们，他之前中专毕业后到县委组织部工作4年，“下来当第一书记3年，觉得过去干的没这3年多。今后做什么工作都不会纸上谈兵，下来扶贫更贴近生活、更真实，一句话：跟老百姓商量，要干实事”。

3. 用好激励制度，让干事的人有奔头

第一，以提职论功行赏，让干实事成为“有尊严”的标配。让在脱贫攻坚中作出贡献的干部有为也有位，并成为激励其干事创业的重要制度安排。

“从2017年以来，我县已有发改局、财政局、教育局、旅游局等近20个部门主官的岗位空缺，说白了，这些位置是留给脱贫攻坚一线干得最好的这批乡镇干部和工作队干部的，相应地，县人大、县政协等机构都有位置，我们现在也向市里推荐干部。”[①]

说实话，刚到县直部门访谈，听组织部领导、分管扶贫的副县长、扶贫办主任谈到这一用人制度安排时，我们还暗自思量，这种“挂牌行赏”的方式，会不会将脱贫攻坚庸俗化呢？在接下来乡镇、村基层场域调查访谈和全面阅读玉龙县五年的工作推进文件和工作总结后，我们才终于理解了这一制度创新的深刻和深远意图及实效。

一是对脱贫攻坚因岗用人干部任用制度的持续性延伸。用人标准定位于敢啃硬骨头，不搞形式主义，讲实干、求实效的干部队伍打造，必须是全过程的要求。空下晋升的位置，实际是用一种倒逼机制来评价干部，干得好、有实效的干部，才是党和人民需要的。

二是树立鲜明的用人导向，加大对脱贫攻坚一线干部的识别力度。对在精准扶贫工作中成绩突出、群众满意度高的干部，进行重点跟踪培养，优先提拔使用。将干部晋升、向上流动的机制，以公正透明客观、老百姓和上级党政相统一的评价标准作体系化安排，工作做得好与不好，以客观的、多维的角度衡量，从而从制度上杜绝了干部提拔上原有的以权谋私、任人唯亲等制度漏洞。在真刀真枪的实干中选人用人，晋升任用的人，大家服气，本人更有尊严。

三是搭建了“团队建设”的平台和阶梯。曾有人说，中国共产党是迄今为止，人类历史上最大和最成功的创业团队。而作为一个个脱贫攻坚战场上的团队负责人，所有的工作都是团队合作的结果。在此，思想动员、情感培育和价值认同是由下派干部和当地干部组成团队软件建设之重要内容。除了合理精准定岗用人之外，乡镇政府在迎接下派干部时对他们开展

---

① 访谈玉龙县委书记曹金明、县委组织部长刘宁华。

深度的思想工作，旨在培养他们对乡村的感情，加深对精准扶贫时代价值的认同，告诉他们与其马虎应付，不如认真做事。其中，某位队员的晋升，既是对团队中每一个人工作的肯定，更是对工作过程中该团队的总体性肯定，其溢出效应具有潜在的巨大价值。

第二，用经济手段来撬动，让干事的人从中获得制度性肯定和激励。制定《玉龙县脱贫摘帽考核奖惩办法》，待贫困县摘帽退出后，如期脱贫摘帽的贫困乡奖励 100 万元，贫困村奖励 50 万元，贫困人员每人奖励 200 元，年度贫困人口减少规模居前十位的村民小组奖励 20 万元，奖励资金列入财政预算，并全部用于脱贫工作的巩固提升。

（二）有边界的战役型贫困治理

制度内生性约束机制的生成，对于完成脱贫攻坚任务的意义是不言而喻的。但如何扎紧这个制度的笼子，并使之成为实用有效的机制，以防止行动失控，则需要一套落地的操作来承载。玉龙县的做法有以下三个方面。

1. 明确脱贫攻坚需要进入“笼子”的主要内容

就进入“笼子”的内容而言，从中央到省、市都有相应的硬约束内容。但作为过程性的、因地制宜的自选动作，则是发生漏洞的薄弱环节。一是扶贫领域的腐败，这是 2014—2016 年纪检监督的重点。二是作风问题。作风问题的巡查执纪，成为 2016 年以来脱贫攻坚督查纪检的侧重点。玉龙县从“责任”层层明确的角度，为监督考核确立标的。其做法是，建立“县负总责、部门联动、乡镇主体、村为重点、工作到组、扶贫到户、责任到人”，上下贯通，横向到边，纵向到底的责任体系，制定不留死角、求真务实、步步为营的以党建促脱贫攻坚，以责任人为主体的系统性工作规范。

作为责任主体，玉龙县纪检监察机关在全县脱贫攻坚监督执纪工作中，整体联动明责任，常态监督找问题，严肃执纪强震慑，严肃查处扶贫领域的不正之风和腐败问题，为打赢脱贫攻坚战提供坚强的纪律保障。由此，先后制定《玉龙县脱贫攻坚督查工作制度》《关于建立涉农重点工作约谈制度的通知》《关于在全县推进“不作为、慢作为”问题专项整治工作方案》等制度，完善脱贫攻坚监督执纪问责工作机制。制定了《加强脱贫攻坚常态化监督监察工作方案》和《玉龙县脱贫攻坚责任清单》，进一步厘清各部门在落实脱贫攻坚工作中的职能职责，并依照责任清单，抓好各项工作任务的落实，切实履行主体责任和监督责任。

以脱贫攻坚任务同构的党建要求为基础，玉龙县制定以上纪律监察方面的配套制度，双管齐下坐实了“制度笼子”，为具体的执纪监督奠定了坚实基础，提供了党纪落地的政治、组织保障。

2. 创新多种执纪监督制度，落实责任承担

（1）开展专项监督检查

针对脱贫攻坚工作中党员干部的纪律、作风和履责情况，着力发现和推动解决党员干部不履行或不正确履行职责、脱贫攻坚政策走偏受阻、脱贫攻坚项目和资金管理使用违规违纪，以及发生在脱贫攻坚工作中的各类损害群众利益的问题，开展专项纪律检查。2017 年共进行了七次脱贫攻坚专项检查，4 名领导干部因脱贫攻坚工作推进不力受到问责，1 名长期不在岗的村党总支书记受到党纪处分。2018 年，为进一步加强督查力度，制定下发《关于对脱贫攻坚工作进行全面督查的通知》，成立 36 个督查组，2 个由县委副书记任组长的重点抽查组，对脱贫攻坚工作进行全面督查。截至 2018 年 12 月 10 日，共计督查 42 组次，出动督查人员 201 人次。

专项督查的常用方式是“暗访”。暗访可在“明察”期间同步进行，也可在“明察”结束后根据问题隐患进行。从县委书记到县纪委班子成

员、各监察室主任，都有暗访任务及回来后的台账。我们调查乡镇层面时，几乎在每个点上，都会听到县委书记曹金明暗访的故事。2016 年以来，曹金明几乎每周都会突然出现在某村某农户或某产业点上，他到了以后，马上通知相关乡镇、村、组扶贫干部到现场，先随机让人回答问题，谁要回答不上这户、这个点的情况，按已经颁布的文件要求，对号入座接受处分。然后再和大家一起现场办公，讨论商量村、乡（镇）的项目，任务进行中的困难和问题及解决方案。上有行动，下必效之。16 个乡（镇）书记、乡（镇）长、扶贫干部、村书记们说，在这样的工作环境中，不实干怎么行？

通过巡查，发现问题及解决方案和处理结果，都有明细的台账记录在案。2018 年 12 月 12 日课题组与纪委副书记访谈结束后，想请他提供一些制度性文件及查处问题的案例。他说案例太多，还是请我们到纪委自己挑选。12 月 13 日，我们到纪委档案室，三面靠墙架子上整齐地排列着分类清晰的文件盒，我们拍了很多照片，晚上一看，决定第二天还得再找纪委谈，因为“正面”难有严格细微的痕迹记录，而在纪委则可捕捉到真实的脱贫攻坚战案例以及各级干部是如何抓铁有痕、踏石留印的。

（2）定期抽查

抽查是一种较稳定和规范的执纪监督方式，其信源基础来自全省精准扶贫大数据管理平台，即每月对脱贫攻坚政策落实情况，根据省、市纪委安排，在全省精准扶贫大数据管理平台中，随机抽取每个乡镇下辖的 1 个贫困村 2 个贫困户作为抽查对象，交由乡镇纪委对贫困村“两委”、驻村工作队脱贫攻坚工作开展情况，以及贫困人口精准扶贫政策落实情况进行抽查。同时，“严格按照《云南省驻村扶贫工作队员召回办法（试行）》，对重视不够、履行责任不到位的干部进行约谈提醒；对工作推进不力、搞形式主义或弄虚作假的干部，严肃批评、追责或召回”[①]。

“抽到哪一个，我们也不知道，这种方式具有覆盖面广、难以作假的功效”[②]。通过抽查，发现部分驻村工作队员存在不在岗等违纪问题，2017年对违反驻村干部纪律的9个单位的16名驻村工作队员进行了调整。至2018年12月上旬，未发现驻村工作队员纪律作风问题。

（3）专项执纪监督信息平台

云南省专设省、市、县、乡、村“脱贫攻坚监督执纪问责五级联动监督信息平台”，管理、使用好此平台，是县纪检监察系统的一项常规工作。截至2018年12月10日，县纪委、16个乡镇和1个办事处104个村（居）委会都已经开通脱贫攻坚监督执纪问责五级联动监察平台，陆续登录平台并进行信息录入。全县共受理脱贫攻坚问题群众诉求2110件，办结2104件，正在办理6件，审核2104件，满意2099件，基本满意5件。

纪监委与这个平台形成无缝对接工作机制，按奉科镇党委书记的话说，这个平台“杜绝了想不踏实工作、偷奸耍滑、搞形式主义、盆景式脱贫、蒙混过关侥幸心理等观念行为产生和滋长的可能。例如，一个在外读书的大学生或干部、商人，只要知道村里脱贫攻坚中有虚假、不精准、腐败、浪费等现象，都可以在大数据平台上举报。老百姓满意度也一样能直接表达”。

（4）全面排查

始终坚持“零容忍”的态度，严肃查处扶贫领域侵害群众利益问题，多渠道广泛收集问题线索，作为基础性工作紧抓不放，坚持“快”字为先，切实发挥信访举报“千里眼”和“顺风耳”作用，即对多渠道收集的

---

① 玉龙县委组织部：《中共玉龙县委组织部抓党建促脱贫攻坚工作任务落实情况报告》，2018年12月。

② 县纪委访谈，2018年12月14日。

违纪信息，进行逐项调查的纪检方式。自2013—2018年以来，玉龙县除发现以上问题外，还针对之前及同时从县内其他渠道掌握的脱贫攻坚中的腐败、不作为、懒政、惰政、作风不严不实等问题线索，开展专项排查。例如2017年7月，追溯到2015年的一个线索开展深入调查。我们从《决不让“离群众最近的人”危害群众——××乡××村党总支书记×××违纪案例剖析材料》案例中体会到这项工作的结果和价值。

案例 决不让“离群众最近的人”危害群众——××乡××村党总支书记×××违纪案例剖析材料

×××，男，原××乡××村委会主任，现任×乡××村党总支书记。2015年××村村民×××家发生火灾，后由乡政府出资为其修建新房，并委托××村党总支书记×××（时任××村委会主任）全权负责修建工作。×××委托第三方修建×××房子。在修建过程中，××村党总支书记×××未经×××本人同意，私自挪用建房款6800元。根据《中国共产党纪律处分条例》(2003年版）第95条的规定，×××的行为已构成贪污贿赂。根据《中国共产党纪律处分条例》(2003年版）的规定，给予×××同志党内严重警告纪律处分。

村集体在财务上有较强的独立性，村干部廉洁自律问题一直是反腐倡廉建设的重要内容。“苍蝇”虽小，危害尤大。乡村干部的腐败行为，最直接地损害了农村群众的利益，也直接破坏了党和政府在群众心中的形象，必须坚决予以查处。

经验与启示：一是加强理想信念教育，增强党员先进性教育；二是树立先进典型，弘扬正气，激发党员保持先进性的内动力；三是继续加大查处农民党员违纪违法案件工作力度，本着“查处一个，教育一片”的工作方针，绝不姑息手软。出现一个，查处一个，同时要在村党支部、民主评议会上和公告栏上对党员因违纪违法受处分情况进行通报，切实加强对农民党员违纪案件的警示教育[①]。

玉龙县对党的十八大以来全县扶贫领域问题处置情况进行大排查、大兜底。截至 2018 年 10 月 31 日，共排查出各类涉及扶贫领域问题 275 个、问题线索 89 件。建立了“销号办理制度”。对于 2013 年以来全县发现的 332 个涉及扶贫领域问题进行处理，批评教育 206 人次，其中乡科级干部 65 人次、公职人员 40 人次、村组干部 102 人次。对于 89 个问题线索进行了处理。

（5）严格巡查

自 2014 年年底至 2018 年 12 月，十三届县委共开展 7 轮巡查工作，巡查 22 个县直部门和 6 个乡镇。前 6 轮巡查，共发现问题 319 个、问题线索 67 条。其中，提醒谈话 15 人、诫勉谈话 2 人、党内警告 8 人、党内严重警告 3 人、问责 2 人、失实了结 8 人、转立案 4 人，其余正在办理。共发现扶贫领域问题线索 12 条，党政纪处分 4 人，转立案 3 人，其余正在办理。

从 2017 年开始，加大对 16 个乡镇脱贫攻坚情况的巡查力度，包括年终是否按合同条款公开透明分红，村干部是否与民争利，壮大村集体经济的经费是否到位，县、乡、村、组四级联动机制是否畅通正常运行，下派各级扶贫干部是否在岗到位等。这种巡查是按玉龙县地形及行政区划分，分东、西线及县直行业部门三组分头进行，巡查全覆盖，不留死角。

通过问责，形成有力震慑，极大地提高了党和政府在人民群众中的信

① 《中共玉龙县纪律检查委员会报告》，2017 年 9 月。

誉和凝聚力，为脱贫攻坚奠定了强大政治组织基础，也是基层党组织建设得以强化的必由路径。

3. 强化执纪监督的制度性组织力建设，用制度育人

执纪监督对象都是工作在不同单位和岗位上的党员干部。行业机构科层制体制的相对独立性、专业性，既是一种行政的路径，同时也是彼此间相对隔离的藩篱。纪监委的职能恰好具有穿透性和综合性，可以从党性原则这一基础面为从严治党、以党建促脱贫攻坚提供制度内生的强力支撑，这也是脱贫攻坚机制创新中国故事的核心和重点之一。玉龙县将执纪监督的组织能力建设，着力于两个平台的建设之上。

第一，为纪监委系统建设提供人力保障。全县现有纪检监督机构 35 个（其中，县级纪委 1 个、乡镇纪委 16 个、派驻纪检组 17 个、县直属机关纪工委 1 个），在职在编纪检监察干部 104 人。县纪委监察委设 14 个内设机构。改革后，设 1 个县委巡查办、4 个县委巡查组，县委巡查办编制 3 名、巡查组核定编制 12 名。强化县级巡查和乡村固本。

第二，强化各部门的职责分工，形成工作合力。坚持压紧压实各级党组织主体责任，把扶贫领域监督执纪问责工作纳入年度党风廉政建设责任制考核重要内容。每年组织党风廉政建设责任制检查考核，同步检查各部门落实工作任务、作风纪律、查处违纪违规行为情况等，并将考核结果作为对领导班子总体评价和领导干部业绩评定、奖励处罚、选拔任用的重要依据。2017 年，7 个单位因脱贫攻坚工作不力而在党风廉政建设责任制考核中被扣分，36 名副科级乡镇领导干部因脱贫攻坚表现突出而向县委推荐提拔。

对纪监委前后两次近五个小时的访谈快结束时，我们向他们请教了一个问题：玉龙县已经于 2018 年通过贫困县摘帽验收评估了，为什么纪监委对脱贫攻坚的纪检监督还安排 2018 年 12 月第七轮至 2020 年第九轮的

巡查。县纪委书记回答说："我们现在虽然摘帽了，但脱贫是在攻坚的方式下进行的。脱贫户贫困脆弱性的根除还需要全社会继续努力，党政系统同样还肩负着持续奋斗的重任。"

如果说纪检监察系统是政治机制的内生形式，那么在玉龙脱贫攻坚实践中，我们看到其以党的建设作为重要组成部分，以规范性、专业性、法理性的科层制特质嵌构于政治目标牵引的战役型贫困治理内涵的全局性、压力性、动员性、整合性特质中，从而给脱贫攻坚战行动套上制度的缰绳、设定行动边界，为我们理解中国贫困治理中创新"战役型贫困治理"的时代创造，提供了深刻的启示。

（三）构建"跨越"的闭环机制

2015 年 8 月至 2017 年 9 月，玉龙县先后发出了《关于印发〈玉龙县处级领导扶贫攻坚挂乡包村方案〉和〈玉龙县县直机关、企事业单位、省市属驻玉单位扶贫攻坚挂乡包村方案〉的通知》《关于进一步增派驻村扶贫工作队的通知》《关于加强脱贫攻坚"挂包帮""转走访"工作机制建设的通知》《关于进一步加强驻村扶贫工作队员管理的通知》《关于深入开展"四个一"专项行动进一步提高"挂包帮"成效的通知》《关于印发〈玉龙县脱贫攻坚"八个责任主体"责任清单〉的通知》，出台《玉龙县驻村扶贫工作"八不准"》《玉龙县驻村扶贫工作队管理办法》，以"闭环机制"建立和完善驻村工作队跨越单位与村庄的管理体制和管理制度。

第一，管理体制。县级建立"挂包帮""转走访"联席会议制度，设置联席会议办公室；同时，县统一成立驻村工作总队，设总队长 1 名、副总队长 1 名、队长若干名。驻村工作队日常管理由县委组织部统筹（2016 年由"挂包帮""转走访"联席会议办公室统筹），"挂包帮""转走访"联席会议办公室负责，驻村扶贫工作队总队长、副总队长对工作队队员管理负总责。乡（镇）党委负责工作队队员的具体管理工作，派出单位配合做好管理工作。乡（镇）党政主要领导要经常听取“挂包帮”“转走访”工作汇报，亲自过问、亲自安排。乡镇党委明确 1 名领导抓好驻村扶贫工作队日常教育、培训、管理、监督工作。挂联单位主要负责同志是包村帮扶工作第一责任人，分管负责人、联络员和驻村工作队队员具体负责包村帮扶工作。县委组织部、县委农办、县扶贫办等部门负责驻村工作队员的培训，每年培训至少 1 次；乡镇党委、政府结合工作进度组织开展培训，每年培训至少 2 次。

第二，工作制度。挂点领导干部统筹协调推动所挂乡（镇）、村的“挂包帮”“转走访”工作，每年组织挂联单位推进帮扶工作不少于 2 次。挂联单位领导班子每季度研究帮扶工作不少于 1 次，主要领导每个季度深入帮扶村抓落实工作不少于 1 次，并督促干部职工每年回访贫困村、贫困户不少于 1 次。驻村工作队要深入开展“转走访”工作，深入宣传各级党委、政府扶贫政策，完善建档立卡资料，广泛收集社情、村情、民情，及时化解调处矛盾纠纷，深入研究制定针对性强、务实管用的帮扶措施，指导和推动基层组织建设。各类“挂包帮”主体分别遵循“四个一”的要求。开展“挂包帮”“转走访”工作中，领导干部及驻村工作队员应严格遵守中央八项规定和省、市、县实施办法等有关规定，不给基层和贫困户添麻烦增负担；领导干部应轻车简从，真心扶贫，驻村工作队员应做到“八不准”[①]。

第三，督查、考评。联席办每个季度专门督查不少于 1 次，乡镇党委

---

① “八不准”内容：不准擅离工作岗位、请霸王假；不准上班时间上网玩游戏；不准参加赌博和封建迷信活动；不准酗酒闹事；不准不交生活费在农户家就餐；不准在乡（镇）、村报销个人费用；不准接受礼金、礼品和土特产品；不准借驻村工作之机开展以谋取私利为目的的经营活动。参见《中共玉龙县委办公室、玉龙县人民政府办公室关于印发〈玉龙县驻村扶贫工作“八不准”〉的通知》（玉办通〔2016〕26 号）。

每月开展督查不少于1次。驻村工作队的选派和发挥作用情况，被纳入挂联单位领导班子和领导干部考评的重要内容，不落实选派任务、工作不力、帮扶效果不好的挂联单位主要领导，将被约谈、诫勉谈话、严肃问责。驻村工作队队长及队员每年进行一次年度考核，驻村工作年度考核结果视同其在单位的考核的等次。考核结果分为优秀、称职、基本称职、不称职。考核结果计入其个人档案，驻村工作经历作为个人基层工作经历。玉龙县每年评选一批年度驻村扶贫先进工作者，纳入社会表彰。获省、市表彰的先进工作者，在同等条件下优先提拔任用，在职称评审、岗位聘用中给予优先安排。

第四，保障制度。《玉龙县驻村扶贫工作队管理办法》(以下简称《管理办法》)在食宿、工作经费、帮扶资金方面明确了给予驻村工作保障措施。《管理办法》明确规定：省、市、县驻村工作队员在落实出勤要求的条件下，派出单位原则上给予每人每月900元食宿费补助，乡（镇）、村应为工作队提供必要的工作及生活条件；省、市、县派出单位应每年分别为本单位派出的驻村工作队员每人安排不少于2万元、1万元、0.5万元的工作经费；县财政每年为3个省级贫困乡（镇）的15个村和13个建档立卡贫困村各安排5万元驻村扶贫工作专项补助金。

就其在脱贫攻坚中显示的作用而言，“挂包帮”扶贫干部队伍，包括其中抽调第一书记的制度安排，是中国精准扶贫战略实施的一大特色。从学理上看，这支队伍的功能发挥，是对科层制常规体制从内部的“战役化破冰”。既生存于其中，又不局限于其中。从而使政治目标引领的战役型贫困治理的政治动员、政治压力、政治统筹与整合，以“人”为载体，深深植入多处城市的机关部门之中。“五级书记一起抓”的政治体制与行政体制实现无缝对接，有了自上而下与自下而上相闭合和贯通的责任体制创新。这一“重大发明”也将成为乡村振兴的制度基础。

三、厚筑产业扶贫村庄共同体基础

发展生产脱贫一批，是精准扶贫“五个一批”的重要内容，而以产业发展为载体的生产发展，是适应现代市场需求的农业发展方式的主流。如何使产业扶贫的组织化走出新路？玉龙县将基层党建嵌入产业扶贫的结构型探索，具有深刻的学理和实践意义。

（一）确立抓村级党建促产业发展的目标定位

脱贫攻坚的底线任务是实现“两不愁三保障”，根本出路在于有生产性收入。因此，玉龙县立足贫困村、贫困户禀赋和生产条件，制定《玉龙县建档立卡贫困户产业扶贫发展指导意见》。

此报告中明确产业扶贫“立足贫困村、贫困户资源禀赋和生产条件”，制定《对建档立卡贫困户进行产业扶持发展的指导意见》，实现路径是通过“党组织 + 经济组织 + 贫困户”的模式。这与多年来多地产业扶贫失败案例相比，其优势在于：第一，准确界定产业扶贫的对象主体是贫困村、贫困户的全覆盖，而不是将他们边缘化或者作为消极分利者，从而错位将标靶转移。第二，产业选择和实施“立足贫困村、贫困户资源禀赋和生产条件”的因地、因户制宜，而不是无视贫困村的共同体社会结构及贫困村的家庭社会文化和资源特征，搞大水漫灌、盆景式扶贫。第三，最为关键的是深入减贫方式和路径的组织化层面，以党组织为主心骨和实操组织者的角色，嵌入产业扶贫的结构和过程之中。既保证了产业扶贫利益分享机制由人民性所指向的公正、公平的政治特质的纯洁性，又能提供“五级书记一起抓”的组织力，去弥补产业发展过程中组织力不足的短板，为产业有序发展提供内在动力。

（二）基层党建创新支撑产业扶贫的治理平台

1. 以“红色信贷”为载体的党建，使产业扶贫落地生根有了突破口

针对贫困户发展产业能力欠缺等短板，在村级层面，培育产业基础，使产业扶贫有可传递的经验，有带头干的能人，有合作的组织基础。玉龙县将党的组织力与推动农村党员普遍投身产业作为一种战略选择，其路径是利用突破产业瓶颈缺乏资金的困境，用“红色信贷”机制撬动整个战略的坐实。为此，2015 年，在 2014 年云南省组织实施“跨越发展先锋行动”重大部署中关于农村党员创业先锋工程的实施意见基础上，县委组织部下发《关于认真做好“红色信贷”相关工作的通知》，建立了将“基层党员带领群众创业致富贷款”工作列为对乡镇党建目标管理考核内容，各基层党组织将此工作列入重要议事日程，县委组织部一方面明确各村（社区）党组织书记为第一责任人，另一方面，各金融网点充分依靠和发挥基层党组织的作用，与县委组织部、乡（镇）党委及行政村党组织建立“红色信贷”联动机制，形成合力，使此工程严格遵循“个人申请—组织推荐—群众监督—农信审批”的党建嵌入 + 金融机构 + 扶贫政策规范程序，并加强风险防控工作。

此党组织联动结构有如下要求：第一，对被扶助党员经营情况、贷款资金使用情况进行跟踪帮扶，减少生产经营风险，提高盈利能力。第二，通过建立农村党员创业承诺制度，要求列入信贷扶持的党员要积极参加、带头支持当地党组织的各项组织生活，在村党支部作出承诺。第三，树立典型，引领示范，挂牌推荐示范户，激发农村党员干事创业的干劲。第四，带动更多农户特别是贫困户创业就业，并奠定合作和发展产业的多方面专业性基础，共同致富。

自 2014 年至 2018 年 4 月，玉龙县已为 462 名党员发放“红色信贷”6102 万元，且逐年呈扩大趋势，发展形势好于预期。例如，石鼓镇拉巴支村委会四组村民、党员李飞龙，傈僳族，26 岁，2007 年通过“红色信贷”贷款 10 万元，用于发展种养殖业。在种植方面，自己带头种植 1.5 亩滇重楼（一种名贵中药材），同时带动贫困户和村民发展滇重楼产业，积极向上级申请滇重楼苗，结合相关产业扶贫政策项目，将村民原有性价比较低的毛重楼品种更换成滇重楼。在养殖方面，建设近 1000 平方米的养猪场，投入生态母猪 30 头，为本村农户养殖生态猪，在品种技术、市场拓展等方面积累经验，减少风险先行一步。他还申报了一个公司，计划形成“公司 + 农户”模式，将山上的生态副食品、药材、土特产等，通过电商销售出去，从而带动更多的百姓致富。2018 年，他被选为村委会主任，按“红色信贷”党建扶贫对党员和村干部的要求，他按照市场和产业发展的内在逻辑，遵循规律，带着大伙一起干。从这个意义上，他也成为习近平总书记所讲的在扶贫攻坚中成长起来的留下不走的扶贫工作队队员。

2. 以“治理”为核心、以村集体经济壮大为抓手的以党建促脱贫攻坚

村庄治理、村集体经济、村党组织建设和脱贫攻坚，这四者之间本质上具有内在一致性，并形成整体关联的基础，可惜在许多脱贫攻坚实践中，这是四者互相脱嵌或碎片化推进的。玉龙县深得要领，将四者集合到一个具有基础性功能的平台上加以建构。

第一，将村集体经济的起步和推进，作为脱贫攻坚党的建设工程的题中之义。玉龙县有 16 个乡（镇）104 个村（居）委会，党员 16685 人，其中，农村党员 10403 人。2015 年前，“薄弱村”“空壳村”占建制村总数的 85% 左右，村级组织“无钱办事”“无能力办事”现象突出，影响了村级

党组织在脱贫攻坚中创造力、凝聚力和战斗力的发挥。为此，县委县政府下发《关于进一步推进强基惠农“合作股份”工作壮大农村集体经济的实施意见》，成立村级集体经济发展工作领导小组，由县委组织部指导，各乡镇、各部门通力合作。具体做法是以“党总支＋合作社＋村民入股＋受益分红”的模式，财政收入部分所产生股金收益作为村党组织集体资金；把发展村级集体经济作为基层党建的硬任务，逐村逐项推动项目落地。为此，全县由党委领导开展大排查和建立各类台账，跟踪解决问题，在村则要求党员带头入股参与组建村级实体经济。分红比例是，村集体占20%，合作社占5.5%左右，入股村民占74.5%左右。

第二，将“治理”的机理引入其中，各种资源的权益按相关法理、规则进行。例如，土地入股、政府项目投入、党员“红色信贷”、资本入股参与、贫困户政策支持等，在多方参与、共识达成、共建共享的机理中，壮大村级集体经济的同时，也培育出村民参与，形成共识并共建，党支部领导将国有和集体经济做大做强，形成贫困治理的能力成长平台。

这样的村级集体经济，既有来自“五级书记一起抓”的组织力和政治驱动，也有来自普通党员在荣誉与责任双重激励下的干事创业的激情和能力支撑，更有来自贫困户在实干中脱贫致富内生动力生成的环境濡染，党建与扶贫双提升的功能不可小觑。

第三，在基层党组织作为脱贫攻坚坚强堡垒前提下，各种行政和服务职能独立负责又分工合作的村庄治理和贫困治理体系应运而生。

例如，太平村村级集体经济中发挥引领作用的设岗定责制度，多方评议后打分积绩。此积分是一种精神奖励，本党员对集体经济的贡献，不能按股分红，也不能多拿工资，因为集体经济的本质决定了党员和干部不能在其中享有非公正的私利。

再如黎明乡老君山旅游反哺村民的集体经济运作和分配，由党总支定方向和领导监管，村级集体经济的合作社负责与旅游公司对接，村委会提供相关服务。年终村民分红，下一步分配方案，村级集体经济发展，均采取村民参股治理的原则进行。2019 年 2 月 2 日，老君山黎明景区两个村委会，大多由“直过民族”的傈僳族构成的 7 个村民组 107 人领到了 2019 年旅游反哺资金和资源补偿费用 236 万多元。收益后边是党支部组织领导、老百姓有序参与、合作社专业经营、乡村旅游前景光明、生活环境更为美丽的元素集合。在派送现场，县委副书记、县扶贫办主任、乡镇领导、对口帮扶单位领导、第一书记们默默地分享着村民们的喜悦和满足，此情此景，令人感动。

经过近五年的努力，玉龙县村集体经济收入均在 2 万元以上。2017 年收入 5 万元以上的村（居）委有 18 个，收入 3 万—5 万元的有 9 个，收入 2 万—3 万元的有 77 个。村级集体经济主要创收方式有产业带动、服务创收、招商合作、资源开发、租赁经营等模式。

（三）实做细做基层党建与产业组织发展的新型载体

过往的产业扶贫有以下两种情况阻碍或扭曲了政策传导。

第一，无组织的“广种薄收”。主要表现在发展大规模特色种植或养殖的行业立项项目上。如某地适合种核桃，产业扶贫林业项目、农业项目、国土项目、专项项目、退耕还林项目都可以立项直接到户，届时责令乡（镇）对口岗室上传下达项目落户。缺乏产前、产中、产后技术和行政监管服务，农户领到种苗和项目款即可，至于图标用地是否准确、合适、重合，均无组织化的责任主体负责，更与村党的组织无关，由于缺少后续资源和组织化服务体系的介入，“广种薄收”自成必然。

第二，产业扶贫只贷资金或直接得到财政扶贫资金资助，而如何与区域内同样项目主体合作、形成内在有机的市场经营主体的关注不够，因此项目成功率无过程和要素支持保障。

产业扶贫的失败案例从理论和实践上都启示玉龙县在产业中结合党的组织与产业组织的嵌合关系，是脱贫攻坚克服贫困脆弱性、实现资源整合、获得内生动力减贫目标实现的立足之策。其实，无论是《大转型：我们时代的政治与经济起源》的作者卡尔·波兰尼“政府可以创造市场”的观点，还是《变革如何发生》的作者邓肯·格林“政府与市场、社会合作而不是对立推动变革”的理论，都是玉龙县脱贫攻坚中党建介入的注脚。正是在这样深刻的启示下，玉龙县创新出多种党建融入产业的多元模式，主要类型有：鲁甸乡的“党支部+公司+合作社+农户+其他+电商+市场”模式；黎明乡的“党建+民族文化+旅游产业+高原特色农业”模式；鸣音镇的“党组织+公司+贫困户”模式；九河乡的“党支部+合作社+贫困户”模式；奉科镇的“党员+群众、资金+土地、公司+农户”模式。

以上这些模式的运作机理及减贫发展功效，在第四章中有细致分析，在此不再赘述。

四、党建同构贫困治理的中国故事

玉龙县将“抓党建促脱贫”与“以脱贫攻坚促基层党建”同步推进、同步提升，同步抓好“组织、人员、项目、工作机制与方法、激励保障、监测监督”几个关键点，把组织的发展与完善做实，把党员的角色责任做实，把项目的落地机制做实，把工作机制的建设做实，把激励与支持保障机制做实，最后又落实在监测监督的实际平台上。以“做实、做顺、做强”为渐进推进目标，全面加强了党的基层组织建设，培育、发展了一批基层好党员、好干部，建设了一套有效机制，发展出一套工作方法，在实现经济收入增长目标的同时，又极大地推进了乡村社会治理，打好了脱贫成效可持续的组织保障基础和乡村振兴的基层制度基础，在确立脱贫发展目标的同时，强化了政治目标建设。

玉龙县通过强抓党的基层组织建设，全面推进脱贫攻坚和农村产业发展。以扶贫项目治理创新为抓手，终止了仅以经济指标为目标的“扶贫开发”模式运行，而以讲政治、讲和谐民族关系、讲生态保护、讲可持续减贫的产业社会治理新模式的建设，为一大批有抱负、有能力、有远见的乡村本土精英提供了振兴农业、服务家乡的平台，支持其将个人成长与社区发展的利益整合，从而建立了稳定的脱贫攻坚与乡村振兴的人才基础和市场治理基础。通过一系列教育机制、激励机制、监督促进机制的建设和推进，既全面提升了农村党员和基层干部想干事、能干事、干成事的意愿和能力，又提供了支持其干成事的约束、保障和促进机制，为基层党员和干部起了带头发展作用。

玉龙县坚持实事求是的方法论，遵循社会发展与组织发展规律，充分发挥了战役型贫困治理和科层制治理功能优势互补的成效，做实党建促脱贫攻坚，也使其成为可持续减贫和乡村振兴的关键和核心，反过来也解决了科层制结构与战役型贫困治理国家行动的内在张力问题。脱贫攻坚和基层党建双推进、双提升工作，不仅直接体现在扶贫成效上，也表现于县级行政工作、管理与服务工作的全面改革与提升。抓好党性教育和人才培养，教育了一大批基层干部，锤炼了一支过硬的队伍，党政干部的工作能力得到了全面提升，工作态度和工作作风得到了较大改善，服务意识和服务水平得到了普遍增强。脱贫攻坚与基层党建同步推进的结果，也为强化政府的发展引领功能、服务功能，创新行政工作机制提供了改革空间与动力。

玉龙县的党建扶贫工作，结合扶贫项目治理，强化推进了乡村治理。

把强化基层党组织建设作为推进乡村治理的重要抓手，在全面提升基层党组织的政治引领力、发展带动力的同时，以扶贫项目的实施为契机，以提升贫困群体的参与性与参与能力为重要手段，以村庄内公正、机会公平为基本出发点，着力培育和激发社区的能力与活力，全面促进了乡村善治，密切了党群干群关系。玉龙县以项目促党建，同时以产业促党建的做法，丰富了中国特色贫困治理的重要内容。2014 年开启精准扶贫以来，玉龙县在“五级书记一起抓”方面的脱贫攻坚及党建扶贫双推进、双提升的制度创新实践，彰显出从贫困治理到治国理政的时代逻辑。

就与乡村振兴相衔接而言，玉龙县的党建扶贫工作，需要通过一系列改革措施固化党建扶贫的制度成果，使之常态化、机制化，要持续总结基层党建工作中的具体方法，将之作为推进基层社区治理的头等大事来抓，在此基础上强化基层党建的专业化能力。同时在方向上，既要重视基层党组织在经济发展和农村治理中的引领作用，更要重视基层党组织的服务意识、服务能力、服务水平的整体提升，将农村社区服务体系建设作为基层党建创新的重要内容来抓。一是强化农村基层党组织在农村公共服务、农村社区服务过程中的角色责任，强化基层党组织以服务引领人、以服务团结人、以服务凝聚人的工作机制。二是通过农村社区服务体系建设，为更多农村优秀青年提供服务社区、服务乡村的工作机会，为基层党组织的发展培养后备力量。三是建议农村经济组织的党建工作既要将技术服务、市场服务、信息服务作为重要内容来抓，也要将市场风险管控能力和经济组织治理能力提升同步推进。四是将基层党建与民族文化的可持续传承、地方性知识中生态智慧发扬和民族农村社区精神文化生活的自我供给相结合，深化、完善民族边远山区基层党建可持续创新机制。

第三章 治理维度中的精准识别

玉龙县脱贫攻坚过程中的精准识别，着力破解精准扶贫的靶向难题，重点建设和完善精准识别的组织和制度基础，并以“铁脚板”功夫和创新精神相结合，科学、民主、细致地推进精准识别，为决胜脱贫攻坚打下了良好的靶向基础，也为下一步的乡村振兴提供了重要的方法论支持。

贫困治理是包括政府、市场、社会在内的各方面力量广泛参与、合力并举，积极动员各方资源，致力于减贫和发展的实践过程[①]。20 世纪 70 年代以来，全球贫困治理实践经历不断演变：治理主体由以民间慈善为主，过渡到以政府为主，进而发展为政府、企业、社会组织等多元主体的相互合作、协同治理；治理方式经历了从救助到开发式减贫，再到参与式减贫的变迁[②]；发展思潮经历了从“大发展”向“小发展”的转变[③]，研究者和实务界摒弃泛泛的减贫理念，转而从实际问题出发，有针对性地寻找解决具体问题的方法[④]，精准的社会安全网项目（targeted social safety net programs）逐渐成为常用减贫措施[⑤]。我国以“六个精准”“五个一批”为核心的精准

---

① 孙兆霞、张建、曹端波、毛刚强：《政治制度优势与贫困治理》，湖南人民出版社 2018 年版。

② 刘敏：《社会资本与多元化贫困治理——来自逢街的研究》，社会科学文献出版社 2013 年版。

③ 林毅夫、[喀麦隆]塞勒斯汀·孟家：《战胜命运——跨越贫困陷阱，创造经济奇迹》，北京大学出版社 2017 年版。

④ [印度]阿比吉特·班纳吉、[法]埃斯特·迪弗洛：《贫穷的本质——我们为什么摆脱不了贫困》（修订版），景芳译，中信出版集团 2016 年版。

⑤ Vivi Alatas, Abhijit Banerjee, Rema Hanna, Benjamin A. Olken, and Julia Tobias, “Targeting the Poor: Evidence from a Field Experiment in Indonesia”, *American Economic Review*, 2012, Vol.102, No.4: 1206-1240.

扶贫精准脱贫基本方略，与全球减贫实践的演变具有同步性。

“六个精准”是精准扶贫的本质要求①，是做好脱贫攻坚的关键所在。而精准识别被称为扣好精准扶贫“第一颗纽扣”的基础性工作，是“六个精准”最关键的环节。精准识别这关做不好，项目安排、资金使用都不可能聚焦到“两不愁三保障”上，精准脱贫也不可能落实。故无精准识别，其他五项精准要求皆为空中楼阁。玉龙县将脱贫攻坚定位为全县最大的政治和最大的民生，秉持“中央下决心，基层要用心”的精神，以“绣花”的功夫，破解了精准识别面临的实践困境，成功实现贫困人口识别精准率达 99%，漏评、错评率控制在 1% 以内的要求。这既为玉龙县“三率一度”达标作出了重要贡献，也为仍奋斗在脱贫攻坚战线上的贫困县的精准识别及 2020 年后相对贫困人口的识别提供了有益的借鉴。

一、精准识别破解靶向难题

精准识别的目的是准确识别贫困治理政策的受益人，便于资源精准配置。识别是瞄准机制的构成部分，故本章在更大瞄准机制视域下讨论识别问题。国际上有三种基本的瞄准办法。第一种是经济状况调查（means-testing），即收集收入数据，将收入低于特定门槛的人认定为政策对象。第二种是代理生活状况调查（proxy means tests），即收集资产和人口学特征，以之作为家庭消费或收入的“代理”或以之预测家庭消费或收入，继而作为瞄准依据。第三种是以社区为基础（community-based）的瞄准法，即政

---

① 汪三贵、刘未：《“六个精准”是精准扶贫的本质要求——习近平精准扶贫系列论述探析》，《毛泽东邓小平理论研究》2016 年第 1 期。

府准许由熟悉社区情况的全体或当地领导等部分成员评选受益人[①]。第一种方法常用于发达国家，由于发展中国家大量的潜在受益人在非正规部门就业，缺乏可靠的收入数据，“代理”及社区成员评选都是应对无法准确观察收入的困境之策，故发展中国家常采用后两种瞄准法。在后两种方法中做选择，通常需在社区可能拥有的更充分的信息与“社区过程”中存在的精英捕获之间进行权衡。

但是，瞄准不仅是一个技术问题，更是政治、文化、认知、政策安排的问题。多种因素交互作用，造成瞄准偏离成为一个全球性的“顽疾”[②]。瞄准偏离分为两类：一是符合政策设定条件者却未享受到政策，称为排斥性偏离、Ⅰ类错误；二是不符合政策设定条件者却享受了政策，称为内涵性偏差、Ⅱ类错误[③]。国内外学术界对瞄准偏离原因有深入的论述。第一类观点从技术角度出发，认为灵活就业、非正规就业、收入零碎化和不稳定性，以及居民在日常生产生活中缺乏对收入、支出的精确计算和估量，是瞄准偏离的原因[④]，为提高瞄准精度投入高昂成本去收集和核对基础信息而挤占了帮扶的资源这往往是得不偿失的。第二类观点认为识别过程是政治过程，嵌入官僚体制尤其是基层行政体制和乡土社会中的经济政治权力结构易导致“精英俘获”、优亲厚友，或基层政府为了完成减贫任务倾向于将可扶、易扶的贫困家庭识别出来，将难以扶持的排斥在外[⑤]。第三类观点

---

① Vivi Alatas, Abhijit Banerjee, Rema Hanna, Benjamin A. Olken, and Julia Tobias, “Targeting the Poor: Evidence from a Field Experiment in Indonesia”, *American Economic Review*, 2012, Vol.102, No.4: 1206-1240.

② 李棉管：《技术难题、政治过程与文化结果》，《社会学研究》2017 年第 1 期。

③ 左停、杨雨鑫、钟玲：《精准扶贫：技术靶向、理论解析和现实挑战》，《贵州社会科学》2015 年第 8 期。

④ 李博、左停：《谁是贫困户？精准扶贫中精准识别的国家逻辑与乡土困境》，《西北农林科技大学学报（社会科学版）》2017 年第 4 期。

⑤ 王晓晖、颜安：《农村精准扶贫：政策内涵、实践困境及政策建议——一个系统性的述评》，《贵州民族大学学报（哲学社会科学版）》2017 年第 2 期。

将瞄准偏离归结为文化[1]结果，认为福利污名化、羞耻感会导致潜在政策对象产生退缩心理，放弃申请救助[2]。第四类观点认为，贫困认知的差异将导致瞄准偏离，如政府可能以收入或消费为根本标准定义贫困，社区居民可能从非收入、非消费维度比如赡养和抚养的人数的角度定义贫困，或不同人群对不同的资产的重要性的认识有差异[3]，这将导致依据家计调查进行识别的结果与由社区过程识别出的结果不相同。第五类观点从政策安排角度指出，规模控制、逐级分解建档立卡指标的方法，可能导致各地获得的贫困户指标低于实际贫困户数量而产生“规模排斥”。“区域瞄准”方式可能导致分布在集中连片特困地区、贫困县、贫困乡、贫困村之外的贫困户未能被识别为建档立卡户而产生“区域排斥”[4]。上述观点深入揭示瞄准偏离的机制，同时让我们看到了欲达到“精准识别”是多么艰难。

玉龙县的贫困人口识别经历了三个阶段，各阶段体现出当地政府的不同动机。第一阶段是2004年的贫困人口登记。2004年，刚设立不久的玉龙县对贫困户进行了填表识别。贫困人口登记不是作为扶贫资源瞄准的依据，而是为争取被列为省级扶贫开发工作重点县、争取更多的扶贫项目和扶贫资金。当时家里无干部身份成员的农户中，有60%—80%被列为贫困户，玉龙县也于当年被批准为扶贫开发重点县。第二阶段是2014年的贫困人口建档立卡。2014年，根据中共云南省委办公厅、云南省人民政府办公厅印发的《关于创新机制扎实推进农村扶贫开发工作的实施意见》，

---

① 此处的文化是狭义的，指整个社会或地方性社会中，社会行动者内化的价值观，在反贫困语境中包括人们对贫困的看法、对社会政策的观点、对“福利获取”的体验。转引自李棉管：《技术难题、政治过程与文化结果》，《社会学研究》2017年第1期。

② 李棉管：《技术难题、政治过程与文化结果》，《社会学研究》2017年第1期。

③ Vivi Alatas, Abhijit Banerjee, Rema Hanna, Benjamin A. Olken, and Julia Tobias, “Targeting the Poor: Evidence from a Field Experiment in Indonesia”, *American Economic Review*, 2012, Vol.102, No.4: 1206-1240.

④ 邓维杰：《精准扶贫的难点、对策与路径选择》，《农村经济》2014年第6期。

遵循“县为单位、规模控制、分级负责、精准识别、动态管理”的原则，玉龙县重新开展了贫困户、贫困村、贫困乡（镇）“数据录入登记”[①]即建档立卡，当时贫困人口指标为1.5万—1.6万人。此轮识别的任务层层分解，工作量大，乡村两级干部不够重视。识别主要依据农户的人均纯收入，将山区农户识别为贫困户，河谷地区的农户不被纳入建档立卡。虽然云南省扶贫办要求做到精准，但县内工作人员并无精准识别的意识，根据玉龙县扶贫办的估计，精准识别率大致为80%。第三阶段是2015年后的多轮动态调整。2015年11月，中央扶贫开发工作会议吹响了脱贫攻坚的冲锋号，玉龙县认识到此轮要求的建档立卡与以往的不一样，脱贫攻坚与以前扶贫开发不一样，感受到了中央、省、市传导下来的压力，需要对贫困人口进行再识别。2016年的上半年，为达到脱贫摘帽指标，遵循“不要大进大出”的原则，玉龙县清退了1000多名不符合建档立卡条件的人员。2016年年底和2017年下半年，玉龙县扎实开展了云南省2016年度、国家2017年度两次动态管理工作。2016年年底清退了错评的244户881人，新纳入漏评人口48户172人，标注2014年至2016年脱贫返贫人口20户65人。2017年，经过新一轮遍访和动态调整，把可能漏评的27户105人纳入建档立卡，标注2015年、2016年脱贫后返贫人口18户59人。按玉龙县扶贫办的观点，至2017年底，“已做到了绝对精准”[②]，实现了贫困对象应纳尽纳、应退尽退，从而确定了全县建档立卡贫困人口4154户15663人的数据。

2014年启动建档立卡之初，出于对国家扶贫政策的走向把握不准、识别标准不明确、对识别重要性的认识不够以及争取扶贫项目、资金的惯性思维等原因，各地识别出来的贫困户规模都比较大。玉龙县也存在相似

---

①② 玉龙县扶贫办访谈。

的问题，历经2015—2017年三年的多轮“回头看”“动态调整”才消化了错识别、漏识别的问题，“做到了绝对精准”。在瞄准偏离乃全球性“顽疾”的背景下，玉龙县99%的贫困人口识别精准率是何以实现的？本章的观点是：玉龙县成功实现贫困人口识别率99%，是在有效的贫困治理体制和较高基层治理能力的基础上，既实事求是、保持定力，又创造性地以“铁脚板”功夫贯彻执行国家和云南省精准识别政策的结果。

二、精准识别的体制及组织基础

有学者指出，资源下乡嵌入在基层治理现实之中[①]。精准扶贫政策在农村社会的实施，乃是政策下乡的过程。如资源下乡那样，政策下乡同样具有“嵌入性”特征。玉龙县的精准识别，是镶嵌在贫困治理体制和基层治理基础之内的。正是国家贫困治理体制功能在玉龙县的具体发挥和玉龙县对基层组织治理能力的提升，为精准识别高准确率奠定了坚实的基础。

“压力性体制＋行政发包制”下的战役型贫困治理，压缩了识别中的“政治过程”空间。如前所述，世界各国贫困治理主体主要是国家：欧洲“福利国家”建立了政府负责的以福利制度解决贫困的制度体系；美国总体上是通过政府力量为穷人提供各类帮助；大多数发展中国家将贫困治理与经济发展战略相结合，通过经济发展并辅以社会救助制度来解决贫困问题[②]。1978年以来，我国农村扶贫经历了体制改革推动扶贫（1978—1985年）、大规模开发式扶贫（1986—1993年）、扶贫攻坚（1994—2000年）、全面推进阶段（2001—2014年）[③]、脱贫攻坚（2015—2020年）五个阶段。

① 李佩祖：《论农村项目化公共品供给的组织困境及其逻辑》，《南京农业大学学报（社会科学版）》2012年第3期。

② 李培林、李强、马戎：《社会学与中国社会》，社会科学文献出版社2008年版。

③ 唐钧：《中国的贫困状况与整合性反贫困策略》，《社会发展研究》2015年第5期。

国家在每个阶段的扶贫中都承担了最重要的主体角色。但是，脱贫攻坚阶段的国家贫困治理体系与国外及我国前四个阶段的贫困治理体系均有显著差异。

借用国家治理体系研究成果，脱贫攻坚阶段的贫困治理体制是“压力型体制＋行政发包制”，即二者的合体。仅以压力型体制或行政发包制来概括贫困治理体制是不全面的。压力型体制揭示了政府间责任状等特征，但对政府间权责配置剖析仍不够全面。行政发包制更好地剖析了权责配置并能解释看似矛盾的组织现象[①]，但无法刻画脱贫攻坚中地方政府承受的政治高压。此轮脱贫攻坚体制有三个显著特征。第一，中央及地方各级政府均将脱贫攻坚定义为“政治任务”，地方各级政府将其作为“政治站位”的体现，将其定义为“最重大的政治任务、最重要的民生工程”，[②]要求举全省、全市、全县之力，全力以赴打赢脱贫攻坚战。第二，贫困的定义、识别基本标准、脱贫基本标准，均由上级政府确定，“两不愁三保障”“三率一度”的检查标准明确且检查验收权由中央政府掌握；同时，事权在地方内进一步下移，脱贫指标自我加码，层层压实主体责任。例如，玉龙县构建了“县负总责、部门联动、乡镇主体、村为重点、工作到组、扶贫到户、责任到人”上下贯通、横向到边、纵向到底的责任体系，明确要求乡镇党委政府、“挂包帮”单位、“挂包帮”单位干部职工、“挂包帮”干部层层负责，做到“四级联动、限时推动”。第三，有一套自上而下的强激励、强监督的刚性制度安排。激励力度显著增强：规定县乡镇一把手“不脱贫不调整，不摘帽不调离”“贫困若摘帽，干部换新帽”，如玉龙县将人大、政协等单位一定数量的处级岗位和近 20 个科局级部门的科级岗位空

---

① 周黎安:《行政发包制》,《社会》2014 年第 6 期。

② 中共玉龙县委、玉龙县人民政府:《提高政治站位，担当时代重任，举全县之力坚决打赢脱贫摘帽攻坚战——玉龙纳西族自治县脱贫攻坚工作报告》，2018 年 7 月。

缺，预留给脱贫攻坚第一线干得最好的干部。给予经济激励，如期摘帽的贫困乡奖励100万元、贫困村奖励50万元，每年贫困人口减少规模居前10位的村民小组奖励20万元；评选脱贫攻坚先锋村、基层党建先锋村、产业发展先锋村、美丽乡村先锋村、民族团结先锋村，被评为先锋村的村党支部书记、村委会主任在下一年度每月工资提高500元，其他干部提高300元。监督力度同样显著加强：全国性扶贫信息监测系统的建立，中央政府监管的增强成为可能。①专项监督检查、定期抽查、巡查、全面排查、专项执纪监督信息平台等监督手段并用，不踏实工作、偷奸要滑、形式主义、消极腐败、不精准等问题得到极大的抑制。在治理体制下，“只能保退出，不能留后路”是各级干部的共识，各级干部深感压力大，不敢丝毫马虎。重大的政治责任、政治压力，高强度的激励、监督和检查验收，极大地压缩了精英俘获、优亲厚友和乡镇政府及村支“两委”“选择性治理”②的空间。

脱贫攻坚战的运作方式是国家行动机制组织内部展开的战役型贫困治理模式，即以自上而下、政治动员、统一指挥、全面协调、进程可控的方式来调动和整合各方资源和力量来进行贫困治理，其突出的优点是能实现人员、资源、责任的聚集、下沉，集中力量办大事。“挂包帮”是脱贫攻坚行动中全面调动和整合各级领导干部、各级党政部门和企事业单位及单位职工力量，结对帮扶贫困县、乡（镇）、村、户的机制。玉龙县全面组建“挂包帮”队伍的工作始于2015年8月。玉龙县认真贯彻落实《关于建立扶贫攻坚“领导挂点、部门包村、干部帮户”长效机制扎实开展“转作风走基层遍访贫困村贫困户”工作的通知》，制定了《玉龙县处级领导

① 左停、杨雨鑫、钟玲：《精准扶贫：技术靶向、理论解析和现实挑战》，《贵州社会科学》2015年第8期。

② 朱天义、高莉娟：《选择性治理：精准扶贫中乡镇政权行动逻辑的组织分析》，《西南民族大学学报（人文社会科学版）》2017年第1期。

扶贫攻坚挂乡包村方案》和《玉龙县县直机关、企事业单位、省市属驻玉单位扶贫攻坚挂乡包村方案》。根据方案，县处级领导需各挂包 1 个乡（镇）、1 个村，结对帮扶不少于 2 户贫困户（领导挂点）；县直机关、企事业单位、省市属驻玉单位各挂包 1 个村，单位主要负责人既挂包本单位所挂的村，又结对帮扶不少于 2 户贫困户（部门包村）；县直机关、乡（镇）机关、企事业单位和省市属驻玉单位的干部职工，需在本部门本单位所挂包村内确定帮扶对象，结对帮扶所有建档立卡户。同时，在贫困村整合包村部门、单位及新农村建设指导员、第一书记、帮户干部和大学生村官，统筹省、市、县、乡（镇）四级挂包帮单位干部，统一组建驻村扶贫工作队。每个贫困村驻村工作队队员为 5—10 人。当年 8 月底，根据力量精悍、因村结对、突出重点、兼顾平衡的原则，玉龙县完成“挂包帮”组织到位工作。此次建构的挂联单位与贫困村的帮扶关系将持续至 2020 年，“挂包帮”覆盖所有建档立卡贫困乡、贫困村、贫困户，实现了“一村一帮扶工作队、一户一帮扶责任人”。

“挂包帮”既充实了识别工作组的力量，也有效地抑制了体制内外精英攫取[①]。有学者认为，虽然官方确定了贫困户识别的年纯收入标准，但实践中各省普遍采用的是由社区成员讨论决定的“社区为基础的瞄准法”[②]。其实不然。国务院扶贫办出台的《扶贫开发建档立卡工作方案》规定，“贫困户识别要以农户收入为基本依据，综合考虑住房、教育、健康等情况，通过农户申请、民主评议、公示公告和逐级审核的方式，整户识别”。在实际工作中，常见的“四看法”“1+N”等识别方法，要求入户调查，其《入户登记表》既要收集农户的各类收入数据，也要收集其财产等资产数据和家庭成员的健康等人口学特征，还要求在调查的基础上进行农

①② 左停、杨雨鑫、钟玲：《精准扶贫：技术靶向、理论解析和现实挑战》，《贵州社会科学》2015 年第 8 期。

户家庭综合状况横向比较和村民代表大会的民主评议。因此，我国精准识别的方法，实为经济状况调查、代理经济状况调查和以社区为基础的瞄准法三种方法的综合。识别过程中的农户家庭综合状况调查、横向比较、民主评议、建立一户一档、数据录入的工作量非常繁重，非农村原有的治理力量能完成的。“挂包帮”集中的人力，正好弥补了人手的不足。据玉龙县2018年上半年的数据统计，全县组建驻村扶贫工作队62支，队员434名，其中总队长1名，副总队长1名，工作队长62名；3个省级单位304人挂玉龙县3个乡镇，包3个村，结对帮扶188户贫困户；7名市级领导干部，挂7个乡镇（办事处），包7个村，结对帮扶15户贫困户；30个市级单位935人，挂13个乡镇（办事处），包28个村，结对帮扶762户贫困户；31名县级领导干部，挂16个乡镇（办事处），包31个村，结对帮扶62户贫困户；100个县直机关、企事业单位、驻玉单位3562人，挂16个乡镇（办事处），包100个村，结对帮扶2673户；126名乡镇科级干部，包103个村，结对帮扶176户；乡级210个单位2687人，包103个村，结对帮扶1657户贫困户。以上省、市、县、乡（镇）四级合计，共有343个单位7452人参与结对帮扶工作，为精准识别提供了最重要的人力保障。同时，驻村干部眼界开阔，比较熟悉上级政策；他们“国家人”的身份让其在农户心中有更高的合法性。他们参与精准识别，一方面在一定程度上弱化了村级代理人即村干部的角色，抑制体制内外的精英攫取利益的现象[①]，另一方面他们更具有合法性的身份也能提高农户对识别结果的信任度、认可度。另外，玉龙县还创造了各村帮扶队伍进行交叉检查的工作方法，对在检查中不能找出问题的队员及派出单位予以问责。帮扶队员既了解各级政府的政策，又亲身参与了精准扶贫各环节的工作，与局外人

---

① 左停、杨雨鑫、钟玲：《精准扶贫：技术靶向、理论解析和现实挑战》，《贵州社会科学》2015年第8期。

相比掌握更充分的信息，对识别和帮扶过程中的各种内部人员、工作方法和容易出现的问题均有更深的认识和体验。由他们在问责压力下进行交叉检查，更容易发现识别和帮扶过程中的各种问题。

基层党组织建设提升了基层治理能力，为精准识别奠定了坚实的组织基础。玉龙县有良好的党建传统，2014 年中共中央印发《关于加强基层服务型党组织建设的意见》后，玉龙县及时出台了《关于加强基层服务型党组织建设的实施意见》，明确提出要通过三年努力，实现全县基层党组织服务意识显著增强、服务能力显著提高和服务效能显著提升。玉龙县的基层党组织建设先行在前，至 2015 年底启动脱贫攻坚时，农村基层党建已初见成效，为脱贫攻坚工作奠定了坚实的基础。在脱贫攻坚中，玉龙县十分注重扶贫开发与基层党组织建设“双推进”“双提升”，以党建带扶贫，以扶贫促党建。玉龙县深切地认识到，火车跑得快，全靠车头带，一个支部就是一个堡垒，带队伍必须抓基层，抓基层必须强支部。所以，玉龙县高度重视党建与扶贫双推、双提，将“党建带扶贫，扶贫促党建”的发展思路贯穿于精准扶贫的全过程中。在这方面，玉龙县九河乡党建工作即为典型[①]。2014 年前，九河乡因一个移民村的安置，信访问题比较严重。乡里大部分基层党组织战斗力不强，无力解决农民的生产生活困难，老百姓对党组织的信任度低。乡党委、乡政府深受“基层党组织战斗力发挥不了，根本就开展不了工作”之苦。面对此情形，尤其是面对 2015 年国家启动的脱贫攻坚战，九河乡党委感觉压力非常大，便下定决心“要强班子，选好领路人”，加强基层党组织建设。九河乡具体采取了六项措施。第一，一次性处理了九河村吃低保的 4 名村干部。第二，2015 年换届选举时，冒着风险、顶住压力换掉了 6 个党组织书记、10 个村委会主任、

① 九河乡党委书记景灿春访谈。

10个村委会副主任。第三，提出选人用人的五条标准（一是政治素质强，作风正派；二是公平、公正，群众信得过；三是个人素质好，本领强；四是敢于面对群众，敢于面对矛盾；五是符合选举条件），将一批“讲政治、懂扶贫、会帮扶、作风硬”的、有打工经历、在群众心中有威信、能力强的农村精英选进村“两委”，为各村党组织和村委会配齐干部。新班子上任后，舍小家顾大家，为民办好事办实事，得到广大党员群众的信任。第四，开展“亮身份树榜样立标杆”活动，要求党员把身份亮出来，把党旗竖起来，接受群众监督，带头发展致富发挥模范带头作用；要求各村党支部、村委会“探路子”，摸清村情村貌，探索发展路子。第五，组建33支党员志愿服务队，给每个服务队发一面党旗。服务队参与抢险救灾、打扫卫生等公共服务时，必须把党旗插起来。第六，将基层党组织建设与驻村工作队的管理相融合，建立健全驻村扶贫工作队指导、乡村干部配合、村“两委”抓落实的工作机制。这些措施的实施，显著提升了基层党组织的引领力、组织力、执行力、服务力、公信力，基层脱贫攻坚任务的战斗力、识别过程中的优亲厚友、精英俘获的抑制、识别结果的合法性都具备了坚强的组织保障。

三、系统性推进和“铁脚板”功夫

玉龙县脱贫攻坚工作报告对其精准识别作了如下概括：以群众人均可支配收入为基本衡量标准，坚持“五看、五不录、六优先”原则，推行“一进二看三算四比五议六定”识别方法，严格做好宣传发动、普遍调查、规模控制、农户申请、群众评议、初步公示、听取意见、深度核查、民主评定等各项工作，摸清底数建系统、多轮识别“过筛子”、阳光透明保精准。这段话只抽象地概括了玉龙经验，它既不生动，也未能概括其识别经验的全貌。在高压下既实事求是、保持定力又创造性地以“铁脚板”的功夫贯彻执行国家和云南省精准识别政策，更能准确地概括其成功之道。

（一）多维的、保持定力的识别标准

国务院扶贫办出台的《扶贫开发建档立卡工作方案》规定，贫困户的识别要以农户收入为基本依据，综合考虑住房、教育、健康等情况。该规定确立了从多维贫困视角识别扶贫对象的基本条件，但它只是明确规定了收入标准，住房、教育、健康等方面的情况如何考虑，还需要各地因地制宜。

压力型体制的一大特点是层层加码，反复落实。幸运的是，在深入学习国家宏观政策、学习其他省份的经验之后，玉龙县决定紧紧聚焦“两不愁三保障”，坚持国家考核什么就做什么，实事求是，保持定力，不拔高也不降低标准。玉龙县委副书记董凤青、副县长李正荣、九河乡党委书记景灿春等都讲道，“你如果没聚焦‘两不愁三保障’，故意把标准拔高，我们政府没那么多资金投入；你故意把这个标准降低，我们群众的‘两不愁三保障’其实解决不了”，所以“聚焦‘两不愁三保障’非常关键”。保持定力最突出的表现是在住房保障方面，玉龙县实事求是地确定了“安全稳固、遮风避雨”的保障目标，即住房达到主要部件合格、结构安全及抗震设防，配备卫生厕所、实现人畜分离的基本居住卫生条件。所以，玉龙县精准识别标准要紧紧围绕脱贫攻坚“两不愁三保障”的总目标而设立，体现了多维贫困的理念，是“两不愁三保障”目标的具体化和对《扶贫开发建档立卡工作方案》设立的识别标准的丰富和发展。该识别标准包括农业户籍农村常住人口纳入建档立卡的“正向”标准和农业户籍农村常住人口不可纳入建档立卡或已纳入建档立卡而应退出的“负向”标准。

正向标准称为“1+N”方法。“1”即农民年人均纯收入标准，相当于

2010年2300元不变价格，2014年建档立卡贫困人口在扶贫标准2736元以下，2015年建档立卡贫困人口在扶贫标准2800元以下，2016年建档立卡贫困人口在扶贫标准2952元以下，2017年建档立卡贫困人口在扶贫标准3200元以下。“N”包括四项：一是农户实际居住在C级、D级危房且自身无力改建；二是家庭因病致贫，且成员无力参加城乡居民基本医疗保险；三是家庭适龄成员因贫辍学，或家庭因学致贫；四是家庭成员因灾造成家庭巨额负债，且无力偿还债务。凡年人均纯收入低于当年的扶贫收入标准，且满足“N”项任一条件的农业户籍农村常住人口，应按程序纳入建档立卡贫困对象管理。同时，符合低保条件并享受低保政策，但仍符合扶贫标准的，也应纳入建档立卡贫困对象管理。“1+N”不仅用于识别是否应纳入建档立卡的贫困对象，而且用于判断贫困程度。符合“N”的项目越多的家庭，其贫困程度就越深。

负向标准共10条，是在“五不录”[①]的基础上发展而来的。符合10条情形之一的，均不能纳入建档立卡或应通过动态管理从数据库中予以剔除。10条负向标准是：一是有家庭成员或户主的父母、配偶、子女为国家公职人员的；二是有家庭成员任村“两委”干部的；三是拥有购买价格3万元以上机动车的；四是在城镇拥有自建房或购买商品房、门面房以及其他经营用房的；五是在工商部门注册登记公司、企业并实际开展经营活动的；六是种植、养殖大户或雇用他人从事生产经营活动的；七是为享受扶贫支持而故意分户、并户，不符合贫困对象识别条件的；八是空挂户或为套取扶贫支持将户口迁入村组的空挂人口；九是死亡人员、服刑人员、失踪人员、与户主不共享开支或收入的人员；十是优亲厚友、弄虚作假、徇私舞弊、信息失真以及其他不符合贫困对象识别条件的人员。根据动态管

① “五不录”是指不能纳入建档立卡的五种情况：有机动车的不录，有新建住房的不录，有城镇商品房的不录，有公职人员的不录，有较大实体产业的不录。

理的工作方案，建档立卡后才出现第1、2、3、5、6五种情形的，不认定为错评；若建档立卡后才出现第1、2、3、5、6五种情形且达到“两不愁三保障”的，则应按正常脱贫程序退出建档立卡人口；因易地扶贫搬迁进城的安置户，达到“两不愁三保障”的也应按正常脱贫程序退出建档立卡人口。

（二）科学、民主、细致的识别方法

从程序上看，玉龙县的基本识别方法为“一进二看三算四比五议六定”。一进，指包村干部、村级组织和驻村工作队（第一书记）对全村农户逐家进户调查走访，摸清底数。二看，指对农户的住房、家具家电、农具等基本生产生活设施状况做深入的考察。三算，指按照标准逐户测算收入和支出，算出人均纯收入数，算支出大账，找致贫原因，对贫富情况有本明白账。四比，指与全村左邻右舍比较生活质量。五议，即对照标准，综合考量，逐户评议；拟正式推荐为扶贫对象的，必须向村民公示公告，获得绝大多数村民认可。六定，即正式确定为扶贫对象的，由村“两委”推荐确定，乡镇党委、政府核定。在具体识别过程中，该方法体现出科学、民主、精细的特征。

之所以科学，是因为该方法与精准识别的标准有机结合，并且注重农户间的横向比较，将公平正义贯穿始终。“1+N”正向标准和10条负向标准，是“一进二看三算”的参考框架，保证“一进二看”的有的放矢。而且，对包村干部、村级组织和驻村工作队（第一书记）具体如何“看”有清楚的规定，即所谓的“五查五看”：查家庭收入、看经济来源；查家庭资产、看消费水平；查家庭劳动力、看劳动观念；查居住条件、看生活环境；查致贫原因、看贫困程度。“一进二看三算”“五查五看”“1+N”和10条负向标准，确保能收集到较为准确的家庭成员结构、家庭收入、家庭住房、家庭财产、家庭生产生活条件等方面数据。同时，玉龙县的贫困人口识别过程坚持“实事求是、公道正派”的原则，坚持用一把尺子衡量所有的农户，通过横向比较确定农户之间的贫困程度差异，公平正义的原则贯穿于识别过程的始终，较为有效地消除了优亲厚友、徇私枉法等不良现象，这应该是“三率一度”中的群众满意度达到97%的原因之一。

之所以民主，是因为多方主体尤其是群众广泛参与进识别过程中。驻村工作队员、村“两委”班子成员、村级学校和卫生室主要负责人、村民小组长和副组长、村民代表、党员代表均被纳入动态管理工作组，工作组成员的构成具有民主性。在村级评议过程中，召开村小组党员会议、村民小组户主会议、村党员代表及村民代表大会，逐级审定拟剔除的错评人口名单、应正常退出的脱贫人口名单、符合扶贫标准拟纳入建档立卡的漏评人口名单、拟认定为脱贫返贫人口名单、建档立卡户漏掉人口和人口自然增减名单、建档立卡贫困户需并户人口名单、存在并户问题的建档立卡贫困户名单、动态管理卡内和卡外农村低保的户数和人数名单。会议审定后的名单向村民进行公示公告5天，接受群众监督，得到绝大多数村民的认可。

之所以细致，不仅是因为识别政策本身精细，而且还因为执行过程的细致。第一，事实上，识别本身是一项系统的管理活动，除了上面描绘的识别标准和基本方法，还涉及目标设定、计划制定、组织、指挥和控制的环节。玉龙县对每个环节均有细致的安排。例如，为了做到应纳尽纳、应退尽退、应扶尽扶，把“严、实、准、细”贯穿于识别工作的全过程中，要求做到零漏评、零错评、零错退，要求县乡两级均需测准错评率、漏评率等指标，以便对识别过程做质量监控，同时建立了“谁调查、谁负责”的追责制度。又如玉龙县的《新一轮贫困对象动态管理工作方案》不仅常规性地确立了工作目标、具体任务、方法步骤、工作要求，还在附件

3 中提供了 14 项材料模板。尤其是乡（镇）遍访工作培训动员会、村组病情分析会、实地核查动员培训会、村（组）初步方案确定会、党员评议会、村民评定会、村级审定会、乡级信息数据初核会、乡（镇）扶贫开发领导小组审定会等 9 个会议的主持词，详细规定了各项会议的目标任务、工作要求、议程、发言顺序等内容，确保了各项会议的标准化并取得会议实效。这些政策规定和材料模板均体现了政策的精细。第二，玉龙县秉持“中央下决心，基层要用心”的态度，用心做好遍访、“回头看”、动态管理。例如，包村干部、村级组织和驻村工作队（第一书记）发挥“铁脚板”精神，对农村所有常住人口一户不漏地进行了遍访，逐户填写入户调查表，仅 2016 年、2017 年的动态管理就遍访了 5.3 万余户。又如，消除“破房烂屋”的工作做得非常扎实，各乡镇党政负责人亲自带领村干部、驻村工作组逐户查看住房情况，拟定每户的改造办法、确定帮扶资金数量，精准做到因户施策。第三，下大力气做好数据筛查、比对。“1+N”和“10 不录”都离不开数据信息的核查比对。公安、教育、民政、财政、人社、卫计委、市场监管等部门，对各类人员名单的户口、房产、车辆、国家公职人员、经营实体、健康状况、就学情况、外出务工、家庭成员关系等重点数据信息进行了核查比对，形成了准确完整的信息数据库。比如，为落实建档立卡户的医疗保障问题，玉龙县人力资源和社会保障局以县扶贫办的数据库为基础，通过姓名、身份证号、性别、居住地、户主姓名等字段，在人社局的数据库中精准标识出建档立卡的 15663 人，并核查了贫困对象参加城乡居民基本医疗保险、大病医疗保险、养老保险及务工等情况，实现扶贫部门与行业部门数据一致，消除扶贫工作“数据壁垒”“信息孤岛”。县人社局工作人员吃苦耐劳，无私奉献，高质量地完成了这些工作任务。第四，重新全面认定整治城乡低保和特困人员。清退违规享受城乡低保 351 人、死人吃低保 106 人，农村低保从整治前的 8476 户 15700

人精准到4757户13375人，其中建档立卡户纳入农村低保228户657人。对全县原有的1727户1739人特困人员全面清理重新认定，全县精准认定特困人员950户959人，通过两项工作的开展，做到了应助尽助、应养尽养。

（三）创造性思维和"铁脚板"功夫

如前所述，将瞄准偏离视为文化结果的观点认为，福利污名化、羞耻感会让部分人放弃申请扶贫资源或社会救助资源。一项对我国民众羞耻感的研究发现了更为复杂的现象，部分真正贫困者由于羞耻感放弃申请低保，而大量非贫困者因感受不到羞耻感却积极申请低保[①]。此次发放的《住户调查问卷》未涉及羞耻感的测量，无从对该发现进行检验。但农民存在追求公正、公平、普惠的心态，而农户的收入、房屋质量均难以精准测量且相互差异不大，这容易造成家境状况接近识别标准的"边缘户"争相成为建档立卡户的局面。而若如其所愿将其纳入建档立卡户管理，会导致建档立卡户数量过大，退出的压力也将增大；若不将他们纳入建档立卡户管理，容易造成干群关系及村民关系紧张。另外，懒汉、赌徒、酒鬼是否被识别为建档立卡户是个棘手问题。据当地干部观察，农村主要致贫原因有四大类：第一，天生智障残疾。第二，因供孩子读书、求学。第三，因灾因病。第四，懒散、好赌、嗜酒。将由前三类原因致贫的农户纳入建档立卡户，群众通常无意见，但第四类被纳入建档立卡户范围则会引发极大的矛盾。如一名干部讲道：若将懒汉、赌徒、酒鬼纳入建档立卡户，以后遇到护林防火、修路架桥等需农户出工出力的时候，其他农户会纷纷拒绝，会以说风凉话的口吻要干部们"喊建档立卡户去"。但是，若将懒汉、赌

① 李棉管：《技术难题、政治过程与文化结果》，《社会学研究》2017年第1期。

徒、酒鬼排除在外，又无法保证 99% 的识别精准率，也兑现不了“不让一个人掉队”的承诺。所以，实践中的识别非常复杂。面对“边缘户”和懒汉、赌徒、酒鬼的识别问题，玉龙县采取了两种创造性的措施。

针对“边缘户”，采取识别与帮扶相辅相成、卡内卡外同步消贫的办法。当地干部认为，建档立卡不是目的，解决“两不愁三保障”才是目标，而且“建档立卡户不是垃圾桶，想丢进去就丢进去”，丢进去容易倒出来难。所以，结合“1+N”识别标准，对于那些只有单项达不到脱贫标准的“边缘户”，不将其纳入建档立卡户，但给予针对性的帮扶，如对房子不达标的给予危房改造的帮扶、收入差一点的给予产业扶持。所以“帮扶”辅助了“识别”，卡内卡外皆在消贫。在卡内卡外同步消贫的思路下，玉龙县还明确提出并实施了“卡内卡外一体推进”的“破房烂屋”改造政策。政策实施对象是建档立卡贫困户、低保户、农村分散供养特困人员和贫困残疾人家庭四类重点对象，以及系统以外的四类重点对象即危房户、已享受过危房改造但仍是危房户、非四类重点对象危房户。玉龙县俗称其为“卡内”和“卡外”农户。对“卡内”“卡外”农户均实行相同建房面积标准[①]，根据房屋危险程度和农户贫困程度进行差异化补助，实行“一户一方案”，户均补助 1.0402 万元，最高补助控制在 3 万元以内。之所以实施该项政策，是因为玉龙县发现，“破房烂屋”是造成错评、错脱的重要原因。同时，单独给予四类重点对象扶持也容易造成农户间的不平等，也不符合全面建成小康社会的要求。“卡内卡外一体推进”，不仅对玉龙县脱贫攻坚“三率一度”指标达标作出了贡献，更是整体上提高了玉龙县农户住房安全和居住卫生条件。玉龙县帮扶辅助识别、卡内卡外同步消贫的做法，一方面降低了建档立卡户的数量，降低了退出的压力，更重要的是实

① 原则上 1—3 人户控制在 40—60 平方米以内，且 1 人户不低于 20 平方米，2 人户不低于 30 平方米，3 人户不低于 40 平方米，3 人以上户人均建筑面积不超过 18 平方米，不得低于 13 平方米。

实在在地解决了农户“两不愁三保障”的问题，体现了玉龙县委县政府全心全意为民造福的情怀。

针对懒汉、赌徒、酒鬼的识别问题，一方面要求他们对被纳入“卡户”后如何自力更生作出承诺，另一方面争取非贫困户的理解和支持，同时推进精神与物质“双脱贫”。要求懒汉、赌徒、酒鬼在村民大会上公开承诺做勤劳的人，承诺要“好好地干农活”之后方才将其纳入建档立卡户；同时对非贫困户晓之以理、动之以情进行说服和解释。如鲁甸乡乡长张凤超描述：

刚开始做这个精准识别，一般户的老百姓的情绪是一个问题。因为这是人性嘛。你家是建档立卡户了，政策要扶持了，为什么他们一样事都不做，反而要给他们，我们辛苦地劳动，反而一样都不给。这个矛盾是很尖锐的。我们不遗余力地做一般群众的思想工作。我们就告诉他们，我们国家毕竟是共产党领导的社会主义国家，说小一点你们就如一家人的两弟兄一样，他困难一点，就要帮助他嘛。你说这个贫困户就在你家隔壁，还沾亲带故，贫穷了这么多年，饭吃得那么差，没有钱。你自己生活好了，看见隔壁邻居或沾亲带故的人那么穷，你肯定心里也可怜他。现在政府来做，共产党来帮助他们，对大家都有好处。通过帮扶，贫困户的日子过好了。后来有一位一般户告诉乡干部说：以前的话，隔壁邻居有一家是贫困户，我们去田里面劳动，都是家里面留一个人，要防范啦。家里人不在的时候，怕火腿、粮食被那些人偷走，大家都是很紧张的。现在贫困户的日子好过起来了，我们下地干活可以放心不用上锁了，因为他们也好起来了，也不会冒险干违法犯罪的事了。

这个例子生动地说明，通过说服、解释能够争取到一般户的理解，使之进一步体会到帮扶的溢出效应。

另外，推进精神与物质“双脱贫”，对“等、靠、要”思想、守贫观念进行了综合治理，让一般户认识到即使懒汉、赌徒、酒鬼也能够被改造，他们也能通过自己的双手过上好日子。首先，通过会议培训、到田边地头、走村入户到家里面火炉旁边、火塘旁去谈心等方式，宣讲党中央和国家的扶贫政策，引导贫困人口响应政策跟上形势。采取在主流媒体开设专栏、在贫困村寨营造脱贫攻坚的浓厚氛围、选树脱贫先进典型等多种形式开展“自强、诚信、感恩”主题教育实践活动，营造出“脱贫光荣，守贫可耻”“等不是办法，干才有希望”的良好氛围。其次，把党组织建设融入老百姓的生产生活。发挥基层党组织的作用，把党旗竖起来，把党员身份亮出来，党员率先做修桥补路等公益事业，到田间地头示范带头生产、带头致富，以党员的鲜活事迹感染贫困群众。再次，发挥驻村工作队员的感化作用。驻村工作队员不仅给贫困户送种苗、送猪仔等生产资料，还为其打扫卫生、整理内务，帮忙下地干活，请本村能手为贫困户做生产示范，以“真心”帮扶去“感化人心”。例如，在农户“五整洁”的专项行动中，“挂包帮”驻村工作队队员和挂联单位干部职工深入体察贫困家庭的生产生活，有意识有步骤地支持、引导贫困家庭转变思想观念，革除陋习。工作队队员更是身体力行，主动帮助贫困家庭做好内务整理、卫生清扫等工作，以实际行动感化贫困群众。贫困群众逐渐参与到专项行动中来，逐渐培养出讲卫生、重健康的好习惯。最后，塑造贫困群众的劳动习惯，培训其技能。如鲁甸乡太平村依托“扶贫建档立卡户合作社基地”（称为平康合作社，“平”即太平村，“康”即小康）发挥了该功能。基地以政策性投入为本金流转了 65 亩土地，村党总支部分支委和 77 户建档立卡户被吸纳为合作社社员。建档立卡户以劳动入股（一天一股），并按股分红。党组织支委负责基地管理、给出工的建档立卡贫困人员现场评定工分，但不从中取酬。每年收益的一部分分配给建档立卡户，剩余部分留存合作社。建档立卡户 2016 年分红方案是：到户分红（元）= 建档立卡户户均保底分红 2000 元 + 劳力入股 60 元 / 工 ×（1+0.5）× 合格出勤天数 +

民主测评等级奖励资金（评定结果分优、良、中、差四级，各级奖励资金分别为1000元、800元、600元、200元）。经过3年的运作，平康合作社培育了建档立卡贫困人口的生产习惯，提高了建档立卡贫困人口的生产技能和互助协作精神。

以“铁脚板”功夫做遍访是精准识别的关键。无论是初次识别还是动态管理，遍访都是最基础的工作。所谓遍访，就是“一进二看三算四比五议六定”识别程序中的“一进二看三算”，包村干部、村级组织成员和驻村工作队队员需对全村所有农户逐户调查走访，查看其家庭经济来源、家庭收入、消费水平、家庭资产、居住和生活条件及环境、劳动力状况和劳动观念等家庭综合状况，做到对每户的贫富情况皆有明白账。正是玉龙县在脱贫攻坚前线的所有工作人员不辞辛劳、兢兢业业地地毯式走访，让他们全面掌握了所有农户的综合状况，为精准识别和因户、因村精准施策提供了详细的第一手信息。

玉龙县的遍访有两个突出特点。第一，扎实。如前所述，仅仅是2016年、2017年的动态管理中，乡、村两级动态管理工作组就遍访了5.3万余户农户。据奉科镇党委书记和万松介绍，2016—2017年，他们开展了二十多次遍访，到2018年12月，他们的遍访已经达到了五十五次；虽然奉科镇的农户居住得很偏远、很分散，从一个山头到另一个山头，从上一户到下一户耗费的时间很多，但他们硬是靠“铁脚板”的功夫，一遍又一遍地走了下来。第二，各级干部遍访。不仅乡镇干部、村委会干部和驻村工作队员入户遍访，县领导也坚持入户遍访。如鲁甸乡党委书记余永康讲道：

我们玉龙县是有这种实实在在干事的氛围，因为县级领导对我们讲具体的事情多，县领导非常接地气的一点就是，他是遍访各个村，对村情民意是非常熟悉的……遍访村以外，我们还遍访农户，大家对村情民意，老百姓的生活、生产方式、生存的状态要掌握得比较细，这就需要我们的“铁脚板”。“铁脚板”，就是不停地翻山越岭、走村串户。这样做了之后，我们就把各个区域每家老百姓存在的问题搞清楚了。因为领导接地气，大家就能够讲到一起去了。

遍访提高了识别精准度和识别结果的公正性。在玉龙调查期间，各乡镇受访人员对遍访的作用都津津乐道。如鲁甸乡党委书记余永康说：

我有这样一个认识，就是习总书记提出来少数民族一个都不能少，一个人都不能掉队，我想的是我们下一步要怎么做？我们真真正正走到每家每户找每个人了解情况的时候，我们才觉得真的不能漏。漏了之后，我们就不能把具体的情况摸清楚，脱贫攻坚的工作就会流于形式了。所以，就是要一遍遍地遍访。

九河乡党委书记景灿春指出，识别过程中，遍访环节不能少，必须遍访；不能只访贫困户，不贫困的也要访，要把有关农户家庭综合状况的第一手资料收集起来；遍访要做到对家家户户的情况如数家珍，要做到当有农户对识别结果有异议时，能向提出异议的人详细说明各家各户的情况，说明为什么将那些户识别为建档立卡户、而另外一些不能识别为建档立卡户，要让提出异议的人心服口服。奉科镇党委书记和万松讲道：

为什么要入户，就是让他们感受到我们真心实意的扶贫是公平公正的。你的邻居、你的兄弟、你的朋友，哪一户有问题你给我提出来，我们面对面地沟通，这是我们共产党人的一个优良传统，我们要理解群众，深入群众。你要是有不同意见，你就提出来，哪家该得，哪家不能得，哪家怎么样。有了这个遍访我觉得认可度 80 分就有了，觉得没问题了，觉得公平公正了。

各位受访者的叙述让我们看到，正是因为靠“铁脚板”功夫开展了扎扎实实的遍访，精准扶贫“第一颗纽扣”被扣严、扣实了。

四、2020 年后贫困识别的经验支持

玉龙县精准识别目标的实现，既有体制原因、机制原因，也有工作态度、工作方法的原因。虽面临政治高压却能保持定力，玉龙县能紧扣“两不愁三保障”设立实事求是的、科学的识别标准，避免了不切实际地层层加码，这是精准识别的前提。“压力型体制 + 行政发包制”及该体制启动的战役型贫困治理层层传递的政治压力，基层党组织引领力、组织力、执行力、服务力、公信力的提升，以及村民代表、党员代表、村民的广泛参与，极大地抑制识别过程中的精英俘获、优亲厚友、“选择性治理”现象的发生。以“铁脚板”功夫扎实开展的遍访、职能部门开展的信息核查比对为精准识别提供了翔实、精准的信息，它们与以帮扶辅助识别、卡内卡外同步消贫等方法共同提高了识别结果的认可度、合法性。

此轮脱贫攻坚，是由政府主导的、高位推动的反贫困行动，政府在其中发挥了决定性的作用。贫困的定义权、目标设定权、激励配置权、检查验收权均由政府集中掌握，政府也担任了资源投入的责任人。如郑永年所言，从世界范围来看，这是只有中国共产党才能做到的事，它体现了中国的制度优势。[①] 但同时，乡镇政府和行政村的自主决策权限、社会力量的作用发挥不够，基层贫困人口的声音和需求没有得到很好的表达，[②] 这是我国贫困治理与其他国家贫困治理差异之一。与国际上偏重某一识别方法的做法相比，我国此轮精准识别，实为经济状况调查、代理经济状况调查和以社区为基础的瞄准法三种方法的综合。阿拉塔斯、班纳吉等人认为，经济状况调查、代理经济状况调查两种方法基于政府的贫困定义，而以社区

---

① 郑永年：《中国农村的贫困与治理》，http://www.sohu.com/a/137934904_550967，2017 年 5 月 3 日。

② 王春光：《政策执行与农村精准扶贫的实践逻辑》，《江苏行政学院学报》2018 年第 1 期。

为基础的瞄准法则能较好地体现基层民众的贫困定义。他们发现，各种方法在识别精准率上无显著差异，但以社区为基础的瞄准法的满意度和认可度更高①。如果说前两种方法是自上而下的，后者则是自下而上的。我国的综合识别方法是自上而下和自下而上两类方法的结合，自下而上方法的采用，也许能在一定程度上解释玉龙县“群众满意度”为什么很高。

纵观我国的国家治理，基于行政体制的常规式治理和突破行政体制、基于自上而下的政治动员的战役型贫困治理总是交替出现的②。但类似运动式治理的战役型贫困治理会产生较高昂的行动成本和组织成本，短期性作用较为明显，但不能常态化使用，无法替代行政体制的常规过程③。2020年，当全面跳出绝对贫困泥潭、全面建成小康社会之后，我们面临的是相对贫困，贫困治理需要恢复常规式治理行动。那么，玉龙脱贫攻坚战经验，对2020年后的相对贫困识别有何启示呢？

第一，要建立包含识别、帮扶在内的贫困响应机制。贫困具有流动性④，需有敏锐的响应机制方能及时应对。经济状况调查、代理经济状况调查两种识别法能抓住影响生活质量的恒常性因素，却难以反映一个家庭遭受的暂时性的、最近的打击；相反，以社区为基础的瞄准法能更好利用当地人提供的最新信息，也能体现当地人的贫困定义，因而更能及时反映贫困人口的诉求。因此，未来的相对贫困定义及识别标准应由政府与社区共同确定，既需由政府确定部分核心指标，又需保持一定开放性以便更好地反映社区层面的诉求，例如在“1+N”中，“1”即以收入为核心指标，而

---

① Vivi Alatas, Abhijit Banerjee, Rema Hanna, Benjamin A. Olken, and Julia Tobias, “Targeting the Poor: Evidence from a Field Experiment in Indonesia”, *American Economic Review*, 2012, Vol.102, No.4: 1206-1240.

② 周雪光：《运动型治理机制：中国国家治理的制度逻辑再思考》，《开放时代》2012年第9期。

③ 周雪光：《中国国家治理及其模式》，《学术月刊》2014年第10期。

④ 王谦、文军：《流动性视角下的贫困问题及其治理反思》，《南通大学学报（社会科学版）》2018年第1期。

“N”则应为开放性指标。同时，在识别方法上，宜将“以社区为基础的瞄准法”立为主要方法。

第二，着力完善基层治理体系，提升基层治理能力。无论是当前的脱贫攻坚，还是未来的乡村振兴，都是镶嵌在基层治理体系之内的。政策实施的效果依赖于基层治理体系和治理能力。如前建议的，要建立包含识别、帮扶在内的贫困响应机制。那由谁来及时响应呢？要么由贫困人口自己申请，要么由他人来发现；而在贫困人口主动申请的情况下又需有相应的主体来作出回应。常规治理模式下，不可能再调集大规模的驻村工作队员进行大规模的遍访，只能依靠基层社会常规治理力量。根据学术界的观点，基层党组织、村“两委”、乡贤均可为乡村治理主体。但该观点忽视了广大村民的作用。根据中国国情，基层治理体系和治理能力建设应抓两个重点。第一个是基层党组织。中国特色社会主义的本质是中国共产党的领导，“党政军民学，东西南北中，党是领导一切的”。我国经济社会发展的所有工作都离不开党的领导。而党要团结带领人民，必须全面加强自身建设，着力提高基层党组织的引领力、组织力、服务力、公信力。第二个是基层民众。要培育基层的社会资本，提高其自我管理、民主管理、自我服务的意识和能力。在过往扶贫行动“要我脱贫”而非“我要脱贫”的现象比较突出的背景下，培育基层社会承担义务、分摊成本的意愿和能力显得尤为必要。

第四章 扶贫产业与社会主体性同构发展

脱贫攻坚，产业发展是重点。但从整体上看，中国的脱贫攻坚，产业脱贫面临的挑战更多、问题更大。由于地理、历史、政策等原因，贫困山区生产性公共服务欠缺，往往远离市场，小农生产方式又难以支付市场、信息和技术成本，贫困农户劳动力素质相对较低、短期内的现金支付压力和生计需求与农业产业需要长期才能获益的冲突，加之自然灾害风险、技术风险和市场风险等方面的原因导致农业本身的脆弱性，扶贫产业发展要取得成功殊为不易。

脱贫攻坚行动下的玉龙县产业扶贫面临的挑战和问题与其他地方是一致的，但正是认识到扶贫产业发展的结构性问题和小农现状及价值，通过强化基层党建提升产业发展所需要的组织力和服务力，以良好治理解决社区矛盾和冲突、增进社区团结，同时发掘本地种质资源优势和环境优势，多渠道、多形式推动基于产业的合作，建设协同行动平台，较好地解决了扶贫产业发展整体上面临的问题，将产业发展与社会主体性建设同构推动，形成了非常重要的、系统性的产业扶贫经验。

一、“靠山吃山”与脱贫发展

玉龙县地处滇西北横断山区与青藏高原的衔接地带，是全国唯一的纳西族自治县，是集老、少、山、穷为一体的省级扶贫开发工作重点县。县内地处高寒冷凉贫困山区，由于贫困面广、贫困程度深、扶贫开发任务艰巨，成为扶贫开发工作的主要对象。直到20世纪六七十年代，居住在山区、大山深处的居民仍以玉米、小麦、土豆、苦荞等为粮食作物。家庭联产承包责任制实行以来，农村家庭的生产力水平得到显著提高，居住于山区的贫困家庭将剩余的玉米、土豆拿到江边与当地种植水稻的农民进行交换，直到90年代中期以后，大部分居住于山地的老百姓才逐渐吃上“白米饭”。

80年代中期，在国家政策号召下，当地成立了直属云南省林业厅的黑白水林业局（开发范围包括白沙镇、宝山乡、大具乡、鸣音镇、奉科镇、大东乡）、巨甸林业局（开发范围包括塔城乡、鲁甸乡、黎明乡、巨甸镇），作为国家对金沙江林区总体开发的重点森工企业，集木材生产、加工、运输及营造林为一体。受当时国营企业大规模砍伐以及高额利润的影响，加之砍伐手续办理较为简便，国营企业、集体、个人一起上，玉龙县进入“木头经济”时代。“我们之前从来没见过的砍木材的现代化的机器进来了。苏联的履带式的砍伐木材的设备全部进来了，（操作时）电锯火花四射。木头都是机器人抓，抓了之后机器人自己背着就走。在我们这个地方有个储木厂，在那儿我们第一次见过塔吊，很高。”[①] 由于采伐规模太大，昆明汽车运输公司、楚雄汽车运输公司、大理汽车运输公司、丽江汽车运输公司等地州级单位的运输车队聚集到玉龙县负责运输当地木材。部分头脑灵活、有社会关系、优先办到砍伐证的村民参与到砍伐中，收入呈现“爆发式”增长。在当时“万元户”较少的年代，这些先行一步富裕的村民无疑成为当时令人羡慕的对象。受“万元户”收入的影响，越来越

① 访谈玉龙县鲁甸乡党委书记余永康。

多的村民放弃种田，参与到砍伐队伍中；家中的田地大都由老人、妇女、儿童耕种。由于过度砍伐，许多山头的树木瞬间消失，出现了较为严重的生态危机。一位亲临砍伐的当事人回忆：

在没有进行木材大砍伐的年代，我们小时候从没见过这样的东西，叫“水管”。因为村村寨寨周围都是山林，水资源非常丰富，山林里面到处都有水，只要将松木中间开一道缝做成涧槽，就可以轻松将水接到村子里面来了。然后在村头、村中间、村尾用木涧槽一串一串地接着，家家方便取水，不用挖什么水井。

木材砍伐之前根本就用不着水利设施，我们的田地叫“夜朝天”！白天太阳照着，表面上土是干的，但是到了夜晚，因为植被较好，地下的水资源太丰富了，田又回潮了。在白天即使是很干的土扒开以后，它里面也是湿润的，所以不需要水利设施。在大集体年代，全国大规模兴修水利的时候，我们村响应上面的号召，从村西边开始，围绕一个坝子修了两条集体水渠。但一点作用没有，水太多了，我们的生产、生活用水都不缺，不需要！后来修建的水利设施便自然荒废了。

随着这样的砍伐进度，离村子近的这些水源就逐渐枯掉，最后没了。为了应对水源短缺问题，老百姓开始打井，所以井的概念从那个时候才有。最开始随便挖下去一米，只要一米，哎哟，清汪汪的水就出来了。后来就不行了，挖一米的井不行了，以后又挖深井，挖深井也不行了，再后来现代的水利工程和水管就进来了。现在我们乡政府、村村寨寨用着的水都是从山崖里面引出来的。

对于森林砍伐，在老百姓中间也逐渐出现了分歧，尤其是祖祖辈辈生活在当地的百姓，对过度砍伐提出异议。尤其是老人，他们担心森林资源破坏殆尽，水土流失，气候变化，然后缺水，导致人们难于生存。不仅如此，当地百姓收入的“爆发式”增长，还滋生了赌博、吸毒等较为严重的社会问题。

各地森林砍伐引发的生态危机，尤其是1998年出现的大范围洪涝灾害引起党中央、国务院的高度关注。1998年8月，党中央、国务院和云南省委、省政府要求全面停止境内的天然林采伐，实施天然林保护工程。1999年10月13日，玉龙县根据云南省委、省政府《关于省属重点森工企业实行属地管理的决定》，将原省属黑白水林业局（含金沙江林产品开发总公司丽江水运处）和巨甸林业局（含金沙江林产品开发总公司龙蟠水运处）交由地方林业部门负责管理，实行属地管理，林业局职工由原来的“砍树人”变成“种树人”。由于禁止伐木，过去依靠木材贸易的当地百姓收入骤减。但木材市场依旧存在，对木材贸易产生强烈依赖的部分当地人走上了强买强卖、敲诈勒索、哄骗、偷砍盗伐的犯罪之路。国家政策的调整使得当地百姓和党委政府处于迷茫之中，寻求产业转型之路迫在眉睫。通过充分调查与多次讨论，当地政府提出“放下斧头，拿起锄头，人心归田，大干农产业”的号召，引导老百姓逐渐将生计手段从砍伐木材转向农业产业。在当地政府引导下，山区的贫困百姓结合当地实际种植中药材、烤烟、土豆等产业。值得一提的是，20世纪90年代初，云南省滇西北旅游会议在丽江召开，确立了把旅游产业作为当地经济增长新的支撑点的战略目标。随后，丽江机场顺利通航，尤其是丽江古城大地震引发全世界的高度关注以及丽江古城申报世界文化遗产的成功，旅游业地位逐渐凸显并成为玉龙县的重要产业。然而，因并未要求旅游业与脱贫挂钩，所以旅游扶贫的综合效应尚未显现。

进入21世纪，尤其是2006年以来，玉龙县通过贯彻执行《中国农村扶贫开发纲要》和《玉龙县“十一五”扶贫开发规划》，切实深化了全县上下对扶贫开发工作长期性、艰巨性和必要性的认识，增强了贫困地区干部群众脱贫致富奔小康的紧迫感、责任感以及战胜贫困的信心和决心。扶贫开发工作实现了三大转变：一是在扶贫对象上进一步瞄准贫困农户，使贫困农户直接受益；二是在扶贫方式上进一步突出重点，更加集中力量开展整村推进；三是注重生产生活条件改善的同时，更加重视贫困农民长效增收机制的建立。这期间，实施了以整村推进、产业扶贫、劳动力转移培训等扶贫开发方式，同时坚持易地搬迁、小额信贷、外资扶贫、社会扶贫、对口帮扶等行之有效的扶贫措施。通过上述举措，玉龙全县贫困人口从 2006 年的 14.75 万下降到 2010 年初的 11.33 万，扶贫开发取得明显成效。然而，剩余的贫困人口绝大多数分布在自然条件恶劣、交通不便的高寒山区和少数民族地区，扶贫难度大，返贫的可能性也较大。在这样的背景下，以发展贫困地区特色产业为手段，提升贫困群体自身发展能力的产业扶贫有着相当的优势。从国家宏观层面来看，专项扶贫资金到了地方要求其中 70% 以上必须用于产业扶贫。中央推行的精准扶贫“五个一批”工程之中，产业扶贫涉及对象广、涵盖面大，是实现精准帮扶的主要途径。可见，产业扶贫是脱贫攻坚的重要手段和抓手。

通过国家政策的支持和当地政府的努力，玉龙县产业扶贫虽取得了一定的成效，但因水、电、路、信等生产性公共服务严重不足，产业发展受限，扶贫绩效不明显。不仅如此，产业扶贫过程中，因水等公共服务缺失，甚至引发群体性事件。“前些年，云南省遭遇了连续七年的大旱。那时候我在乡镇，九河乡又是农业大乡，水的需求量较大。为了争水灌溉农田，村民之间随时发生群体性械斗，所以我挺有印象的。”[①] 产业扶贫过程中，因农民组织化的程度不高，龙头企业、合作社、能人等的带动作用难以发挥，企业与贫困户未能捆绑为利益共同体而使得资源分散，无法建立起完整产业链条和形成产业集群优势，产业的“蛋糕”尚未做大之前，扶贫之路必然困难重重。

---

① 访谈玉龙县林业局局长李金明。

二、产业选择与生产经营服务创新

民族贫困地区产业发展，往往是基于当地地域环境、历史文化、社会结构、生计方式等条件下的理性选择的结果。产业扶贫作为一项系统工程，是资源向产品转换过程中的组织化过程，即产业组织化过程。在此过程中，如何将贫困农户、地方政府、外来企业、社会组织等行动主体所承载的资源与优势通过角色定位、权力分配以及制度设计有效组织起来，事关产业的可持续发展和扶贫目标实现的可能性。

（一）扶贫产业选择：环境资源与历史文化、民族视角

1.“接地气”的产业发展重视传统种质资源

（1）油橄榄产业

改革开放前，金沙江流域周边的区域主要以种植玉米、小麦、高粱等作物为主。传统农业需要精耕细作，耗时耗力且收入不高。改革开放以来，也曾发展过多项产业，但都遭遇失败，后来试种油橄榄产业，因有较好的本地适应性和经济价值，渐渐成为当地一项重要产业。油橄榄不同于一般的植物，对气候、温度、土壤的栽种条件要求较高，这也使得油橄榄系列产品具有一定的市场优势，价格波动幅度较小。从油橄榄的生命周期来看，从栽种到挂果需要5—7年，然后进入较长的盛果期，若管护得当，其生命周期将长达50—70年。因此，基于当地特殊的地理条件自然生成的市场势力与较长的产业生命周期，油橄榄种植成为当地扶贫产业的重要选择。

（2）马铃薯（洋芋）产业

玉龙县山区半山区占全县面积的96.53%，由于自然地理、气候条件

的影响，2800 米以上的高海拔地区较为适合苦荞、燕麦、马铃薯等传统农作物生长。2800 米以下的区域较为适合玉米、小麦生长。因此，对于居住于高海拔地区、地广人稀的贫困户，大力推进马铃薯等传统粮食作物的种植，无疑是人地互动中理性选择的结果，马铃薯种植自然成为当地脱贫产业的重要组织部分。

（3）中药材产业

玉龙县地处金沙江流域，生态环境优越，立体气候明显，是川滇森林及生物多样性生态功能区、云南省重点林区，是天然野生药材资源富集之地。境内有 264 科 2010 种中药材，约占《中药大辞典》入典药物 5767 种的 34.9%，素有“药材王国”美誉，是中国中药源头县之一。居住在鲁甸乡的普米族、纳西族、白族、汉族等，长期以来依托于当地的中药材，积累了较为丰富的跌打损伤、消炎等相关的地方性医药知识，有长期“驯化”野生药材与种植的传统。他们还利用历史上茶马古道的便利，从印度引进木香等药材在当地栽种。“木头经济”被禁后，中药材种植成为当地百姓脱贫致富的首要选择。

（4）养蜂业

玉龙县自然蜜源植物丰富，万亩草原、天然林广泛生长着几百种天然蜜源植物，每年从 3 月到 9 月有油菜、苹果、梨、桃、野山花及各种瓜果蔬菜等主要蜜源，跨春夏秋三季。养蜂具有得天独厚的自然优势，这为养蜂产业的形成提供了天然的便利条件。

2. 产业选择尊重历史

（1）尊重历史文化

如养殖业中对丽江猪品种的筛选和培育；种植业中鲁甸乡种植中药材的历史以及医药、治疗的地方性知识；旅游业发展中充分考虑玉龙县作为“茶马古道”的历史、地缘优势，在拉市海等地开发出牵马等旅游服务。

（2）尊重产业发展的历史

纵观玉龙县产业发展的历史不难发现，无论是旅游业还是中药材产业、养蜂业等均具有较强的历史延续性。精准扶贫的政策环境下，当地扶贫产业的选择并未“另起炉灶”，而是在原有产业基础上，借助国家精准扶贫的政策优势，通过改善产业发展的内外部环境，提升产业竞争力，从而达到扶贫的社会目标。

3. 产业选择把不同民族之间经济的平衡发展作为重要考量

玉龙作为全国唯一的纳西族自治县，少数民族众多，居住着纳西、汉、傈僳、白、彝、普米、藏、苗、回、壮 10 个世居民族，少数民族人口占县总人口的 86%，纳西族占县总人口的 55.6%，具有“纳西族聚居、多民族杂居”的特点。然而，由于地域环境与历史发展等原因，各民族的社会经济发展极不平衡。其中，傈僳族从新中国成立前的原始公社制直接过渡到社会主义社会，发展基础较弱；普米族作为人口较少的民族，大多聚居贫困山区。为解决傈僳族、普米族与其他民族之间的发展差距，当地政府专门实施了“直过民族”脱贫项目和普米族整族帮扶项目，有针对性地解决了“直过民族”、人口较少民族产业发展中面临的特殊问题。

（二）玉龙县扶贫产业发展与运作机制

扶贫产业培育的过程其实质是如何通过地方政府的合理介入实现资源向产品的转化。玉龙县政府在推动产业扶贫进程中，通过规划先行与组织保障、加大基础设施建设力度、培育市场主体、搭建产业组织平台、及时跟进生产性公共服务以及塑造地域品牌与拓展市场，实现资源向产品的有效转换，为贫困农户脱贫致富建构扎实的产业体系。

1. 规划先行与组织保障

为确保扶贫产业能够落实到位，获得上级政府项目资金支持，玉龙县制定实施了《玉龙县建档立卡贫困户产业扶持发展指导意见》《中共玉龙县委、玉龙县人民政府关于着力推进重点产业发展的实施意见》《玉龙县农业产业化暨产业扶贫实施方案》等，使产业扶贫有了政策依据。为了推动产业扶贫政策实施，玉龙县成立了“玉龙县重点产业发展领导小组”，按照“一个推进组、一位主抓领导、一个发展规划、一套政策措施”，强力推进扶贫产业发展。另据农业、畜牧等部门领导反映，最近几年部门资金绝大多数被整合进扶贫办使用。精准扶贫的政策环境下，过去体制内原有的条块分割、资源分散使用的矛盾得到一定程度的缓解，地方政府集中力量推动产业扶贫的制度优势得以彰显。

2. 改善产业基础设施

玉龙县大多数贫困群体居住于山区、半山区，产业扶贫将不可避免地遭遇资源型缺水和交通建设滞后两大瓶颈，若无法破解，产业扶贫的目标将无法兑现。认清上述瓶颈，2015—2017 年三年扶贫攻坚期间，玉龙县以 3 个省级贫困乡、40 个省级贫困村为重点，加大了对贫困区域水、电、路、信等基础设施投入与建设力度，贫困乡镇、贫困村的基础设施得到了历史性突破和改进，改善了贫困区域产业发展的诸多难题，增强了产业发展的后劲以及产品与市场对接的可能性，扫除了产业发展中“出不去，进不来”的后顾之忧，提高了当地贫困户脱贫致富的机会和可能性。

3. 注重多元参与和共享发展

小农为基础的玉龙农村，发展乡村旅游和农业产业发展支持脱贫，既要解决农民团结和合作的问题，也要解决产业发展收益分配的公平性和公正性问题，同时还要解决经营环境的问题，玉龙县通过党建和治理创新推动，创造性地回答了上述问题。如奉科镇柳青村面对大量人口外出务工、外出经商并定居的现实，通过支持外出群体建设党组织，以党组织活动引领、支持外出人员短期返乡发展农业产业，同时又支持留守的贫困劳动力合作起来，与外出人员讨论建立合理分配未来产业发展收益的合作机制，承接外出家庭的产业管护工作，实现了资金、土地、劳动力和产业的有机整合。而整个县的旅游产业发展工作，都在玉龙雪山甲子村党建和治理经验的基础上，推动相关村庄内的团结和合作，支持党建基础上的社区治理，实现村庄和政府、旅游开发公司的有效合作，解决了旅游产业发展可持续的问题。

4. 着力提升市场主体能力

产业扶贫离不开市场主体作用的发挥，尤其是在流通、产品深加工以及技术服务等领域和环节，小农往往因为资本、技术、经营管理等方面的劣势而难于担当重任。因此，培育具有竞争实力的市场主体或将具有一定实力的企业引入本地参与产业扶贫成为地方政府推动产业扶贫的重要手段。玉龙县在培育市场主体以及招商引资过程中，不仅关注企业资本实力，而且特别关注企业未来的发展潜力、社会责任、信用与声誉，以便在产业扶贫过程中企业能真正发挥带头引领和示范作用。

案例　田园油橄榄公司带动当地农业产业发展

早在2012年，玉龙县政府经过考察和论证，充分考量市场潜力，结合金沙江沿岸的地理条件、气候特征以及生态治理需求，引进甘肃陇南的田园油橄榄公司（以下简称田园公司）到玉龙县大具、鸣音、奉科等乡镇种植油橄榄，以期带动当地农业产业发展和百姓致富。引进田园公司前，地方政府多次组织人员到甘肃陇南考察油橄榄种植环境，确信玉龙县金沙江沿岸适宜种植油橄榄后，对田园公司实力以及企业在当地享有的声誉进行重点考察，获悉该企业生产的油橄榄系列产品的市场竞争优势和该企业与科研机构深度合作的成效后，最终下定决心引进该企业到玉龙建立油橄榄种植基地，发展油橄榄产业。因油橄榄加工较为特殊，果实从树上摘下后，需要在 24 小时以内完成加工，否则影响油汁质量，为防止企业短期投机和撤资行为的发生，当地政府引入田园公司前，便与公司签订合同，要求公司在玉龙建立基地和厂房。田园公司入驻玉龙后，在地方政府协调下，先在大具乡建立了 1 万多亩油橄榄产业园，同时遵守诺言，建立油橄榄加工厂房、地下仓库以及专家工作站。因经营诚信，田园公司很快便获得了当地政府和老百姓的支持和认可。之后又逐步扩大种植面积，将种植区域扩大至周边的奉科、鸣音等乡镇。2017 年，受市场价格波动影响，油橄榄市场价下跌为 5—6 元 / 千克，明显低于之前田园公司与当地种植户签订的 8 元 / 千克的价格，但公司依然按照 8 元 / 千克的价格回收村民采摘的油橄榄。当时有地方领导提出“如果公司确实受不了的话，我跟政府汇报让政府给公司补贴一点”，公司负责人回应“不用，因为量还不大，这是小事情，经营要看长远”[①]。2017 年，因公司在玉龙县投资规模较大，出现短期的资金链断裂问题，地方政府得知信息后，通过林业部门协调，公司获得银行 1000 多万元贷款，顺利渡过债务危机。目前，该企业已经成为当地政府、老百姓较为信任的合作伙伴。

5. 完善生产性技术服务体系

产业扶贫尤其是畜牧业产业扶贫实践中，各地因良种选择、技术培训以及疾病控制等生产性、技术性公共服务缺失，常常使得产业发展缺乏后劲，甚至导致参与产业扶贫的贫困户因无法及时处理技术、疾病等问题从而

① 访谈玉龙县林业局局长李金明。

承担较高的机会成本，影响贫困户参与产业扶贫的积极性和对基层政府的信任。针对上述问题，玉龙县在依托畜牧业带动当地贫困户脱贫致富过程中，不断加大对本地畜禽良种的研发和推广力度，增强良种的自然适应能力；不断强化对饲养大户的科技培训，通过大户向贫困户传递技术服务；加强动物防疫和重大动物疾病防控，为畜牧业持续发展和农民增收提供保障。

6. 地域品牌塑造与市场拓展

产业发展进程中，地方政府积极配合企业做好绿色食品、有机食品、著名商标、地理标志等品牌的认证工作，打造“玉字号”优质绿色农产品。在玉龙县委、县政府以及当地企业的共同努力下，玉龙县先后被认定为“云南省云药之乡”“滇西北高山药材基地”“云南省18个重要中药材种植基地”；被列为“中国林药之乡”“全国林下经济发展示范县”“云南省可持续发展实验区”。在市场拓展方面，当地政府做足“两头市场”，一方面通过完善基础设施，搭建本地市场交易平台，吸引外来商人到本地收购农产品；另一方面，积极和电商、对口帮扶城市以及大型加工企业对接，拓展产品市场销量。

案例　中罗苹果30年产业探索之路——鸣音镇中罗村苹果产业发展与扶贫纪实

中罗村位于鸣音镇西南面，与大具乡相邻，距镇政府所在地12千米，平均海拔2400米，属于典型山区，年平均气温15摄氏度，年降水量800毫米左右，光照充足，昼夜温差大，适宜种植苹果、烤烟、白芸豆等经济作物。村内居住着纳西族、汉族、普米族、藏族、回族、傈僳族、彝族、苗族8个民族，是一个位置偏远的少数民族聚居村落，常住居民54户149人，耕地面积近2000亩，全村有建档立卡户4户12人。20世纪80年代初，为了改变贫困落后的面貌，当地政府从自然环境特征出发，将苹果种植引入该村，从那时候起，苹果将当地政府和村落捆绑在一起。

苹果挂果后，因村民管理不善，加之技术、销售等方面的制约，苹果质量不佳，收入增长缓慢。个别年份，苹果获得了丰收，但无法销售出去，最终村民将成熟的苹果摘回家中喂猪。2008年，以和作周为代表的村庄能人在地方政府的引导下，排除万难成立了合作社——玉龙县进财种养殖农民专业合作社。由于合作社技术、销售、市场等方面经验不足，引导作用有限，鸣音镇党委政府研究决定，由镇党委政府统筹经费，连续两年支持合作社成员到号称“西南苹果第一村”的四川盐源县罗家村参观取经。之后，鸣音镇又主动邀请玉龙县农业局园艺站专家驻村对中罗村苹果产业进行技术指导，并通过多种渠道，多次组织苹果产业带头人外出考察学习各地先进管理技术与经验。受鸣音镇政府邀请，四川农业大学的几位教授先后给中罗村苹果种植户无偿进行了两次科技方面的培训。与此同时，鸣音镇通过各种宣传途径，提升中罗苹果的知名度。技术上的进步和知名度的提升，使得中罗苹果的品质逐渐得到市场的青睐。但中罗村作为一个典型的高寒山区的小村庄，交通闭塞，基础设施落后，销售、外联的瓶颈长期未能得到根本改善。

脱贫攻坚政策实施以来，鸣音镇党委政府抓住机遇，积极向上争取项目。在上级部门的大力扶持下，中罗村基础设施条件不断改善，苹果种植环境得到优化。在以和作周为代表的合作社种植大户的技术引领和带动示范下，中罗苹果产业种植规模不断扩大、日趋成熟。加之基础设施条件的改善，许多中间商主动到村内收购。为了扩大市场销量，鸣音镇通过“电子商务进农村”项目，与阿里巴巴合作，对中罗苹果进行网络销售。2017年10月，玉龙县为全县苹果销售注册了“玉雪红”商标，并在鸣音中罗苹果电商销售过程中统一使用包装箱和“玉雪红”商标。不仅如此，玉龙县政府利用与上海市对口帮扶的政策机遇与优势，将苹果卖到上海市各大超市。如今，中罗苹果已远销东南亚、上海等市场，且销路稳定。当地人骄傲地说：“现如今我们中罗苹果走出国门了，本地人还吃不到我们的苹果哩。”苹果产业作为中罗村支柱产业的地位越来越明显，群众生活越来越红火。

回顾中罗苹果 30 年产业发展之路不难发现，产业选择与地缘环境的亲和性，产业成长中经济能人的开拓创新，地方政府的引导和支持，尤其是脱贫攻坚政策环境下地方政府在基础设施建设、技术服务与培训、地域品牌塑造和市场拓展等领域的选择性介入成为产业成功的关键。

三、精准构建产业脱贫长效机制

笔者多次参加扶贫部门举办的讨论会，常常听到这样的声音：“产业发展起来后，贫困的问题自然解决了。”然而，大量的产业扶贫的案例显示：产业是扶贫的基础，但产业发展起来后并不一定能实现扶贫的目标，甚至更多时候产业扶贫因过度关注产业发展而遮蔽了扶贫的目标。从理论上讲，产业发展关注的是经济效益问题，而扶贫关注社会问题，聚焦于社会公平和贫困人群福利和生活水平的改善。公平与效率作为人类社会发展进程中的一对永恒的矛盾，如果没有特别的政策措施与制度安排，二者之间的张力往往很难消解。因此，产业扶贫如果没有扶贫对象的参与和机会分享以及相应的制度安排，扶贫的目标往往很难落实。换言之，产业与扶贫的逻辑转换过程与机制并非自然完成，产业扶贫包含建立完整的产业链和合理的利益联结机制。如何在产业发展与贫困群体之间建立较强的关联机制，往往需要在产业组织化进程中实现体制机制创新，为贫困人群创造机会，分享产业发展的红利。

（一）遍访：产业精准扶贫起点

为做到因户施策，激发贫困家庭内生动力，玉龙县县级领导不定期到贫困村进行抽查、遍访。乡镇领导、驻村工作队员和“挂包帮”单位，数次不厌其烦地深入帮扶对象家庭，与贫困农户一起详谈，对全县 4154 户建档立卡户的致贫原因进行了详细分析（见表 4–1）。

表 4–1　玉龙县建档立卡户致贫情况

排名	致贫原因	数量（户）	所占百分比（%）
1	缺资金	1078	25.95
2	缺技术	839	20.2
3	自身发展动力不足	775	18.66
4	因学	461	11.1
5	因残	313	7.53
6	交通条件落后	289	6.96
7	因病	273	6.57
8	缺劳力	51	1.22
9	因灾	31	0.75
10	缺水	28	0.67
11	缺土地	10	0.24
12	其他原因	6	0.15

通过遍访，体制内上下级政府之间均能从问题出发开展工作，不仅增强了相互理解和信任，制定出来的扶贫方案更接地气，地方政府的政策诉求也得到较好的贯彻和落实。遍访过程中，获取农户真实、详细信息，以便做到因户施策。同时，积极传播基于村庄合作的产业发展理念，支持贫困群体参与合作经济组织、实现抱团发展。通过这样的方式与贫困户达成的扶贫方案，不仅能得到他们的理解和支持，同时也能激发他们摆脱贫困的信心和干劲，很大程度上消除了贫困户“等靠要”的思想，走上共同发展、脱贫致富的产业发展之路。产业项目确定后，由农户自主选择购买种苗、种畜等经驻村工作队员和帮扶责任人论证把关后，报乡镇统筹安排付款，确保产业扶持措施“户户自愿”和项目成功落地。

（二）整合资金实现产业扶持资金全覆盖

为早日实现贫困县摘帽退贫，玉龙县制定了《玉龙县建档立卡贫困户到户产业扶持资金整合办法》，通过整合省市县三级整乡推进、整村推进、建档立卡插花户到户产业扶持项目建设资金 2800 万元；整合省市县“挂包帮”单位到户产业扶持资金 1650 万元；县乡“挂包帮”单位干部职工到户产业扶持资金 787.5 万元（其中，县处级干部每人不低于 4000 元，34 人共计 13.6 万元；乡科级干部每人不低于 2000 元，1029 人共计 205.8 万元；行政事业人员每人不低于 1000 元，5681 人共计 568.1 万元）以及省市“挂包帮”单位干部职工到户产业扶持资金共计 8025 万元。在对贫困户进行“遍访”基础上，立足贫困村、贫困户资源禀赋和生产、生活条件，按照《玉龙县建档立卡贫困户产业扶持发展指导意见》，按户均扶持资金不低于 1.9 万元、每户至少有 1 项增收致富产业，实现产业扶贫全覆盖。

（三）项目配套：强化贫困户与产业组织增收绑定

为增强企业与贫困户的利益关联，玉龙县通过项目配套、经济激励以及社会荣誉赋予等手段和措施，强化建档立卡贫困户与产业组织增收绑定。具体操作层面，通过租赁返聘、挂靠帮带、抱团经营、订单经营、托养托管等模式，建构企业、合作社与贫困户联动发展机制，实现产业项目与新型合作经济全面覆盖建档立卡贫困户，每一建档立卡户至少与一个产业组织绑定，保障贫困户持续稳定增收。

案例　铭记高养殖基地扶贫纪实

长期在丽江从事旅游业的和曜光，2008 年回乡成立了铭记高公司，实施生猪规模化养殖。公司成立后，因和曜光是龙蟠乡走出的能人，与当地村民长期保持着联系，加之口碑较好，因此，其牵头成立的盘龙养猪合作社得到当地村民的积极响应。养殖过程中，公司通过“六统一”“三保障”提高农户养殖积极性，降低农户养殖成本、养殖风险以及公司和农户合作的交易成本，确保公司利益和促进农民增收。“六统一”规范生产管理模式，即企业与社员签订合同后，统一投放优良猪仔，统一配给饲料、统一饲养管理、统一防疫、统一科技培训、统一收购，形成产、供、销“一条龙”发展格局。“三保障”包括：一是服务保障。由江西正邦集团提供养殖饲料、科技服务，建立健全生猪及其产品全过程保障服务体系。二是人员技术保障。从全国各地引进了一批养殖、管理方面的优秀人才，带来国内最新的养殖技术和管理理念，其中包括和曜光资助完成大学学业后进入企业的当地大学生。另外，为了吸引本地技术专家服务企业，公司在养殖基地建有“劳动模范办公室”，为到基地服务的专家、技术人员提供良好服务。三是市场销售保障。生猪市场价格波动大，为最大限度降低社员的投入成本及养殖风险，提高农户的养殖积极性，促进生猪养殖的有序发展，农户养殖的生猪出栏时公司按签订的统一保护价收购。在壮大产业的同时，铭记高公司主动承担社会责任，资助在校的贫困大学生完成学业；帮助企业所在的村庄建设公共活动中心，修建停车场；既作为村支书又作为企业负责人的和曜光，将每月政府提供的村干部补贴作为村集体资金用于发展村内的公益事业。2017 年，在地方政府动员和协调下，公司承担起 449 户建档立卡户母猪“代养”任务，其中黄山镇 32 户、奉科镇 150 户、龙蟠乡 267 户，累计代养母猪 449 头。具体的做法是：有意愿的建档立卡贫困户与企业签订代养协议，乡镇根据市场价格从建档立卡贫困户产业扶持资金中将购买母猪的成本资金 5465 元 / 户注入养猪企业，企业为建档立卡贫困户购进能繁母猪，由企业代养。合作期间不管能繁母猪出现什么意外，风险都由企业承担，公司按“3223”（第一年 3000 元、第二年 2000 元、第三年 2000 元、第四年 3000 元）分配模式四年内返补贫困户 10000 元。2017 年已向代养户返利 116.7 万元。未来三年内，公司将进一步加大对建档立卡户的帮扶力度，实现企业发展与农户增收的“双赢”。为了激发建档立卡贫困户的内生动力，培养他们的一技之长，在合作期间贫困户可以到公司免费学习养殖技能，在学会养殖技术有能力养殖能繁母猪时，就可以从企业中将一头价值 2000 元左右的能繁母猪直接领回去自己养，公司扣除能繁母猪成本外，将当年的收益差价发放给建档立卡户。这样的合作模式提高了全县精准扶贫、精准脱贫质量，解决了部分建档立卡户无劳力、缺技术、应对市场风险能力低的实际问题，为建档立卡户创造了新的增长点，增强其“造血”能力，从根本上解决了建档立卡户持续增收、稳定脱贫的问题，加快了建档立卡户脱贫致富的步伐。

铭记高公司之所以在脱贫攻坚的政治任务中承担带动建档立卡户脱贫的任务，除了企业领导人与当地老百姓特殊的血缘、亲缘、地缘关系外，离不开当地政府对企业的支持、引导和激励。如对于勇于承担社会责任的企业，地方政府不仅给予领导人精神上的激励，给予企业荣誉，还在项目上给予支持和帮助。自2010年以来，和曜光先后获得“中国优秀民营企业家”（2010年）、“龙蟠乡优秀共产党员”（2012年）、“关心与支持教育先进工作者”（2013年）、“云南省拔尖技术农村乡土人才”（2013年）、“关心学校发展先进个人”（2014年）、龙蟠乡“优秀党务工作者”（2014年）、“丽江市2009—2014年度先进科普带头人”（2015年）、“云南优秀村（社区）党组织书记”（2016年）、龙蟠乡“优秀党务工作者”（2017年）、玉龙县第三届“优秀中国特色社会主义事业建设者”等荣誉称号。铭记高公司先后通过无公害农产品产地认定，获得了丽江市产业化龙头企业证书、云南省产业化龙头企业证书、云南省科技型中小企业认定、中国低碳经济先锋企业、中国“100个最美养猪场”等荣誉称号，成为远近闻名的科技示范基地。在项目支持方面，为彻底解决养殖基地猪粪污染的问题，实现粪污无害化处理，在地方政府的积极帮助下，公司于2017年争取到农业部570多万元国债资金项目，在铭记高养殖基地建成了日处理粪污87吨、日产沼气1600立方米的大型沼气池。沼气池的建成，不仅完全解决了养殖过程中产生的猪粪等废弃物的问题，猪粪转化的沼气、沼渣、沼液，还免费提供给岩羊村民小组83户农户使用，实现了清洁环保、维护了一方“绿水青山”。群众合理使用沼渣、沼液，促进了草莓、花椒、梨和蔬菜等经济作物的循环发展，推动了产业可持续发展和减贫目标的实现，同时贯彻落实了国家生态文明战略。

（四）特色产业带动：贫困户脱贫致富可持续

做强烤烟产业，筑牢脱贫根基。玉龙县烟草业经过十几年的发展和探索，成功发展成为农民增收、企业创收、政府创惠“三满意”的农业经济支柱产业。尤其是金沙江区域特色优质烟叶成为国内清香型烟叶的最佳原料，是“中华”“芙蓉王”等国内骨干卷烟品牌主料配方。玉龙县烤烟产业发展中，由于有“公司 + 基地 + 农户”的产业组织模式作为支撑，加之政府强有力的支持，种植、生产、销售、价格的统一和标准化，产量与收入稳定、风险小，金沙江河谷沿岸和坝区，只要有条件的农民无一例外地参与其中，成了名副其实的致富产业。玉龙县宜烟种植区共有 429 户贫困户，通过对贫困户增加调配指标等方式，贫困户在短期内轻松脱贫。

发挥旅游产业“族群经济”特征和带动型强的优势助推脱贫攻坚。早在脱贫攻坚政策实施之前，玉龙县充分考虑旅游经济“族群性”特征和带动能力强的优势，逐步形成了景区带动型、古村落带动型、旅游就业带动型、乡村风光带动型、旅游项目带动型等多种旅游扶贫模式，旅游业为当地脱贫致富贡献了应有的力量。脱贫攻坚政策实施以来，旅游扶贫地方经验横向上得以拓展，纵向上得以深入推进。玉龙雪山旅游反哺农业的地方经验得以向老君山景区拓展，玉龙雪山景区在原有的旅游反哺农业的地方经验基础上，探索将旅游产业要素与精准扶贫、社会建设、基层治理以及生态文明建设有机关联，彰显出旅游产业扶贫为乡村振兴贡献力量的地方经验（见表 4–2）。

表 4-2　玉龙县旅游扶贫情况

旅游扶贫模式	代表性景区、景点或项目	增收渠道	建档立卡户
景区带动型	玉龙雪山	旅游反哺农业、景区就业、集体经济与分红	87 户 328 人
	老君山	旅游反哺农业、景区就业、资产性受益（出租土地、门面）、经营性收益	390 户 1492 人
古村落带动型	白沙镇玉湖村、宝山石头城	参与骑马、旅游经营（客栈、餐饮、购物）	—
旅游就业带动型	玉龙雪山景区内各旅游公司、雪山印象演出项目	景区就业	—
乡村风光带动型	文海村	通过旅游产业要素的供给和服务增收	46 户 145 人
旅游项目带动型	丽江宋城千古情项目、玉龙雪山冰川公园	旅游就业	—

（五）“三结合”：产业扶贫实践新路径

为了切实保障贫困户在产业发展中受益，降低产业扶贫的风险，增强产业扶贫的可持续性和防止建档立卡户返贫，当地政府结合地域环境与产业特征，充分考虑市场波动引发的收益风险，探索出“多样结合、长短结合、高低结合”的产业扶贫的地方经验。

多样结合：考虑自然与市场风险，部分贫困区域动员贫困户种养殖兼顾以及多样化的品种类型，降低自然灾害与市场波动引发的收益风险，稳定贫困户收入水平。如金沙江流域的贫困户往往同时种植花椒、油橄榄、黄果以及软籽石榴。

长短结合：考虑到种植业产生收益所需时间较长的问题，当地贫困区域依托独特的地理特征和生态条件，调整形成“种植为长、养殖为短、长短结合”的产业发展结构。

高低结合：充分考虑传统作物与经济作物的生长周期和形态特征以及贫困户的收入衔接问题，采取经济作物与传统作物套种的方式解决贫困户的收入问题，如油橄榄中套种摸摸香等中药材。

（六）系统联动：加强产业扶贫的配套政策供给

对于贫困户而言，贫困绝非仅仅因为收入低，有限的自我发展能力，生产、生活层面高度脆弱，公共产品与社会服务享有的缺失等均是影响贫困的综合因素。

为此，玉龙县一方面结合贫困人群实际，在产业扶贫的同时，加大教育与培训、科技服务的力度，通过技术与服务传递提升贫困户自我发展能力，使产业扶贫的“造血”功能得到有效提升。如当地油橄榄种植区，除了地方政府科技人员入村提供技术服务外，油橄榄加工企业也派出技术服务人员及时跟进服务。当地政府与企业将油橄榄种植中的注意事项做成挂历，送给当地农民，让种植户清楚地知道如何栽种、浇水、施肥、采摘。针对当地的养蜂业，在县财政非常困难的情况下安排专项资金发展养蜂产业，通过采取“组织培训、培育养蜂大户、全县逐步推广”的发展模式，使山区人民找到了一条投资小、见效快、回报高的可持续发展产业道路。

另一方面，当地政府盯准“两不愁三保障”，将产业扶贫与基础设施建设、教育扶贫、医疗扶贫等“九大工程”同步推进，既解决了产业发展的后顾之忧，同时降低了贫困户的生产、生活成本，有效地解决了“出行难、用水难、看病难、上学难、发展难”的问题，真正实现了“稳得住、能发展、可致富”。

四、重视“小农”的产业扶贫成效与经验特点

（一）产业扶贫与乡村振兴的有机衔接

贫困问题是一项复杂的社会问题，是多重因素相互嵌套综合作用的结果，解决这一问题也就需要有综合性的、可持续性的扶贫策略。玉龙县产业扶贫实践绝非仅仅为了解决贫困人群的收入问题，而是创新性地将产业扶贫与贫困区域的地域环境、民族历史、资源禀赋、传统生计方式、社会关联、治理结构乃至伦理关系和被扶贫群体的主体性地位统筹考虑，建构成一项复杂的系统工程，达成产业扶贫的目标。为达成目标，必将通过体制机制创新，理顺系统内部各要素之间的逻辑关系，使各部分结构要素在系统内部焕发生机与活力，凸显应有的价值与功能。这项系统工程正好与乡村振兴的内容与目标同构，因此，玉龙县的产业扶贫显现出较为明显的综合效应，为下一步乡村振兴工作的展开奠定了坚实的基础，使近年来脱贫攻坚成效得以延续和巩固。

从产业兴旺来看，借助于产业发展基础和精准脱贫的政策机遇，地方政府加大了基础设施投入和建设力度，为产业可持续发展奠定了坚实的基础。产业组织化进程中，充分考虑企业、能人和贫困人群之间的社会关联，在社会关联的基础上建立利益关联，通过产业凝聚社会，让经济与社会相互嵌套；做实“党建＋产业”扶贫，发挥党的基层组织的先锋模范和带头作用，为产业可持续发展奠定了坚实的社会和政治基础。在地方政府、企业与能人以及当地百姓的共同参与下，玉龙县产业显示出较强的发展生机。目前来看，已建成以鲁甸为中心的中药材区、以九河乡为示范点的蔬菜园区、以太安乡为主的马铃薯种植园区、以拉市镇

和白沙镇为主的雪桃林果园区以及东部乡镇玉米制种基地和油橄榄产业园区。经过多年努力，尤其是近年来精准扶贫政策的大力支持，玉龙县已被列为“云南省高原特色农业示范县”“全国林下经济发展示范县”“中央生猪调出大县”“云南省高原特色现代农业生猪产业重点县和牛羊产业重点县”“云南省云药之乡”。旅游业在全县国民经济中的地位不断巩固，作用不断提升，对国民经济的贡献不断加大，成为玉龙县增速最快的特色优势产业，为玉龙县稳增长、调结构、转方式、惠民生、促就业、脱贫攻坚等方面作出了重要贡献。先后荣获首批中国旅游强县、全国旅游竞争力百强县、全国休闲农业与乡村旅游示范县、中国生态魅力县等旅游品牌，尤其是玉龙雪山景区，通过旅游反哺农业，支持景区内的村庄发展集体经济，创造出景区和社区一体化发展的“玉龙模式”。近年来，云南西部部分景区景点旅游业因服务质量问题被频频曝光，旅游业受到不同程度影响，但玉龙雪山因较好地处理了景区与社区的关系，景区发展得到了区内老百姓的支持，无一例曝光事件发生，较好地维护了景区形象和旅游业的可持续发展。综上所述，玉龙县蓬勃发展的产业态势为当地落实以产业覆盖强化扶贫帮困、以产业增效实现群众增收、以产业兴旺推动乡村振兴奠定了坚实的物质基础。

从村民富裕来看，玉龙县产业扶贫实践中，地方政府作为产业扶贫的组织者与服务者的角色重塑为产业可持续发展和扶贫目标的实现奠定了体制基础。产业选择与培育中，扶贫产业与贫困区域相互重叠，对村民主体性地位的尊重以及社会关联考量，尤其是产业扶贫中对贫困人群的特殊关照，让贫困人群在产业选择、组织与培育、利益分享等诸多环节有足够的参与权和利益分享权，这为产业发展中贫困群体参与利益分享提供了体制保障。玉龙县推动实施的“九大工程扶贫”实践中，产业扶贫作为帮助贫困户脱贫的突破口和确保贫困户脱贫不返贫最有效的方法、手段，无疑在脱贫攻坚中发挥着重要作用。在产业扶贫等“九大工程”的集成作用下，玉龙县贫困区域的贫困问题得到有效治理。从贫困发生率来看，全县 3 个省级贫困乡、40 个省级贫困村，有建档立卡贫困人口 4154 户 15663 人。2014—2017 年累计减贫 3794 户 14496 人，未脱贫 360 户 1167 人，贫困发生率从 8.36% 下降至 0.62%。从贫困区域农村常住居民人均可支配收入来看，2017 年末，鲁甸乡、奉科镇、黎明乡农村常住居民人均可支配收入分别为 9347 元、6800 元、10833 元，分别增长 12.5%、15.6%、17.28%，均高于全县农村常住居民人均可支配收入 9.8% 的增幅。

从生态宜居来看，作为山区、半山区面积占全县总面积 96.53% 的玉龙县，山高坡陡，生态系统内的各组成要素稳定性较差，抵抗外在干扰和维持自身稳定的能力较弱，生态环境脆弱，易发生滑坡、泥石流等自然灾害，且一旦发生自然灾害，将给当地百姓带来致命打击。尤其是居住在金沙江边河谷地带的百姓，极其脆弱的生态环境加大了生产、生活的成本和基础设施建设难度，因灾致贫、返贫的现象极易发生。为此，当地政府从地域环境出发，抓住产业兴旺这个“牛鼻子”，大力发展“绿色食品”产业，建设金沙江沿线“三园”（花园、果园、菜园）一体的现代农业经济带，重点打造金沙江流域油橄榄、中药材、烤烟、花椒、核桃等优势高原特色产业，不断提升农业产业的经济功能、扶贫功能、生态功能。产业兴旺与村民富裕的同时，增强金沙江沿线植被生态保护功能，防止水土流失。

从乡风文明来看，玉龙县推动实施的“党建 + 产业扶贫”的扶贫模式创新，让有公德心的能人在产业扶贫中发挥作用；加之党的十八大以来逐渐净化的基层党风政风，让有抱负、有理想的好人登上了基层工作的舞台，在产业扶贫中发挥着引领和带头作用。产业扶贫过程中争当

“好人”的风气在玉龙县民族贫困地区得以传播和扩散，传统乡村社会互帮互助、社会照顾的现象得以重现。九河乡金普村委会的4户建档立卡户，由于在执行烤烟产业政策时，烤烟种植面积指标被削减，村委会主任杨万锋得知这一情况后，从个人烤烟种植指标中分出14亩给4户建档立卡贫困户，这4户建档立卡贫困户当年平均收入达3万元，当年实现了脱贫目标。

从治理成效来看，玉龙县产业扶贫的地方经验显示，产业扶贫实践中不仅仅包含微观层面的具体扶贫措施和扶贫行动，而且还包含中观的、宏观的扶贫策略和战略，同时将宏观、中观和微观扶贫策略和行动统一起来、整合起来的机制①。此举的创新之处在于将过去产业扶贫中国家扶贫的战略目标被虚置或置换、扶贫对象被遮蔽、地方政府作为产业发展主体导致扶贫目标偏移的尴尬现实，通过体制机制创新实现了宏观、中观、微观的有效组织与整合。从宏观层面来看，精准扶贫作为当前我国社会发展关键时期国家治理战略的重要组成部分，尤其是当前我国经济发展减缓、出口受阻，社会矛盾不断凸显的背景下，以产业扶贫为中心的精准扶贫战略对于推动我国经济发展，缩小区域差距，拉动经济增长，消解社会矛盾具有重要的价值和意义。从中观层面来看，以往以政府作为项目实施主体或借以发挥企业、能人带头作用的产业扶贫模式，由于忽略了贫困人群的主体性地位，而使得产业扶贫的目标难于达成，无法培育贫困人群的集体行动与自我管理的能力，影响了扶贫的可持续性，个别地方甚至出现久扶不脱贫或返贫的情况发生。玉龙县产业扶贫进程中，地方政府为企业、能人以及贫困人群留出了治理空间；充分考虑贫困人群的意愿以及企业诉求，以产业扶贫为契机，打造地方政府、企业与能人、贫困群体参与的组织平

① 陆益龙：《后乡土中国》，商务印书馆2017年版。

台，通过制度安排让贫困人群参与产业发展的剩余分配权。这使得贫困人群在公共事务决策中有一定的话语权，以此为基础形成的公共决策落实到具体行动中得到各行动主体，尤其是贫困人群的支持和理解，不仅降低了企业与贫困户之间的交易成本和政府项目实施成本，同时确保了贫困人群在产业扶贫中的主体性地位，使扶贫的目标最终得以实现。对于地方政府而言，落实产业扶贫目标的过程中，条块体制的结构性矛盾得以缓和，资源整合力度增强。从微观层面来看，玉龙县产业扶贫的结构性创新，培养了村民参与的意识和积极性，村集体收入上升的同时增强了村集体的动员能力。做实的"党建＋产业扶贫"模式将产业扶贫与社会建设、乡村治理有机结合，既成功贯彻落实了国家的精准扶贫战略，推动了国家治理体系与治理能力的现代化，也巩固了党在西部少数民族贫困地区的基层权威，增强了贫困地区老百姓对党和国家的信心和认同。不仅如此，"党建＋产业扶贫"中的能人或企业负责人大多来自当地农村，他们的主要收入来自当地农村，主要的社会关系还在农村，他们的经济收入不低于外出务工收入却又年轻力壮全家留守。这个阶层虽然人数不多，但他们的存在极其重要，正是这个群体的存在使中西部地区农村在人财物流出的背景下仍然保持了秩序[①]。

（二）培育社区产业脱贫的主体性

1. 坚持党建引领：产业扶贫的政治诉求

党的十八大以来，与精准脱贫顶层设计及政策践行相嵌构的体系化战略中，"以党建促脱贫"已被定位为深化贫困治理的制度安排，在制度逻辑上，也潜含中国政治制度与贫困治理互为荣辱的历史担当[②]。2015

---

① 贺雪峰：《治村》，北京大学出版社 2017 年版。

② 孙兆霞等：《政治制度优势与贫困治理》，湖南人民出版社 2018 年版。

年，习近平总书记在贵州考察时说到扶贫攻坚“四个切实”中的“切实加强基层组织”时指出：“做好扶贫开发工作，基层是基础。要把扶贫开发同基层组织建设有机结合起来。”因此，产业扶贫中，若能以产业扶贫为抓手和载体，充分发挥党的基层组织的引领作用，推动产业发展和扶贫目标的实现，必将增强党的基层组织地位和共产党的权威性和合法性。

玉龙县产业扶贫实践中，积极发挥党的先锋引领作用，通过体制机制创新，将“党建+产业扶贫”与社会建设、乡村治理有机结合，做实“党建+产业扶贫”，依托基层党组织引导贫困户自觉参与特色产业发展，促进增收，实现脱贫。玉龙县产业扶贫实践巩固了党在西部少数民族贫困地区的基层权威，增强了贫困地区老百姓对党和国家的信心和认同；通过党组织的服务与引领，搭建平台，深化了村民自治。那么，玉龙县“党建+产业扶贫”的地方经验的组织特征与制度内核是什么？何以能够实现产业扶贫的目标？内在的结构性要素的关系如何？深入研究发现，玉龙县的“党建+产业扶贫”具有以下结构性特征：

第一，以项目为抓手和载体，将能人吸收为党员，将党员培养成能人，充分发挥党员干部在产业扶贫、基础设施建设等领域中的先锋带头作用和战斗堡垒作用，使基层党组织在民族贫困地区的合法性和权威性得到显著增强。

第二，选拔的党员干部或选择的致富带头人在当地均有较好的口碑和群众基础，产业扶贫中具有“好人”+“能人”的双重特征。因此，在“党建+产业扶贫”实践中成长起来的“好人”+“能人”必然发挥较好的引领和示范作用。

第三，建立在当地社会基础上的“党建+产业扶贫”得到基层群众的认可，使党的基层组织建设有了扎实的社会根基，增强了党的基层组织的动员能力，为产业可持续发展提供了社会动力基础，提高了扶贫的可能性。

第四，玉龙县“党建＋产业扶贫”的产业组织模式之所以能够成功，离不开当地党委政府积极合理的介入。从公共服务的角度来看，地方政府组织实施的产业扶贫项目是依靠村党支部和村委会完成的，这无疑增强了村民对党支部的信任。从制度安排的角度看，当地纪委监察系统的权力下沉与巡视作为补充的制度安排，成为建构“党建＋产业扶贫”内在品质型塑的有机组成部分。党的十八大以后，中央“既打老虎，又拍苍蝇”的威慑行动和颇为严厉的惩治贪污腐败的制度安排，为防止产业扶贫中党员干部利用权力滋生贪污腐败、优亲厚友行为的发生提供了自上而下的制度保障。

综上所述，玉龙县“党建＋产业扶贫”的产业组织模式以产业项目为抓手和载体，发挥党的基层组织带头、堡垒作用的同时，充分考量当地的社会基础，在村落内部非正式制度与国家较为严格的正式制度的双重作用下，增强了党在农村基层的组织和凝聚力，为产业可持续发展提供了社会动力基础，增强了贫困群体的自我发展能力。

案例 甲子村“党建＋公司＋农户”的扶贫模式

甲子村村委会位于玉龙雪山东侧，村组地处高寒山区，南北横向距离31千米，最高海拔3800米，最底海拔1800米，山地落差较大，很多地方从山脚到山顶海拔差距1000多米，所以形成了独特的自然环境和气候条件。甲子村有着丰富的动、植物资源和水资源，森林覆盖率达80%，雪山上流下的白水河从村中穿过，形成一幅幅美不胜收的自然画卷。甲子村汉族、彝族、苗族、纳西族、藏族等多民族聚居，各民族间社会经济发展不平衡，人口结构差异大。由于地处高寒山区，一年绝大多数时候都是寒冷天气，四季不分明，老百姓只能种植洋芋、苞谷、荞麦等作物，或者饲养牦牛、山猪等牲畜，农业生产水平十分落后，群众生产生活很困难。旅游开发前，人均年收入不足200元，属省级贫困村之一，“美丽的贫困”是甲子村的真实写照。

1994年，滇西北旅游规划会在丽江召开，玉龙雪山景区进入旅游开发的黄金时期。世代居住在玉龙雪山的甲子村上片、黑水片区、雪花村等村民小组部分农户以景区为依托，自发参与租马、租衣等旅游服务项目，增加了经济收入，改善了家庭生活，尝到了参与旅游产业的甜头。在他们的带动下，其他周边村组的群众也纷纷自行组建租马队、租牦牛队、租衣队，集中在白水河、云杉坪、牦牛坪等景点从事旅游经营服务。随着玉龙雪山旅游开发力度的加大和旅游业的发展，1995年以来，景区农民参与旅游的数量、范围从1个村民小组的1个租马项目几个人发展到了19个村民小组，涉及租马、租牛、民族服装出租、防寒服出租、民族歌舞表演、餐饮服务、日用品零售、土特产品经营等服务项目，参与旅游产业的人数达2000多人，出租的马匹达800多匹，出租的牦牛近70头。随着业务的不断发展，当地群众的自我管理和经营模式弊端不断显现，景区环境污染、私搭乱建、乱收费等旅游经营乱象突出，严重制约了景区的持续、稳定、健康发展。在这样的背景下，经过景区管委会和村“两委”协商，于2007年8月制定了旅游业反哺农业方案，其核心内容为：甲子村群众退出旅游经营服务活动，全面恢复农业和畜牧业生产，景区从经营收入中直补资金给甲子村群众。该方案自2007年8月实施以来，甲子村群众的生产生活水平有了极大的提高，社区群众收入在全县乃至全市名列前茅，人均纯收入达1.85万元，在城区购买商品房的农户数有238户，有机动车户数达481户。2015年甲子村87户建档立卡户退出贫困户，2016年甲子村退出贫困村，实现了全面脱贫。

玉龙雪山景区发展中通过旅游业的带动及旅游反哺农业让老百姓的日子好过起来。但甲子村党总支一班人意识到，除了依靠旅游反哺政策，村组要持久健康地发展下去，还得摒弃“等、靠、要”的思想，找一条自力更生与集体发展的新路子。另外，由于历史、区位等原因，19个村民小组，不同民族间获得的旅游补偿以及参与旅游就业存在差异，如何消除差异、实现均衡发展不仅关乎民族平等与和谐，还影响到景区的可持续发展。与此同时，村“两委”发现玉龙雪山景区内一独有的商机：玉龙雪山风景每年吸引近5000对新人来雪山取景拍摄婚纱照，但这一领域的服务和管理还是空白。婚车随意停放影响到景区内市场秩序，婚纱摄影公司提供的服务不够及时、完善等，引起游客强烈不满。此时，主动要求担任甲子村党支部书记的何志坚成为填补空白的关键人物。上任后的何志坚意识到，消除甲子村内各民族间的差异，增强集体经济实力，填补婚纱摄影领域的服务和管理空白，成立创新型的由党组织领导、产权明晰、经营遵循市场规律的村集体公司将是解决上述矛盾与问题的重要路径。

该想法得到管委会的认可，获得了管委会50万元帮扶启动资金的支持。2017年1月，甲子村甘子甘坂婚纱摄影有限公司注册成立，公司性质为集体控股，甲子村2480名村民人人是股东，村党总支书记是法人，由村“两委”具体负责实施经营，玉龙雪山办事处负责监管企业的经营、财务和日常管理情况。公司主要从事婚纱摄影服务、广告设计、制作、代理和发布，向每对来景区拍摄婚纱照的新人收取660元的服务费，为其全程提供玉龙雪山婚纱摄影专项车辆使用、防寒衣租用、氧气提供、化妆间使用、雨伞充电器借用等服务。公司的成立，不仅规范了婚纱摄影秩序，维护了景区稳定和发展，更是通过就业和分红进一步提高了社区群众的收入，为景区群众脱贫致富奔小康注入了新的活力。2017 年 12 月 26 日，甲子村 19 个村民小组全村 2480 名“股东”村民，就婚纱摄影服务公司成立一年的盈利进行分红，共分得 248 万元，不论是大人还是小孩，每人分得 1000 元。公司还将获得的所有利润，拿出一部分用于壮大村集体经济，用于支持甲子村基础设施建设，支持教育、医疗卫生等公益事业发展和困难群众帮扶等。

2017 年 6 月，玉龙山办事处甲子村党总支成立甘子甘坂婚纱摄影服务公司党支部和团支部。党支部成立以来，坚持以发展村级集体经济作为夯实基层党建的重要抓手，充分发挥党支部在推动公司发展中的政治引领作用，积极探索“围绕党建抓发展，发展经济促党建”的新路径。公司经营中，村“两委”班子成员和玉龙山办事处的监管人员不领取一分钱报酬，公司财务实现“村财乡管”，村民可随时到玉龙雪山办事处查阅公司财务，实践中出了一条“支部引路、公司经营、村委监管、群众参与、收益共享”的农旅结合特色发展路子，收益按人平均分配，以“党建 + 公司 + 农户”的“户户参与，人人分红”模式运营，得到基层群众的高度认可，为我国农村发展集体经济提供了地方性经验。

---

2. 地方政府角色转换：产业扶贫中坚持“搭台不唱戏”，充分发挥组织协调作用，实现产业扶贫的全社会参与

过往的产业扶贫中，以政府作为项目实施主体或发挥企业、能人带头的产业扶贫模式，忽略了贫困人群的地位，从而使得产业发展的社会基础缺失，扶贫的目标难于达成，个别地方甚至出现久扶不脱贫或返贫的情况。在玉龙县产业扶贫实践中，地方政府并未扮演“全能政府”的角色，

而是坚持“有所为，有所不为”的原则和服务理念，在产业扶贫中主动扮演公共服务供给者的角色，并未成为产业发展的主导者。地方政府给予产业发展一定的治理空间，赋权于民，以产业扶贫为载体，推动地方政府、企业与能人、当地百姓在产业扶贫中共同参与。

（1）扶贫企业选择中的社会关联考量

以往的产业扶贫规划与项目设计往往由政府负责实施，企业、能人作为产业扶贫规划与项目设计的实践者，被扶贫群体的能力建设与主体性地位以及未来的成长空间往往被搁浅。这样的产业扶贫结构一方面因产业扶贫中贫困人群缺少有组织的参与机会，从而损害扶贫资源使用的公平性及其扶贫目标的达成；另一方面，因项目规划与设计缺少本地人参与，贫困区域的地方性智慧未能转化为可资利用的组织优势，导致项目实施主体的政府与产业发展主体的企业与能人面临高额的交易成本。因内源性发展的社会基础的缺失，扶贫目标被经济目标所置换，从而导致产业发展缺少社会基础支撑，产业可持续发展受限。

玉龙县在扶贫产业选择与培育中，充分考量扶贫企业与贫困人群的社会关联，让产业发展与社会基础相互嵌入。扶贫企业负责人或致富能人往往具有以下特征：

第一，他们从玉龙县大山深处的贫困村落走出，与大山深处的现有贫困户共同经历过各种苦难，有较强的乡村情怀和回报家乡的愿望；

第二，能人具有外出务工、经商的经历，建立了广泛的社会网络关系和一定的资本积累能力；

第三，外出寻求发展机会的同时，他们依旧与村落保持着较强的社会关联，甚至依托当地土地、农特产品和社会网络关系在外发展产业；

第四，企业负责人或致富能人兼有“好人与能人”的双重特征，他们有在产业扶贫中愿意承担经营风险和带动贫困人群脱贫致富的良好愿望。

案例　奉科镇企业与贫困户的“共建、共融、共享”模式

奉科镇奉联村属玉龙县40个省级贫困村之一。奉科镇丽江波罗韦奔生态农庄有限公司负责人和××出生于该村，和××从小生活于此，并在该镇完成中小学阶段教育，高中阶段前往县城求学，求学期间因家庭经济较为困难，被迫辍学回家务农。2000年结婚后，因家庭支出过大选择到昆明建筑工地务工，在既缺少资金，又缺少人脉的环境下，利用高中学历的优势在建筑工地从事技术工作。随着资本和人脉的积累，后转向绿化、装修、水电、土方等承包工作，并于2008年成立劳务公司。在业务拓展和公司扩大后，和××先后招收200余奉联村民到公司就业；2008—2013年，春节回家的和××向所属自然寨里60岁以上老人每人发放500元慰问费，80岁以上的老人每人发放1000元的慰问费；为村里的残疾人免费建房；帮助村里成绩较好的学生完成学业。2014年，和××萌生了回村创业的想法。2015年从村民手中轻松流转230余亩土地种植软籽石榴。2017年，由奉科镇政府出面与和××协商，由政府、村委会出面协调再流转370余亩土地种植软籽石榴；由镇政府协调并邀请农业局技术人员为其公司服务；由政府组织公司负责人前往云南石榴种植基地蒙自、冰川考察、学习；由地方政府申请农业、水利、林业、基础设施等项目，加强对种植基地的帮助和支持。公司通过劳务承包、租用田地、入股分红、入园务工等方式带动贫困户434户。奉科镇软籽石榴产业选择与培育中的社会关联考量已确保贫困户户户有收入、年年有增收，企业与贫困户逐步走上“共建、共融、共享”的共同富裕模式。

玉龙县扶贫产业组织具有社会和经济嵌套的特征，加之地方政府提供完善的公共服务，强化对贫困群体的能力提升，赋予贫困人群参与产业发展的剩余分配权及特殊的制度安排，这实际上利用政府力量进一步强化了企业、能人与贫困群体之间的关联，使得产业扶贫进程中地方政府、市场、社会的力量得到了合理利用，彰显出合力扶贫的良好情景。

（2）产业扶贫中利益分享机制建构

从玉龙县产业扶贫的模式来看，无论是九河乡金普村组建的扶贫专业合作社的“抱团发展”、龙蟠铭记高公司代养母猪“以强带弱”、黎明黎光村建立村贷银行“互帮互助”、鲁甸太平村组建的产业合作社实现的“按劳分红”、拉市镇均良村引进公司实现的“村企联盟”一体化发展、龙蟠兴文三股水“整村流转”发展的乡村旅游、太安天红村整片规划发展的农业观光，还是大具乡甲子村群众有序参与旅游反哺集体经济，均较为明显地体现出利益分享机制和社会公平的价值诉求。

玉龙县产业扶贫进程中村企特殊的社会关联为企业降低交易成本、推动产业可持续发展提供了社会动力，使得产业带动贫困人群增收致富在乡村情怀、特殊的人际关系作用下成为可能。以这样的产业组织为产业扶贫的载体和平台，借助于地方政府的基础设施投入、生产性公共服务和地域品牌的合力建构以及特殊的制度安排，推动产业兴旺发达，使得脱贫成为可能，政府、市场、社会在产业扶贫进程中的功能与角色合理分配，产业扶贫内在张力借助于社会建设整合为目标一致的动力，社会建设与经济建设的关系还原到本来应有的、合理化的结构系统之中。

3. 推动小农与现代农业的有效衔接

党的十九大报告、2018 年和 2019 年中央一号文件均重点突出小农户和现代农业发展的衔接机制和扶持小农户的政策，这是在肯定小农户生产力合理性基础上对如何克服生产弱势、市场弱势和组织弱势以及如何让小农户分享现代农业发展成果的针对性方案[①]。国家有关小农政策的出台既是对过去产业扶贫中过度依赖大资本、能人以及“空壳化”的合作社而带来的产业与扶贫双重绩效散失的反思，也是对小农户在农业生产、经营与管理中的特殊功能与价值重拾。它契合了我国历史特征、现实国情、农业生产的社会性与伦理性、自然约束规律、家庭生产的特殊优势。

玉龙县产业扶贫不同于过去或国内其他民族贫困县通过大规模土地流转推动产业扶贫固有模式，而是在充分考虑县域地形地貌结构、生态环境特征以及社会、历史文化的基础上，从农民的意愿及能力出发，通过基础设施建设突破小农户生产的弱势地位；借助村党支部、村委会力量突破小农户组织弱势；对公司负责人、能人、合作社领导与贫困户之间关系进行社会关联考量基础上，借助于项目刺激、荣誉授予、技术服务等方式将贫困小农户与企业捆绑为利益共同体，克服小农户的技术、资本、管理弱势；利用农超对接、校农对接、“互联网＋公司＋农户”以及对口帮扶的政策机遇对接国内一线城市市场、地域品牌构建等克服小农户的市场弱势；探索“多样结合、长短结合、高低结合”的产业扶贫模式降低贫困农户的市场风险与自然风险。综上所述，玉龙县小农户与现代农业发展的衔接虽然还存在诸多待解决的问题与矛盾，但已形成多样化的形态与路径，并呈现出政府、市场、社会三者理性建构的特征。小农户与现代农业的有效衔接，实现了农业产业可持续发展，使得扶贫绩效得以巩固和提升，为贫困农户脱贫致富迈小康奠定了坚实的基础。玉龙县涌现出的小农户与现代农业发展有机衔接的地方性实践，具有重要的实践、政策和理论价值，为脱贫攻坚结束后各地实施的乡村振兴战略中小农户与现代农业发展有机衔接提供了经验借鉴，为政策落地与政策调整提供了现实依据，为理论研究的展开提供了鲜活的案例和载体。

---

① 叶敬忠等：《小农户和现代农业发展：如何有机衔接？》，《中国农村经济》2018 年第 11 期。

第五章 公共品供给机制的制度创新力

基础设施与公共服务体系建设，能够直接回应贫困人口和贫困地区的基本需求，帮助贫困人口改善基本的生产生活条件，同时还能增强贫困地区人口发展能力，降低贫困农村的脆弱性，为贫困群体未来发展提供更多可能。玉龙县以精准扶贫为抓手，紧紧围绕“两不愁三保障”工作目标，在基础设施建设过程中助推农村生产和生活质量提升，在公共服务体系建设过程中激发农村发展的内生动力，通过把保障型扶贫与发展型扶贫进行有效整合，切实推进公共品供给机制的制度创新：（1）在基础设施建设中，补齐贫困村落短板的同时，强调供给主体的多元化以及贫困群众的积极参与；（2）在公共服务体系建设中，把兜底保障与发展型公共服务有机结合，贫困人口自我发展能力稳步提升。这些工作为县域城乡之间的均衡发展、充分发展奠定了坚实基础。

玉龙县积极贯彻落实党中央方针政策和习近平总书记重要讲话精神，把基础设施与公共服务体系建设作为决胜脱贫攻坚的重要工作内容，以精准扶贫为抓手统筹农村社会经济发展，在基础设施建设过程中有效助推农村生产和生活质量提升，在公共服务体系建设过程中激发农村发展的内生动力，通过把保障型扶贫与发展型扶贫进行有效整合，在实现农村产业发展与农民增收的同时，确保农村生活有质量、农民生活有保障，从而为实现农村减贫成效的可持续与乡村振兴奠定了重要基础。

学术界对贫困的理解，已不再简单地限定在经济收入或消费的单一维度，贫困的内涵得到了极大拓展。例如，世界银行发布的2000—2001年度《世界发展报告》以反贫困为主题，认为贫困不仅指低收入和低消费，也指在教育、医疗卫生、政治地位和安全保障等人类发展的其他领域处于不利境地，缺乏权利、尊严和自信。阿马蒂亚·森在《以自由看待发展》中提出，“贫困不仅仅是贫困人口收入低下的问题，而是意味着贫困人口缺少获得和正常生活的能力，或者说贫困的真正含义是贫困人口创造收入的能力和机会的贫困”[①]。故而，农村贫困，不应该被简单理解为农民收入低，农村减贫不应该被简化为农村经济发展或农民增收问题，农村的贫困还体现在乡村生活的脆弱与乡村生活价值和生活预期的缺乏。其中，基础设施与公共服务供给，则是扩展贫困人口享受基本资源、提升贫困人口基本能力、扩展贫困人口基本机会的重要方面。

实际上，在《中国农村扶贫开发纲要（2011—2020年）》中就明确提出“两不愁三保障”的总体目标，“到2020年，稳定实现扶贫对象不愁吃、不愁穿，保障其义务教育、基本医疗和住房”，把基本农田和农田水利设施、饮水安全、生产生活用电、交通、农村危房改造、教育、医疗、公共卫生、社会保障等内容纳入主要工作任务中。习近平总书记在中央扶贫开发工作会议上提出，要按照贫困地区和贫困人口的具体情况实施“五个一批”工程，在“发展生产脱贫一批”中，强调要把脱贫攻坚重点放在改善生产生活条件上，着重加强农田水利、交通通信等基础设施和技术培训、教育医疗等公共服务建设。由此，以交通、水利、教育、医疗、卫生等为主要内容的基础设施与公共服务体系建设，是实现保障型扶贫与发展型扶贫有效整合的基本方式，是决胜脱贫攻坚的重要政治任务。

---

① ［印］阿马蒂亚·森：《以自由看待发展》，任赜、于真译，中国人民大学出版社2002年版。

一、基础设施建设补齐脱贫发展短板

（一）基础设施薄弱制约农村发展

玉龙县所辖的主要村落，散布在山腰沟谷与峰间坝子中，受制于地形地理条件，玉龙县农村基础设施建设，无论是资金投入，还是具体施工，其困难可想而知。

在我们团队深入玉龙县东线农村调研的第一天，从奉科镇政府所在地前往所辖柳青村，全程十多千米，行程半个多小时，左边是落差六七百米的悬崖，崖底金沙江蜿蜒而过，右边则紧贴山壁，这条脱贫攻坚期间从悬崖峭壁间开挖建设的通村公路——柳青路，弯多坡急，被当地村民形容为“天路”，喻其为镶嵌在云雾山腰中的玉带。在这之前，柳青村当然谈不上有什么交通设施，那时候村民采集的冬虫夏草想要及时卖到集市，光是翻山越岭就不知耗去多少时间。无独有偶，第三天我们从鸣音镇政府前往所辖洪门村，一路从海拔3500余米处，绕着山峰盘旋而下直到1000余米外的谷底，即使在通村公路已经硬化建设的条件下，车程也要1个多小时，由此不难想象未通公路时洪门村村民生活的艰难。据洪门村何老村医回忆，以前有个急症患者，村里十几个小伙子，用木板抬着加急赶到镇上就医，但还是耗时太久，病人仍未能获得治疗，“如果是现在，说不定就能够抢救回来了”。

据玉龙县扶贫办调查数据，玉龙县的基础设施一直处于落后状态。在交通方面，主干道桥梁大多建于20世纪七八十年代，并且大部分已经超限使用，已改造的公路技术等级不高，大多也是在“九五”“十五”时期完成的改造。直到2011年，全县仍有约67千米的国道、168.6千米的省道、406千米的县道、2554.33千米的乡道尚未改造，未通公路和交通条件极差的村社206个，涉及7133户27108人。此外，在人畜饮水、农田水利基础设施方面，20世纪六七十年代，玉龙县曾掀起兴修水利的热潮，各种水利工程有1630多处，但随着工程运行时间的延长、政策机制变化等原因，尤其是取消“两工”后，农田水利建设受到严重影响。而且当时大多工程本就用土法上马，建设标准低、配套不齐，全县农田水利实际灌溉面积不到设计标准的80%；加之投入弱化、年久失修、工程老化，全县水利设施不同程度地存在病险和损坏，不少水利工程遭受严重毁坏。2011年，全县25座水库中有病险水库20座，病险率达80%，骨干水利工程利用系数只有0.41左右，灌溉用水利用率45%，有效灌溉面积只占农田总面积的41.61%，58.39%的耕地仍“靠天吃饭”，全县419个村组无安全饮用水或存在人饮困难，涉及14738户51584人。

落后的交通和水利基础设施是阻碍玉龙县农村生产生活发展的重要短板。2011年前后，在当时玉龙县所辖的16个乡镇、1个办事处、102个村（居）委会、1126个村民小组中，有57个村委会的701个村民小组，分布于海拔2600米以上高寒冷凉的山区地带，其中贫困村有56个，占到一半以上，即使在“十二五”期间规划实施了16个贫困村的整村推进，也还有近400个贫困村民小组尚未纳入整村推进计划。在这701个村民小组中，交通基础设施落后是比较普遍的情形。在其他基础设施方面也存在诸多问题：423个村民小组43628人饮水困难，占总人数的41.18%；5911户住房困难，占总户数的22.2%；9个村民小组385户未通电；59个村民小组1968户未通电话。在这样薄弱的基础上，如何加快脚步，推进全县基础设施建设，提升农民生产生活质量，是摆在县委、县政府面前的头等大事。

（二）全面推进基础设施改善工程

从2014年开始，玉龙县紧紧围绕“产业兴旺、生态宜居、乡风文明、治理有效、生活富裕”的目标，把“实施基础设施改善工程”列为全县决胜脱贫攻坚的“九大工程”之一，逐渐加大力度，整合资源，累计投入19.69亿元，着力解决农村地区尤其是贫困山区农村的基础设施建设短板问题。主要做法与成效如下：

1. 交通基础设施

2014—2017年，总投资47904万元建设了61条农村公路（路基宽度4.5米，路面宽度3.5米，水泥混凝土路面），达543.729千米，辐射16个乡镇373个村民小组，受益60223人。截至2017年，玉龙县104个建制村道路通畅率达100%，全县村组道路入库里程为3198千米（列入国家建设计划的“直过民族”项目库807千米，撤并建制村项目库487千米，其余1904千米已列入自然村通硬化路项目库）。据《玉龙县2018年至2020年脱贫攻坚施工图（实施方案）统计表》，2018—2020年，玉龙县预计投资24025万元，新建或扩建村组道路715.7千米，届时玉龙县大部分自然村村组道路也将实现硬化。

2. 水利基础设施

2015—2018年，投入水利基础设施建设资金约11亿元，其中扶贫资金为7.8亿元，占比69.4%，在国家财政投入保障的基础上，玉龙县紧紧围绕“农村饮水安全有保障”的目标，按照“一村一策、一户一策”的原则，因地制宜，加快全县尤其是贫困乡村的水利基础设施建设，重点项目包括水源工程、人畜饮水、小型农田水利、石漠化及小流域治理等。

（1）推进农村饮水安全保障工程建设

玉龙县总投资10496.03万元，实施了农村饮水安全项目及集镇供水项目，解决了49168人的饮水安全困难，巩固提升农村饮水安全人口17.05万人（惠及建档立卡贫困人口4154户15662人）。集中供水率达到了75%，自来水普及率达到95.46%，彻底实现了全县102个村（居）委会1190个村小组通自来水或饮水安全有保障，人力取水半径不超过1千米，农村饮水水质平均达标率为49.22%。

（2）推进水利基础设施建设

实施完成及在建水源工程7项，总投资5.34亿元，受益人口达42431人，解决灌溉面积7.98万亩。实施完成抗旱应急水源工程9项，总投资5599.05万元，受益建档立卡贫困人口335户计1249人。在推进农田水利建设方面，共投入4858.7万元，受益农田面积2.48万亩，惠及建档立卡贫困人口376户1357人。推进农村爱心水窖建设项目，累计投资2276.1万元，完成爱心水窖5058口，涉及12个乡镇，受益人群34867人，新增及改善灌溉面积17175亩。实施完成石漠化及小流域治理项目4项，总投资1676.54万元，治理面积66.43平方千米，项目受益建档立卡贫困人口399户1485人。在水生态修复工程方面，建设总投资35120万元，实施了白沙片区水生态修复工程（75个湖泊，水域面积91.07万平方米，总库容136.6万立方米），以及新主河、冲江河石鼓段生态河道治理项目，全长14.25千米。

3. 其他基础设施

2015—2018年，玉龙县电力、通信和信息网络“村村通”也全面普及，达到了贫困村退出考核指标合格率100%：在通电方面，全县102个村（居）委会均实现通10千伏以上动力电，无电户全部消除；通广播电视方面，全县40个省级贫困村广播电视覆盖率达100%，并确保了每个贫困户有1台电视机；通网络宽带方面，实现了全县104个村（居）委会网络宽带的全覆盖。

为保障城乡社区、村民小组活动有场所，提高社区生活质量，玉龙县累计投入 220 万元实施完成了 8 个社区服务站的建设项目；同时，按照省市的统一部署，着力改善农村党员群众的公共服务设施，丰富农村文化生活，提高生活质量，玉龙县于 2017 年整合省、市、县三级财政资金 2852 万元，按照“不低于 70 平方米的党员活动室、有公共厕所等必要附属设施”的标准，集中推进了 248 个村民小组活动场所的建设，覆盖群众人数达 56686 人，加上 2014—2017 年，由玉龙县按照“五个一点”（即县级财政投入一点、乡镇党委政府配套一点、挂钩联系部门支持一点、村级组织争取一点、留存党费补助一点）办法建设的 75 个村民小组活动室，基本确保全县村民小组活动场所功能的全覆盖。

二、基建公共品多元供给与社区主体性

（一）构建可持续减贫的水路网体系

玉龙县在规划建设农村水利、交通基础设施过程中，着眼于全县农村的产业布局，充分考虑所辖各乡镇、村庄产业发展的实际情况，在资源有限的前提下，提高资源利用效率，使基础设施建设能够精准发力，优先服务农村产业发展的大局，为农民持续增收创造条件，奠定农村可持续减贫的物质基础。

1. 先行融资，推进鸣音镇太和村、洪门村的致富路建设

玉龙县鸣音镇位于玉龙县东北部，是地处玉龙雪山腹地的深度贫困地区。境内地形集干热河谷、山区半山区、高寒山区为一体，立体垂直气候明显，呈现“一山分四季，十里不同天”的特征。穿境而过的金沙江沿江河谷地带，是鸣音镇太和村、洪门村（均为贫困村）的主要辖区，也是鸣音镇种植油橄榄、软籽石榴、摸摸香等特色经济林果产业的主要区域。

尽管有着得天独厚的气候条件和资源优势，但受制于交通设施的落后，鸣音镇太和村、洪门村村民长期处于贫困状态。2017年的调查数据显示，太和村全村总人口1920人，其中建档立卡贫困户有90户330人；洪门村全村总人口1006人，建档立卡贫困户35户139人。为了切实解决太和村、洪门村村民脱贫致富的交通难题，助推两村特色经济林果产业的发展，玉龙县把农村路网建设一期工程之一的鸣音镇安乐一组至洪门二组公路硬化项目，列为优先建设的重点民生与扶贫工程。在该项目还未列入交通建设项目库，没有建设补助资金来源的情况下，由玉龙县交通发展投资有限公司负责融资，于2017年10月公开招投标进行建设。

该路段总投资约2207万元，全长19.682千米，贯穿太和村安乐一组，三江组，洪门村洪门四组、三组、二组。记得我们团队在深入洪门村的调研过程中，尽管已是冬天，但依然能看到道路两旁半坡上栽种的油橄榄。如果是盛夏过来，那定是绿油油的一片，而一江之隔的对面宁蒗县的半坡上，则看不到什么经济林果。如果该致富路建成，太和村、洪门村的产业发展便“有路可依”。不仅林果产业的运输成本大大降低，而且通过鸣音镇这一重要的市场集镇，东出宁蒗，北往宝山，西连迪庆，可以说，交通设施的改善，将极大扩展两村林果产业的目标市场，为农民实现可持续增收奠定重要基础。

2. 多元筹资，政、企、社区合作共建扶贫产业灌溉保障工程

玉龙县大具乡位于金沙江河谷地带，耕地13626亩。在农业灌溉方面，除了河谷地带个别的小规模水利设施外，基本依靠天然降水，抗旱能力非常薄弱。近年来，大具乡紧紧围绕农业增效、农民增收、农村经济发展三个目标，形成了玉米种植、烤烟、畜牧和特色农业（油橄榄、西瓜、葡萄）四大产业，但因干旱缺水，使得当地丰富的土地资源和优越的光热条件得不到充分利用，工农业生产发展受到限制，粮食生产和农民生活一

直处于较低水平。

为了改善大具乡农业灌溉条件，促进当地油橄榄种植产业的发展，提升当地居民油橄榄种植水平和产量，提高农民经济收入，促进当地经济发展，玉龙县确定在大具乡油橄榄种植基地实施高效节水灌溉项目。该项目积极推行龙头企业全程参与机制，在尊重受益企业意愿的基础上，按照村民“一事一议”筹资筹劳的要求，组织丽江三全油橄榄产业开发有限公司参与工程规划、筹资、投劳、建设、运行、管护的全过程。在资金方面，由政府及企业共同出资建设，总投资为550.55万元，其中省级财政补助156万元，企业自筹资金394.55万元，涉及农业灌溉面积2079.93亩，亩均投资2646.96元（见表5–1）。

表5–1　玉龙县大具乡油橄榄高效节水项目

<table>
<tr><td rowspan="4">灌溉面积（亩）</td><td>微灌（滴灌、微喷灌、涌泉灌）</td><td colspan="2">2079.93</td></tr>
<tr><td>喷灌</td><td colspan="2">0</td></tr>
<tr><td>管灌</td><td colspan="2">0</td></tr>
<tr><td>渠道灌溉</td><td colspan="2">2079.93</td></tr>
<tr><td>水源年可供水量</td><td>167 万立方米</td><td>项目区年需水量</td><td>13.87 万立方米</td></tr>
<tr><td>主要建设内容</td><td colspan="3">A片：新建泵站1座，集水池1个，输水主管2521.58米，干管8148.56米，支管6982.18米，毛管116362米
B片：集水池1个，输水主管1300米，干管2203.38米，支管5596.06米，毛管11851米</td></tr>
<tr><td rowspan="2">工程投资</td><td colspan="3">政府投资：156.00 万元</td></tr>
<tr><td colspan="3">企业自筹资金：394.55 万元</td></tr>
<tr><td rowspan="4">项目收益</td><td>年节水量（万立方米）</td><td colspan="2">31.51</td></tr>
<tr><td>年节肥量（吨）</td><td colspan="2">132.1</td></tr>
<tr><td>农业总产量（万千克）</td><td colspan="2">105.6</td></tr>
<tr><td>农业总产值（万元）</td><td colspan="2">2112</td></tr>
</table>

该项目的受益企业——丽江三全油橄榄产业开发有限公司是一家专门从事油橄榄种植、油橄榄育苗及油橄榄产品加工的市级龙头企业。该公司按照“公司 + 基地 + 农户”的经营模式，引领农户以“良种、良地、良法”三良要求进行油橄榄规范化种植，累计培训种植户 500 余人次，带动扶持农户 300 余户，面积达 5000 余亩，年使用临时工 2000 余工，年支付劳务费用 30 余万元。该高效节水灌溉项目的实施，实现大具乡年节水 31.51 万立方米，并使大具乡油橄榄总产量达到 105.6 万千克，总产值 2112 万元，年均增收 633.6 万元。

（二）打造全覆盖的“民生工程”

农村基础设施的规划与建设、优先助推重点贫困村落的产业发展固然十分重要，但兼顾公平，不让一村一户掉队亦是精准扶贫工作的题中之义。玉龙县在农村基础设施建设过程中，根据某些村落、某些村民的实际情况，不惜耗费资源，努力争取上级部门的支持，打造惠及所有村民的民生工程，使每一个村民都能感受到农村基础设施改善带来的生活便利，享受到精准扶贫的政策红利，从而使扶贫工作在群众中的满意度大大提升。

1. 不离地的农民也能享受交通“户户通”红利

奉科镇黄明村，原玉龙县省级贫困村，海拔 2000 余米，三面环山，东临金沙江，村民委员会距镇政府所在地 30 多千米，下辖 7 个村民小组，共计 189 户，其中建档立卡贫困户 44 户。对于这样一个山村而言，交通基础设施的建设在脱贫攻坚中发挥着至关重要的作用。据黄明村村支书王国军介绍，黄明村的交通在历史上主要处于人马驿道的状态。1957 年、1958 年前后，村里曾由公社组织铺过石子路，但也只是羊肠小道仅供人畜通过。在父亲读小学的 20 世纪六七十年代，需要走 10 多千米路去奉科村的新民完小就读，即使在自己读中学的90年代，每周也要翻山越岭四五个小时才能到达，那时候还因为实在不想走路，曾休学一年。

如今，黄明村的交通已经实现了“户户通”。全村第一条硬化公路建于2008年，是进村的主要通道，全长12千米，起于香格里拉旅游大环线的柏油路，贯穿东元二组和东元三组，到达黄明村村委会所在地。另一条硬化公路，沿着百草坪山峰，打通了黄明六组、增购七组，全长3千米，结束了这两个村民小组没有公路的历史。连接东元一组、黄明四组、黄明五组的泥土路、砂石路，也分别于2014年和2015年建成。

值得注意的是，黄明村在交通规划建设的过程中，做到了不让一户掉队，如岩满伊路的建设，全长3千米，经东元一组，一直延伸到山头上住着的5户人家，使他们不离地的同时，也能享受全村交通基础改善带来的实惠。当黄明村村支书被问及“当时村里是基于什么样的考虑，决定要把路修到这5户人家门口”时，他说：“这5户人家居住的山头，无论是水源条件、耕地资源还是林地资源，都有得天独厚的优势，把路修进去，表面上看好像耗损了很多资金，但是通过利用本土资源优势，村里可以在这片土地上规划建设出一个几百亩的中药材基地，如此对村民来讲，这个工程便十分实惠了！”

2. “不漏一村”，千方百计推进深山区饮水保障工程

甲子村地处玉龙雪山脚下，下辖19个村民小组。近年来，依托于玉龙雪山旅游景区的开发，甲子村村民在村“两委”带领下开办婚纱摄影公司，通过村集体经济的年末分红，农民收入稳定增加。2017年前后，甲子村便从贫困村脱列，全村基本已无低保户或建档立卡贫困户（特殊情况除外），而且很多村民还在城里购买了住房。但是，三四年前，甲子村并没有如此富裕，尤其是村所辖的大洋槽组、一碗水村民小组，深处山区内部，距离村委会又比较远（10余千米），附近还无水源点，工程性缺水严

重，村民饮水都还面临重重困难，更别提步入小康生活了。

2015 年，玉龙县开始重点推进农村饮水安全保障项目，并把甲子村大洋槽组、一碗水组饮水问题纳入了项目规划，并得到了财政资金的支持。但是，在项目建设的时候，发现距离两村组最近的水源点在白水河，需要搭建的引水管道将近 14 千米，项目施工成本异常高昂，而受益人群也仅仅只有不到 100 户（当时两村有 86 户 335 人，建档立卡贫困户 6 户），于是决定暂缓建设。到 2017 年，玉龙县经过多次讨论，几经周折，终于得到市里、省里的资金补助，于村委会附近的白水河建设光伏提水工程，从低海拔的水源处抽水，修建长达 14 千米的引水管道，彻底解决了两村民小组的饮水困难问题，项目资金投入约 98 万元。

当然，当时也有另外的声音，比如把这两个村的村民进行搬迁安置。但是，作为玉龙雪山下世代居住的自然村落，村民与其周边环境已经形成了良性的共生关系。他们开垦了近百亩的耕地，背靠几万亩的林地能够“靠山吃饭”，而且，他们还承担着雪山森林防火、生态保护的重要职责。因此，村“两委”根据村情，具体问题具体分析，痛下决心提议修建这个提水站的项目，并得到了上级政府部门的支持，可以说是极大的惠民工程，也赢得了当地村民的交口称赞，群众满意度大大提升。

（三）激发农村社区和农民的主体性

在基础设施建设过程中，按照现行政策，大多数项目均以公开招标的形式，由专业的工程队组织实施，较少考虑到农民和社区的参与问题。玉龙县在农村基础设施建设过程中，充分听取村“两委”以及驻村工作队的意见，尽可能满足基层人员根据村俗、民情提出的规划要求，使村庄的基础设施建设上升为村民关心的主要公共议题，由下而上推动美丽乡村建设，调动了社区和农民参与的主体性，为乡村振兴奠定重要的治理基础。

1. 群策群力的“水窖群”建设

玉龙县针对季节性缺水严重、居民分布较为分散而不利于集中供水的边远山区，以每口水窖补助4500元（中央、省级及地方配套资金各1500元）、每口蓄水25立方米的标准，按照“谁建设、谁拥有，谁管理、谁使用”的原则，着力推进农村爱心水窖建设，使其能够在雨季集蓄地表水，并在枯水季节起到应急作用，以缓解农村灌溉用水的困难。

奉科镇奉联村正是这样的边远山区，它下辖10个村民小组，共有373户1524人，境内山高坡陡，季节性缺水严重，主要居住地饮水条件差，村里种植的花椒、黄果、油橄榄、软籽石榴等，均受水源条件的影响。2015—2018年，奉联村针对各村民小组或主要居住点的水源、地理条件，通过水库、水塘、水池、提灌站、水渠、饮水管道、水窖等项目的建设，彻底实现了全村村民饮水安全有保障，农田灌溉也不再受到季节性的影响，农业生产安全得到了强有力的保证。

其中，奉联村在推进水窖项目建设过程中（2015年），村“两委”为了充分保证水资源的集约利用，发明了水窖群的工程方案，并获得了驻村工作队（云南铁路建投的驻村人员）的技术与资金支持。水窖群，就是把原先以户为单位的小水窖整合为水窖群（平均每个水窖群大约15个小水窖，只有在用完第一口水窖之后，才开放第二口水窖），由此，水窖群的建设、管理和使用均以村民小组为单位，相比农户分散管理的小水窖更有效：能够保证农田灌溉用水的集约化，水窖在蓄水、用水方面的功能得到大大提升，同时相对于水库、水塘，其建设成本相对较低，而对适用的环境条件要求也不高；以村民小组集体管理的方式，既避免了农户小水窖可能造成的脏乱差问题，同时村民小组在管水、用水过程中进行协商共用，间接地提升了村民在管理村庄公共事务中的主动性。

2. 村民小组及党员活动室建设

鸣音镇洪门村，原玉龙县省级贫困村，全村共13个村民小组，沿金沙江西岸散落分布，南北跨度长约40千米，极为分散。此外，鸣音镇通往各村民小组的公路虽已建成，但是因山脉阻隔，洪门村上（北）片区4个村民小组（洪门二组至洪门五组）与下（南）片区9个村民小组（洪门一组与江边一组至江边八组）依然难以通路。上下两个片区村民之间的交往，还如过去一样依靠步行，如果上（北）片区的四个村民小组要召开小组会议，或者村民党员会议，要么就在某干部家中临时召开，或者只能翻山徒步4个多小时到下（南）片区的村委会举行。

据洪门村支书介绍，过去全村人均收入很低，需要涉及村务的公共讨论也不多，也就没有建设村民小组活动室的需求。但脱贫攻坚这几年来，尤其是在上级部门的支持下，村“两委”带领全村人民因地制宜，积极发展特色油橄榄种植产业，全村收入得到极大提升。在逐渐富起来的同时，全村试图打造“人美、山美、村美、产业美的原生态绿色农民村庄”（洪门村支书所言）的热情日益高涨，涉及村庄公共事务的讨论也就逐渐增多，各项事务的协商，再也不能像以前一样在支书或者某村民家里召开。坐落在下（南）片区的洪门村村委会，也不能满足各村民小组尤其是上（北）片区村民小组活动的需求。考虑到这些因素，村“两委”积极向上级部门反映民情，争取资金约12万元，终于在2017年实现了全村各村民小组均建成活动室的目标。

我们调研的上（北）片区某村民小组活动室，是一个独立的土木结构平房，有厨房、公厕等，室外是一个简陋的院坝，院坝中插上了鲜艳的五星红旗。此活动室的建立，使该村民小组及党员会议的讨论有了坚实的阵地，而且洪门村村“两委”联系上（北）片区的各项讨论会，也有了可以召开的场所。我们此次针对洪门村村干部及村民的访谈，甚至午餐所使用的场地，也都在该活动室中进行。据洪门村支书介绍，村民小组活动室不仅仅只是供村民或党员在涉及村务、党务等正式事务时使用，其他如村民家里面的红白事，也常常在这里举办。如此，活动室既维系了村里正式事务的沟通，也发挥着村民之间非正式联系的功能，促进了村民参与村庄公共事务的主动性，促进了各村民小组尤其是上（北）片区的村民小组融入全村建设“绿色农民村庄”的积极性，使得因地理环境造成的空间割裂逐渐弥合，有效地提升了党在基层的凝聚力，使村民团结得更紧密了。

三、激发农村发展活力的公共服务保障体系

玉龙县作为云南省脱贫攻坚的重要战场之一，文教卫生事业的发展相对较为迟缓。奉科镇极具代表性，能为我们大致勾勒出全县农村教育的状况。据奉科镇中心学校的老校长木树武介绍，他是 1987 年师范毕业主动申请回到奉科任教的。在问及何以要回家乡当一名乡村教师时，他谈道：“农村教育要得到发展，好的乡村教师才是最重要的保证，我能够以全镇第一名的成绩考上师范，也是得力于 1982 年原丽江县转正的那一批民办教师（他们基本是高中或者师范毕业，教学水平相对较高），加之父亲也是一名乡村教师，我自然也想为自己家乡的教育尽一份薄力。”他当时授课的完小，校舍就是比较破烂的土木结构，完小采取寄宿制，却没有食堂，学生很小（基本从三年级开始）就需要在垒好的小灶台上自己做饭吃。当时全镇有 22 个学校，其中 17 个是“一师一校”的教学点。在教学点，基本采取复式班的教学方式，教师在一堂课上，可能同时教授一年级至四年级的学生，教学质量很难得到保证。直到 2010 年，奉科镇开始集中办学，当时保留了 4 个寄宿制的完小，学生小学毕业就到县城读初中，

接受相对优质的教育。当然，孩子们十一二岁便不得不离乡求学。木校长谈道：“有条件的家庭也会跟着孩子进城务工，打工的同时能陪读，这也是一件好事！”

除了农村教育，鸣音镇卫生院的何院长为我们介绍了全镇医疗卫生的发展，大致可以反映出全县农村医疗卫生的历史状况。何院长是1993年毕业参加工作，当时所在的卫生院是1957年、1958年建的土木结构的房子，后来房子在1996年的大地震中被毁，卫生院才迁移新址，重建了三幢平房和一栋钢筋混凝土的楼房。直到2014年前后，由国家下拨资金，才拆掉了两幢平房用来修建新的医务综合大楼，也就是目前使用的办公楼。在人员配置方面，卫生院最多的时候是1997年，有16名医生，外加1名财务人员。到2014年医务人员则下降到5人，目前也只有11名医生，而且除了自己是男性，其余全是女性。何院长叹气道：“乡镇医疗卫生服务，还是不太容易吸引到人的。”卫生院在服务方面，主要是门诊和防疫保健，基本没有需要住院的病人。按照国家政策，基本公共卫生服务是从2009年开始，现在越来越成为整个卫生院的主要工作内容。此外，在医疗设备的配置方面，何院长谈道，“直到2015年，卫生院才购买了B超、血生化、CT等基本的医疗设备”，这已经是脱贫攻坚工作开始之后的事情了。

以教育和医疗卫生为代表的农村公共服务，是影响农村居民生活质量提升的重要短板。据玉龙县扶贫办2011年的调查数据，当时全县中小学在校学生24859人，其中贫困学生就有12057人，占总人数的48.5%。大部分农村学校教学设施简陋，绝大多数校舍属土木结构、砖木结构，建设年代久远，不少已成危房，农村中、小学校尚存在D类危房多处，危房面积307329平方米。在医疗卫生方面，全县乡镇卫生院16个，村级卫生所97个，卫生技术人员595人。其中，具有执业资格的医生227人，助理医师68人，这两者占人员总数的49.58%。农村卫生院病床有584张，但医疗设备短缺、老化现象严重，相当数量的医疗机构仍停留在“老三件”（听诊器、血压计、体温计）的水平上，拥有“新五件”（200毫安X光机、台式B超机、心电图机、半自动生化分析仪、尿液分析仪）并能开展检查业务的卫生医疗机构不足，无法满足群众基本医疗的检查要求，农村缺医少药看病难的问题还比较突出。在全县建档立卡贫困人口4154户中，因病致贫的273户，占6.57%；因学致贫的461户，占11.1%，农村居民所享受的教育、医疗等保障性资源相对缺乏。整体而言，玉龙县构建公共服务保障体系的起点相对较低、基础相对较弱，无疑为决胜脱贫攻坚造成了巨大困难，是玉龙县需要重点攻破的主要战场。

从2014年开始，玉龙县紧紧围绕“两不愁三保障”的目标，扎实推进“发展教育脱贫一批、社会保障兜底一批”的扶贫措施，充分整合资源，以就业脱贫工程、教育脱贫工程与社会保障工程为抓手，把保障型扶贫与发展型扶贫紧密结合，在重点解决贫困村落、贫困人口的上学、看病难等问题的同时，全力构建覆盖所有农村社区和农村居民的公共服务保障体系，并逐步提升保障水平，农村教育、卫生等社会事业取得跨越式发展。通过三大工程建设，农村社区重新焕发活力，农民生活更有了盼头。

主要做法与成效：

第一，实施就业脱贫工程。围绕贫困群众稳定持续增收目标，设立“敢问路向何方”就业脱贫微信公众号，以系统性举措强力输出农村劳动力，通过转移就业、创业扶持、贷免扶补、技能培训等举措，力求“就业一人，脱贫一户”，让转移就业成为群众稳定脱贫的有效途径，让劳务经济成为持续增收的重要支撑。全县累计开展农业产业技能培训443期，培训农村劳动力2.84万人（次），其中建档立卡贫困劳动力5126人

（次），积极组织开展现场招聘会 19 期，转移就业建档立卡贫困劳动力 3500 人。

第二，实施教育脱贫工程。全面实施贫困学生关爱、薄弱学校改造、学校信息化建设、乡村教师提升、家庭“明白人”培养“五大行动”。按照学前教育阶段、小学阶段、初中阶段学生每生每年 300 元、500 元、625 元的标准给予生活补助，全面免除建档立卡贫困户子女 1502 人（次）高中学杂费 117.63 万元，2017 年为 174 名建档立卡大学生发放生源地贷款 139.2 万元。全面落实“雨露计划”，补助中职贫困生 179 名 63.1 万元，补助高职贫困生 254 名 76.2 万元。按照《职业教育东西协作行动计划滇西实施方案（2017—2020 年）》部署，累计组织 49 名“两后生”建档立卡贫困户子女报名赴上海接受中等职业教育。投入 3816.34 万元实施 24 所贫困地区学校建设，完成贫困村小学教师轮训 3615 人（次），全县 707 人通过扫盲基本消除语言文字障碍。通过教育脱贫工程，真正实现了“不让一个孩子因家庭困难而失学”的目标。

第三，实施社会保障工程。累计发放各类社会救助资金约 1.7 亿元，其中，农村低保对象最低生活保障资金 1.21 亿元、医疗救助金 1962 万元、临时困难救助资金 498 万元、农村特困（五保）供养金 2394 万元。提高社会保险水平，实现符合条件参加城乡居民基本医疗、养老保险的建档立卡贫困人口 100% 参加。突出保障重点和保障对象分类施保、分类施策，将农村“两无”（无业可扶和无力脱贫）建档立卡贫困人口 614 户 1207 人全部纳入农村低保保障范围，落实“两线合一”，全县平均农村最低生活保障标准从 2014 年每人每年 2180 元提高至 2017 年每人每年 3410 元。严格贯彻落实《云南省健康扶贫 30 条措施》，建立完善城乡居民基本医疗保险、大病保险、医疗救助、医疗费用兜底保障机制“四重保障措施”，医疗卫生服务条件明显改善，使人人享有基本医疗卫生服务，实现了大病基本不出县，建档立卡贫困人口个人就医费用负担大幅减轻，有效地解决了贫困群众因灾、因病、因学、因残致贫和返贫的现象。

四、社会政策体系下的公共服务保障

（一）教育服务供给向贫困地区和极少数民族地区倾斜

玉龙县教育以山区教育、农村教育、民族教育为特点，全县共有学校160所，义务教育均衡发展督导评估学校109所[其中初级中学13所（含2所完中、初中），完校96所，职业高中1所]。在决胜脱贫攻坚中，玉龙县把教育脱贫工程列为决胜脱贫攻坚九大工程之一，为了兑现“发展教育脱贫一批”“义务教育有保障”的政策承诺，自2014年实施以来，玉龙县教育资源逐渐向贫困乡镇、贫困村落、贫困学校、贫困家庭以及贫困人口倾斜，并在义务教育基础上，形成学前教育、职业教育、中高等教育、村民技能培训的立体服务体系。

1. 贫困学生关爱行动助力教育发展

玉龙县在充分利用中央、省、市资金基础上，由县级财政重点解决建档立卡贫困户子女的入学困难问题，形成了从学前教育至大学阶段的奖助学体系（见表5–2）。在此基础上，玉龙县积极开展控辍保学工作，坚持因人施策，通过动员劝返、开办“职初班”、送教上门等形式，确保建档立卡户子女义务教育阶段不辍学。目前，玉龙县基本实现了义务教育阶段无辍学、初中毕业后不因贫困影响继续接受高中或职业院校教育、高中毕业后不因贫困影响继续接受大学或职业院校教育的目标。

表 5-2　玉龙县教育脱贫工程“贫困学生关爱行动”[①]

<table>
<tr><th>就学阶段</th><th colspan="2">项目内容</th><th>补助标准</th><th>资金来源</th></tr>
<tr><td>学前教育</td><td colspan="2">家庭经济困难儿童助学金</td><td>300 元 /（生・年）</td><td>中央省市县</td></tr>
<tr><td rowspan="6">义务教育</td><td colspan="2">学杂费及教科书</td><td>全免</td><td>中央财政</td></tr>
<tr><td colspan="2">营养改善计划</td><td>800 元 /（生・年）</td><td>中央财政</td></tr>
<tr><td rowspan="2">寄宿生补助</td><td>小学</td><td>1000 元 /（生・年）</td><td>中央省市县</td></tr>
<tr><td>初中</td><td>1250 元 /（生・年）</td><td>中央省市县</td></tr>
<tr><td rowspan="2">建档立卡户额外补助</td><td>小学（卡户）</td><td>500 元 /（生・年）</td><td>县财政</td></tr>
<tr><td>初中（卡户）</td><td>625 元 /（生・年）</td><td>县财政</td></tr>
<tr><td rowspan="3">高中阶段</td><td rowspan="2">家庭经济困难普通高中助学金</td><td>一等奖</td><td>2500 元 /（生・年）</td><td>中央省财政</td></tr>
<tr><td>二等奖</td><td>1500 元 /（生・年）</td><td>中央省财政</td></tr>
<tr><td colspan="3">建档立卡户高中学费全免，1502 人（次），累计 117.63 万元</td><td>县财政</td></tr>
<tr><td rowspan="3">职业教育</td><td colspan="3">学费全免 + 中职助学金 2000 元 /（生・年）</td><td>中央财政</td></tr>
<tr><td colspan="3">补助中职贫困生 179 名，高职贫困生 254 名，计 139.3 万元</td><td>雨露计划</td></tr>
<tr><td colspan="4">职业教育东西协作行动计划，累计组织 49 名“两后生”建档立卡户子女赴上海接受中职教育</td></tr>
<tr><td rowspan="2">大学阶段</td><td rowspan="2">生源地助学贷款</td><td>普通大学生</td><td>1000—8000 元 /（生・年）</td><td>中央财政</td></tr>
<tr><td>在读研究生</td><td>1000—12000 元 /（生・年）</td><td>中央财政</td></tr>
</table>

案例　控辍保学　职业教育精准发力

玉龙县将脱贫攻坚与控辍保学工作同部署、同落实，实施控辍保学“一把手”工程，在精准落实责任的基础上，通过在县职高开设“职业初中”的方式，充分利用职业教育资源，为失学辍学的

① 数据来源：根据玉龙县相关政策文件与教育脱贫攻坚年度报告整理，2018 年 6 月。

学生提供进一步的文化知识教育和职业技能培训，使其掌握一技之长，以实现更好的就业。自2017年计划开设“职业初中”以来，各乡镇力保学生能够返回学校继续接受教育，教师、校长、村干部、乡镇领导等，多次走村入户，对家长和学生做各种动员工作，成功劝返124名学生回归校园。

据统计，这124名职初班学员，以傈僳、纳西、彝、普米等少数民族为主，相对集中在较为贫困的石鼓、黎明、鲁甸等乡镇，其中建档立卡贫困户子女有44人。针对这些学生的特点，玉龙县职业高中开设就业指导、生活礼仪、思想道德、文化游学等公共基础课程，并结合当地就业市场的特点，开设汽车维修、酒店管理、烹饪等小班化实训课程。这些量身定制的课程，为学生毕业后走进社会、服务社会打好了坚实基础，是玉龙县落实“教育脱贫一批”的主要举措之一。

---

2. 强力推进薄弱学校改造与信息化建设

在薄弱学校改造行动方面，玉龙县累计投入3816.34万元实施了24所贫困乡村义务教育学校的改造，确保了贫困乡、贫困村所在地学校校舍、教学装备、运动场地、生活设施等达到国家办学条件基本要求，同时还投入183.60万元全面整改完成了“农村义务教育薄弱学校办学条件20条底线”的达标创建。在学校信息化建设行动方面，玉龙县累计投入348.22万元对18所贫困村所在地学校配置了电子白板、电脑、数字资源收视播放等信息化设备。通过对贫困地区薄弱学校的改造，玉龙县的学前教育也逐渐步入正轨。

案例　鸣音镇太和村幼儿园建设与服务供给

鸣音镇太和村是玉龙县省级贫困村之一，下设15个村民小组，全村502户1920人，以纳西、傈僳为主要世居民族。太和村幼儿园是鸣音镇中心幼儿园之外的村属幼儿园，距镇政府所在地约20千米，于2015年由政府出资兴办，目前规模为25人/班（全村只要年满5岁的幼儿，均可到幼儿园就读）。该幼儿园实行全日制的寄宿制度，孩子每周回家一次。

据幼儿园园长和秀琪介绍，幼儿园运行经费主要由自费和政府补贴两块构成。家庭开支方面，包括孩子每月缴纳的90元保育费（每学期是450元，用于文具、洗漱等花费）以及生活费，每人每月100余元，最高不超过150元（包括早中晚三餐，幼儿园保证每餐两菜一汤，而且每天都能有肉吃）。对于建档立卡户的子女，政府每人每年资助300元。这些由孩子家庭交纳的费用，每一分钱都是用在孩子身上，“孩子只需要背一个书包来上学”，而幼儿园其余开支，如购买图书、玩具、教学设备等，全部由政府补贴。

太和村学前教育的发展，与幼儿园园长和秀琪的努力分不开。和秀琪，纳西族，现年43岁，原鸣音镇海龙村人（其父曾担任海龙村委会支书），1998年毕业于丽江民族师范学院幼师专业。和秀琪在就读师范期间，就开始关注农村贫困儿童教育发展问题，为了较为全面地了解鸣音镇农村地区儿童的贫困问题，她曾先后在鸣音镇海龙完小、中心完小、诺美完小工作，最后长期任教于太和完小（2006年太和完小建立），从教21年，与亲戚、朋友、社会爱心人士一起资助了上百名儿童。随着国家对中小学教育的投入，鸣音镇学前教育成为儿童发展的短板，鸣音镇直到2010年前后，才有第一个幼儿园——中心幼儿园。随着玉龙县脱贫攻坚工作的展开，2015年终于在太和村筹建了全镇第二个幼儿园——太和村幼儿园，和秀琪当时便负责幼儿园的建设，并于2016年从太和完小校长岗位上离职，全职担任幼儿园园长。

对于和秀琪来说，幼儿园园长既是孩子们的老师，也是孩子们的半个母亲。据她回忆，在刚开始负责幼儿园工作的时候，压力很大，那时候基本上与孩子们同吃同睡，甚至连孩子上厕所也跟着，生怕孩子上厕所不小心跌倒，全班20多个学生，都像自己孩子似的。当然，和秀琪也随着孩子们健康成长而感到快乐，现在只要自己在幼儿园里，孩子们就自然觉得很有安全感。她举例说，有一次自己穿了很漂亮的衣服，孩子们就会问，“和老师您穿漂亮的衣服，是不是要去丽江了，要离开我们了？”她很感动，孩子们对她有一种依恋，而自己又何尝不是从这些点滴的感动中收获快乐呢？

现在，太和村幼儿园基本能够容纳全村5岁以上的幼儿入学，实现了让“农村的孩子在幼儿园有课上，有中午觉睡，有营养餐吃，还有各色的玩具和娱乐的设施”，学前教育已然步入正轨，这对于曾经的省级贫困村，无疑是巨大的进步。当然，如果学前教育将招生条件改为只要年满3周岁即可入学，与城里的幼儿教育同步，那么太和村幼儿园的教室、活动室、卧室、餐厅、活动场地等等都要扩大规模，相应的幼儿教师也存在缺口，这是未来太和村学前教育进一步发展所面临的问题。

---

3. 开展乡村教师提升行动全面提升教学质量

乡村教师是农村教育质量提升的重要保障，为了吸引并留住人才，玉龙县积极改善乡村教师待遇，按“实名补助、动态管理”的原则分类区及时发放生活补助（每人每月一类区 300 元，二类区 500 元，三类区 700 元，四类区 900 元）；同时还积极争取公益组织的支持，对乡村教师开展业务培训。培训内容包括健康教育、班主任培训、学科培训等，累计完成贫困村小学教师轮训 3615 人（次）。

在经济补贴以及相关培训的基础上，玉龙县积极开展“区域性骨干教师”评选活动，每三年一届，从全县中小学中评选 100 名骨干教师，由县级财政出资 20 万元，给予每人每年 2000 元的奖励津贴，以提升教师的师德修养和职业素质，并在骨干教师评选过程中，按照城区、坝区、高寒山区等不同区域分派名额，保证边远山区的优秀教师也能获得相应的津贴奖励，使乡村学校能够留得住人才。但如果评选出来的高寒山区骨干教师，在第二年考核时已调离了该区域，则不再享受该津贴。

在提升乡村教师素质的过程中，玉龙县对 3 个贫困乡镇、13 个贫困村所在地的中小学教师进行重点支持，通过“国培”“省培”“市培”项目，以“置换”“短期”“远程”等方式，积极选送这些乡村教师“走出去”，实现 20% 左右的教师接受现场培训，80% 左右的教师获得“远程网络”培训；同时，也送教、送训下乡，切实改善贫困地区教育、教学质量。

4. 家庭“明白人”行动与民族文化教育

在家庭“明白人”培养行动方面，玉龙县投入 22.62 万元，对“直过民族”聚居区 45 岁以下的未能用汉语进行交际的人群进行普通话培训，共计 707 人基本消除语言文字障碍。同时，以县教育局、县人保局、县农业局等 13 个相关部门联动的方式，采取送训下乡、集中办班、现场实训等形式，对贫困乡镇、贫困村的在家务农群众、进城务工人员、返乡创业人员开展实用技能培训、转移就业与劳务品牌培训、创业技能培训等，使适龄贫困劳动人口能够掌握一门技能，也让多数人员能够就近就地转移就业。

此外，针对民族贫困地区的教育特点，玉龙县非常重视民族文化教育工作，早在 2011 年，玉龙县就提出了民族文化示范学校创建工作，由县财政每年安排 20 万元专项资金，用于编写中小学民族文化乡土教材，开展校园民族文化传承工作。目前，玉龙县形成了以纳西族文化为主体，白族、傈僳族、藏族等其他民族文化共荣发展的传承大环境，并在已建成的 6 所民族文化传承示范学校基础上，进一步提出“一校一品牌”的校园文化创建目标；教材方面，编写了《纳西儿童》《纳西经典民歌与诗词》等 17 本乡土教材，并纳入中小学的教育课程中。

（二）全覆盖、重保障，构建贫困群体医疗卫生服务体系

在决胜脱贫攻坚过程中，玉龙县以全县“健康扶贫行动计划”大力推进健康扶贫、医疗扶贫工作，紧紧围绕“两不愁三保障”中“基本医疗有保障”的重要目标，切实兑现“群众少得病，看得起病，看得好病，看得上病”的政策承诺。自 2016 年健康扶贫行动计划实施以来，玉龙县医疗卫生事业得到快速发展，实现了新农合、大病保险和重特大疾病医疗救助三项制度对农村贫困人口的全覆盖，完成了全县 97 个村卫生室的标准化建设（全县共有 104 个村居委会，另外 7 个村居委会为乡镇或县域所在地），配备乡村医生计 227 名（每个村卫生室至少 2 名村医）。截至 2018 年底，全县每千人拥有卫生专业技术人员数量从 2008 年的 3 人上升至 3.31 人，每千人拥有病床数量也从 2008 年的 2.65 张上升至 3.86 张。在建成适应群众需要的医疗卫生服务体系基础上，全县医疗卫生资源实现了向农村地区及贫困人口的下沉，基本解决了医疗卫生服务“最后一公里”的问题。

1. 精准到户，狠抓医疗卫生保障扶贫

为使医疗卫生服务能够有效惠及贫困群众，玉龙县由分管卫生工作的副县长牵头，成立玉龙县健康扶贫领导小组，成员单位包括扶贫办、卫计

局、人保局、发改局、民政局、财政局、各乡镇政府等，建立相应的联席会议制度、考核制度和督导制度。在此制度保障基础上，玉龙县多次组织建档立卡贫困人口的患病情况筛查工作，确保不漏一人一户，全面彻底掌握全县因病致贫、返贫情况。根据玉龙县扶贫办数据，2017 年全县建档立卡贫困人口 4136 户 15592 人，其中因病致贫的 149 户 519 人，通过实施健康扶贫，2018 年有因病致贫的 70 户 242 人，核准实际患病的为 56 户 79 人，并对患有疾病的贫困群众，进行 100% 救治救助。

案例 “三个一批”精准落实

玉龙县按照“三个一批”的要求，狠抓工作落实，切实对贫困群众进行医疗救助。目前，玉龙县对筛查出的患有 9 类 15 种大病的 128 人，实行“一人一档一方案”方式，按疾病病种制定了大病诊疗方案，建立了救治台账，在县人民医院进行集中救治。对于罹患重病需要开展兜底保障的贫困家庭，玉龙县由妇女联合会、红十字会、残联等进行协调，争取社会组织和爱心人士资金参与救治救助。对于罹患慢性病，需要开展签约服务一批的贫困群众，玉龙县组织全县 412 名家庭医生，成立 89 个签约服务团队，为所有建档立卡贫困人口签订了家庭医生服务协议，签约率 100%。针对其中的 832 名高血压患者、92 名精神疾病患者、88 名糖尿病患者和 16 名肺结核患者，玉龙县提供了慢性病签约服务并进行规范化健康管理。目前，高血压规范管理率为 69.19%，糖尿病规范管理率为 71.25%，重性精神病规范管理率为 75%，肺结核规范管理率为 100%，肿瘤规范管理率为 100%。

在家庭医生签约服务中，玉龙县巨甸镇中心卫生院的 8 个家庭医生团队，多次进山、进村、进户，开展家庭医生的宣传和签约工作，切实做好村民的“健康守门人”角色。他们的签约对象，不仅仅是建档立卡贫困户，而且还包括村里面需要重点照顾的老年人、残疾人、计划生育特殊户等。如家住山区的建档立卡贫困户蜂建星，傈僳族人，汉语并不流利，家庭医生团队仍然上山入户，落实相关优惠政策，进行签约服务。又如残疾人和树云，因在10年前发生车祸，行动不便，也无家人帮助，不能到镇上进行签约，家庭医生团队了解情况后，直接上门提供服务，为她解说残疾人医疗服务方面的优惠政策，在其充分理解后提供签约服务。玉龙县巨甸镇的家庭医生团队，做到了建档立卡贫困户签约率达100%，计划生育特殊户签约率达100%，老年人及残疾人签约率达到65%，建立了相应的健康档案，切实让贫困人群享受到医疗卫生服务和健康管理，为实现“小病在基层、大病到医院、康复回基层”的就医秩序，奠定了扎实的基础，使人人都能享有健康医疗成为可能。

---

2. 绿色通道，确保健康扶贫便利性与可及性

玉龙县切实推进医疗卫生服务的可及性，解决贫困群众“看病贵”的问题，在贯彻落实“四重保障”方面，2017年1月1日至12月17日，对1057人次建档立卡贫困人口落实了“四重保障”，共支出732.76万元；同时，为确保“四重保障”落实到位，又于2017年12月18日开展回补工作，截至2018年5月31日，共支出“四重保障”金额970.3万元。截至2018年底，玉龙县建档立卡贫困人口住院治疗实际补偿比例达到90.18%，个人自付比例仅为9.82%。此外，玉龙县还着力解决“看病繁”的问题，在全县18个健康扶贫定点医疗机构开设建档立卡贫困人口绿色通道，全面实行“先诊疗后付费”的服务，建档立卡贫困人口只要持《健康扶贫服务证》、社会保障卡和有效身份证件办理入院手续，与医疗机构签订先诊

疗后付费协议，无须缴纳住院押金，便可直接住院治疗。在结算方面，玉龙县人社、民政、卫计、扶贫等相关部门共同协作，于 2017 年 12 月 18 日推动了基本医保、大病保险、医疗救助和兜底保障的“一站式结算”服务，患者通过统一的窗口、统一的医保结算信息平台，只需缴清不到 10% 的个人自付费用即可出院。为了落实贫困人口“四重保障”政策，推进“一站式结算”服务功能，玉龙县于 2018 年 5 月 4 日组织安装培训“村医通”App 结算系统，彻底实现了全县医保结算系统的全覆盖，患者即使在村卫生室看病，亦可享受到相关的便捷服务。

3. 完善村级卫生健康服务实现医疗服务下沉

要使医疗卫生服务真正能够下沉农村，彻底实现“小病不出村，康复在基层”，建设标准化的村卫生室是其中重要的内容。为确保全县村卫生室建设达到相应标准[①]，玉龙县卫计局实行局领导班子成员片区负责制（按乡镇和行政村划分），由局领导班子成员对村卫生室等扶贫工作进行挂钩联系，片区领导对村卫生室标准化建设工作进行指导和督促。在标准化村卫生室建设中，玉龙县注重“强基础，补短板”，做到了贫困村与非贫困村同一规划、同一标准建设。在硬件设施建设方面，多方申请和筹集资金，对全县所有村卫生室均进行了房屋新建或改建，并配备基本的医疗设备。在软件建设方面，玉龙县通过招聘医疗卫生技术人员，达到了每村至少 2 名乡村医生的人员配置，并加强乡村医生培训力度，2015—2017 年累计培训乡村医生 828 人（次）。此外，玉龙县从 2017 年开始，开设两年制

① 《丽江市卫生和计划生育委员会关于进一步加强村卫生室标准化建设的通知》，明确了村卫生室建设的各项标准：（1）原则上，每个行政村有 1 所村卫生室；（2）村卫生室业务用房面积达到 60 平方米以上，新建的在 80 平方米以上；（3）村卫生室至少设有诊断室、治疗房、药房和公共卫生室，并做到四室分开，有条件的设观察室，要有围墙、大门，附近无公厕的要建厕所；（4）村卫生室配备与其功能、任务和规模相适应的基本医疗设备；（5）每个村卫生室村医不少于 2 人，至少有 1 名女乡村医生；（6）在岗乡村医生必须取得由县级卫生行政部门颁发的《乡村医生资格证书》，新进的乡村医生必须取得执业医师资格或执业助理医师资格，在许可的执业范围内开展诊疗活动及卫生服务。

的乡村医生执业资格定向培训班，由丽江市民族中专代为招生，每年从各行政村推举初中毕业生进行报考（40个名额），从而解决乡村医疗卫生服务人员的断层问题，保证全县乡村医生的代际交替。

案例　乡村医生——医疗卫生服务下沉的主要力量

据鸣音镇洪门村村医何文杰介绍，在他从事乡村医生之前（1985年），因为村里面原有的赤脚医生去世，使得村民需要步行2个多小时，才能到隔壁的海龙村看病。如果是到镇上，则要走6个多小时，看病非常不方便。这也是他当时自觉在村里行医的主要原因。他从23岁开始担任村里面的防疫员，所有医学知识主要靠自学而来，直到1988年前后，乡镇卫生院开始组织第一次乡村医生培训，以后每年均有几次培训，他亦从中获益不少，并于1994年通过了全市乡村医生资格考试，获得了医师资格，此后又继续自学中医，提升自己中西医综合治疗的能力。

那时候工作非常艰苦，接种疫苗的时候，先要自行到鸣音镇上取疫苗包，第二天才能回到村里，然后接着去各个自然村打疫苗，最远的一个自然村，走过去得5个多小时，一圈转下来差不多就是一个星期左右。当时赚的钱也不多，村民比较穷，有时候给村民开药，都不忍心收他们的钱，而自己的微薄收入（防疫员每月政府补助30元），还要用来买医书、买药等，后来实在没办法的时候，他就去贷款来维持运转。

何文杰最初是在家里行医，后来村委会给了一间房子，在那里工作了七八年，直到2008年才由基金会资助兴建了相对独立的村卫生室，最近两年才进行了改建，实现了四室分开，配置了医疗设备、床位等，真正意义上具备了为村民提供医疗服务的条件。在收入方面，政府补助也从最初的30元，提升到150元，2010年又提升到目前的550元，加上门诊、公共卫生服务收取的费用，每个月能有2000元左右的收入。在艰难的时期，何文杰一边务农，一边行医，后来依靠妻子在村里开设的小卖部补贴家用。而对于已60多岁的何文杰来说，两个女儿都已经出嫁，家里已经不愁吃穿，乡村卫生室的发展也进入正轨。可能唯一让他发愁的是，自己从医30多年，勤勤恳恳记录的行医笔记，是否能够传承下去？

（三）深化社会保障服务供给，精准实现“两线合一”

社会保障服务供给在帮助贫困群众脱贫中发挥着重要的兜底作用，构成了“五个一批”中“社会保障兜底一批”的重要内容。玉龙县在决胜脱贫攻坚中，把“实施社会保障工程”列为“九大工程”之一。2015—2018年，累计发放各类社会救助资金约1.7亿元，其中，农村低保对象最低生活保障资金1.21亿元，医疗救助金1962万元，临时困难救助资金498万元，农村特困（五保）供养金2394万元；同时提高社会保险水平，实现了符合条件参加城乡居民基本医疗、养老保险的建档立卡贫困人口100%参加，并突出保障重点和保障对象分类施保、分类施策，将农村“两无”（无业可扶和无力脱贫）建档立卡贫困人口614户1207人全部纳入农村低保保障范围，落实了“两线合一”，全县平均农村最低生活保障标准从2014年每人每年2180元提高至2017年的3410元。

在农村低保服务供给中，玉龙县与全国大多数地方一样，从前都是“以表施保”，即按照指标报人数，有多少指标报多少人数，如果多争取一点指标就能多报一些人数。自2016年“两线合一”制度实施以来，玉龙县按照上级要求，从现有指标18500人中减少2800人，这就需要认真推进农村最低生活保障与扶贫开发两项制度的有效衔接，实现从“以表施保”到“按户施保”的方式转变，有效落实“两线合一”“精准施保”。

为了在全县范围内进行“低保户”的大走访、大清查、大整改行动，玉龙县在民政工作人员不足的情况下，通过制定低保实施标准（2016年农村低保对象年人均保障标准不低于3100元，略高于2016年云南省公布的脱贫线3050元），以户为单位，派民政助理员与各村的扶贫工作队伍同步进行“低保户”的识别工作，完成了全县2800人的减量工作，并对减量后的15700人进行了分类施保（A类每人每月280元，B类190元，C类120元）。

2017年，玉龙县进一步巩固提升两项制度的衔接成果，落实城乡困难群众最低生活保障精准施保脱贫措施，将共同生活的家庭成员人均收入低于最低生活保障标准，且符合最低生活保障家庭财产规定的贫困家庭纳入最低生活保障范围。通过认真全面地排查整治，清理了违规享受城乡低保的351人，死人吃低保的106人，清退了低保违规资金20.9272万元，农村低保从整治前的8476户15700人精准到4757户13375人（其中，建档立卡贫困户纳入农村低保228户657人），并于2017年7月再次将农村低保保障标准提高到3410元，略高于当时的建议扶贫标准线3200元，同时月补助标准A类280元，B类提高到196元，C类稳定为120元。

案例　奉联村“低保户”的精准识别

奉科镇奉联村“两委”在“低保户”评选工作中，始终坚持公开、透明的原则，每个村民小组每年专门召开一次评选“低保户”的会议，每家每户都要有人参加（实在不能回村的，需要委托其他村民代为参会）。由村民小组统一投票，识别出各村小组的“低保户”，然后交由村“两委”审定评议，核定村里面的“低保户”初步名单，然后上报奉科镇主管部门。经上级部门批复，村委会还要把“低保户”的名单在村里面公示7天，直到没有任何异议之后，才最终确定本年度本村的“低保户”人员。

据奉联村老支书树贵生回忆，在以前的工作中，那些没有评选上又认为自己应该是“低保户”的人，常来村委会反映情况，其中有一次还差点打起架来。“那个群众，他有一点残疾，身上有些病痛，但是他家买了一辆面包车。按照现在的政策，‘低保户’的名额不能给他，几经做思想工作和政策宣传，才把他劝服。”“既然进行了公示，群众有意见来反映，是常有的事情，也是正常要走的流程。我们就是按照政策，给他们认真细致地做宣讲，如果还信不过我们（村‘两委’），还有驻村干部，他们都是‘上面’派下来的工作人员，对政策的解释更权威，更能让老百姓信服，相信我们没有乱说（政策）。”

奉联村不仅“低保户”从评定、筛选到最后公示，充分保证全村人员（无论在村，还是不在村）的参与权利，实际上，在“建档立卡户”的评选过程中，也遵循基本的流程：（1）村“两委”及相关干部“遍访”，摸清全村贫困户的基本情况；（2）积极、全面地发动群众，由下而上初定“建档立卡户”；（3）对群众检举出来的漏评、错评案例，重新审核，确实存在问题的及时纠正。在村“两委”的领导下，加之驻村工作队的配合以及群众的广泛参与，“建档立卡户”的评定工作在全村得以顺利推进，奉联村真正做到了精准识别。

（四）创新推进劳动力转移就业，全面推进贫困群体就业服务

玉龙县紧紧围绕贫困群众持续稳定增收的目标，把“就业脱贫工程”列为决胜脱贫攻坚“九大工程”之一，紧紧围绕“一户一培训、一户一就业”，以系统性的举措，通过转移就业、创业扶持、贷免扶补、技能培训等，力求“就业一人，脱贫一户”。2015—2018 年，全县累计开展农业产业技能培训 443 期，培训农村劳动力 2.84 万人（次），其中建档立卡贫困劳动力 5126 人（次），组织开展现场招聘会 19 期，转移就业建档立卡贫困劳动力 3500 人。

1. 积极开展农村劳动力就业转移服务

玉龙县总人口 22.25 万，农业人口 20.5 万，农村劳动力 13.5 万，在这样的情况下，要增加农民收入，依靠转移就业相对来说是最有发展前景、最具潜力的途径。玉龙县采取就近就地就业和对外劳务输出的方式，积极推动农村贫困人口转移就业，发展劳务经济，增加劳务收入，从而促进贫困群众脱贫致富。其中，在转移就业工作方面，玉龙县坚持以产业为基、就业为本，通过扶持现代农业、乡村旅游业、城市服务业等产业，积极推进农村贫困人口转移，促进贫困地区劳动力实现就近就地转移就业。同时，重视劳务经济发展，大力开展劳务输出，使劳动力转移到长三角、珠三角等沿海经济发达地区务工，增加劳务收入。此外，对于实在无法离乡又无力脱贫的贫困劳动力，人社局针对性地开发了相应的乡村公共服务岗位，每人每月给予 500 元的劳务补贴，保证他们有最低的收入来源，如 2018 年，玉龙县就提供了 200 个乡村公共服务岗位。

案例　有组织劳务输出，劳务输出有组织

玉龙县人力资源和社会保障局副局长杨瑞华介绍：在玉龙县贫困人口劳务输出工作中，不仅要保证他们出得去，还要确保他们能

留得下来。为此，玉龙县在资金补助方面，对外出务工的贫困劳动力，只要连续工作三个月以上，就一次性给予1000元的生活补助。而对于公共服务的职业中介机构，只要促成建档立卡贫困劳动力外出务工的，并且稳定就业三个月以上，也给予400元（市内就业）和600元（市外就业）的补助。对于村“两委”班子促成的贫困劳动力外出务工，也给予200元（市内就业）和300元（市外就业）的服务补助。

除了政策性补助，对于到省外务工的贫困劳动力，他们还负责全程护送，包括机票预订、登机、进企业安置、工作岗位调换等。通过这种政府组织的劳务输出方式，保证贫困劳动力及时尽快与企业对接，在避免农民上当受骗的同时，也降低了贫困人口外出务工的成本。目前，玉龙县到省外务工就业人员有2709人，市外省内务工人员2878人，丽江本地务工人员25000人。在收入方面，“如果是在本地务工的人员，每年平均下来能存8000元左右，而在省外务工的能存15000元左右，这相对于他们以前的收入来说，还是很不错的”。

为了随时了解外出务工贫困人口的境况，县人保局建立了“微信群”等交流联系平台。杨瑞华自己因多次随从务工人员外出，也建立了私人联系的渠道，以随时了解相关动态。他介绍说，在他跟踪的一些建档立卡贫困户中，有一个已经在上海一家电厂工作了两年，月工资涨到了6000元，他每个月都会往家寄存3000元左右，家里脱贫就得到了保障。当然，也有的建档立卡贫困户，会出现钱不够花的情形，有时候还会向自己要红包，有时候甚至晚上12点还打电话来借钱。

2. 全面推进贫困群众技能培训服务

玉龙县在技能培训服务中，建立了就业扶贫培训工作的联席会议制度，并按照“政府引导、乡村组织、定点机构培训、多渠道就业”的思路，以市场需求为导向，根据贫困劳动力的不同需求，分类开展适应当地产业发展需要的种养殖业、乡村旅游家政保洁、酒店服务、中式烹饪等劳动技能培训和引导性培训，从而使每个适龄贫困劳动人口都能掌握一门技能，实现更好的就业。

例如，在黎明乡美乐村组织的养蜂技能培训、九河乡九安村组织的刺绣培训、九河乡九河村组织的木雕培训、拉市镇海东村组织的烹饪培训、鲁甸乡组织的中药材种植培训、大具乡组织的油橄榄种植培训等，都是在挖掘当地优势资源（种植资源、人力资源、文化资源等）的基础上，结合就业市场以及产品市场的需求状况，有针对性地进行劳动力专业培训。这些培训项目，贴近农民需求，不走形式，切实实现了以技能培训带动就业的目标，得到了群众极大认可。

五、以降低脆弱性为特征的公共品供给

基础设施与公共服务体系建设，能够直接回应贫困人口和贫困地区的基本需求，帮助贫困人口改善基本的生产生活条件，同时还能增强贫困地区人口发展能力，降低贫困农村的脆弱性，激发村庄发展的内生动力，为贫困群体未来发展提供更多可能，也为农村持续减贫与乡村振兴奠定重要基础。玉龙县以脱贫攻坚引领地方经济社会发展，紧紧抓住“两不愁三保障”这一牛鼻子，查缺补漏，重视打基础、补短板，将基础设施建设与完善、强化公共服务保障体系作为重中之重来进行推进，在全力实现脱贫的同时，也为未来的乡村振兴和完善覆盖城乡的公共服务体系，实现县域层

面的均衡发展、充分发展打下了基础。

精准脱贫实现全面小康，从根本上解决了绝对贫困问题，但相对贫困及农村生活脆弱性问题还将在一定范围内长期存在。要确保脱贫成效可持续和贫困农村地区发展能力的持续成长，政府主导、多元参与的公共服务和社会服务体系的完善就显得至关重要。2020 年之后，大规模的政府扶贫工作将告一段落。扶贫工作将以新策略、新形式、新方法开展，拾遗补缺继续完善农村基础设施建设，全面建设覆盖城乡的公共服务体系，加强完善社会保障的兜底功能，确保脆弱群体发展有支持、风险有保障，将是未来扶贫工作和农村工作的重要内容。

玉龙县在精准扶贫推进过程中，全力推进基础设施建设，补齐限制农村产业发展、影响农村生活便利的基础设施短板，既是脱贫攻坚的重要工作内容，也为未来农村、农业的发展和乡村振兴打下了重要的设施基础，大大增强了可持续发展的能力。同时，在公共服务保障体系建设方面也有重要的举措：

百年大计，兴于教育。玉龙县抓教育扶贫，一是将重点放在对贫困群体的直接支持上，二是将着力点放在乡村教师群体能力建设上，三是将长远考虑放在农村劳动力的素质提升上，四是在教育脱贫工作中关注民族文化和地方性知识。既重视现实条件下贫困群体的教育支付难题的解决，又借全面脱贫攻坚之力，解决长远发展基础上的整体教育事业的提升问题，其做法具有民族贫困地区脱贫发展的典型意义。

生活安稳，基于医疗。玉龙县在抓扶贫产业发展、抓贫困群体增收致富的同时，以健康扶贫为抓手，同步推进覆盖全县的基础性医疗卫生服务体系建设，在通过医疗服务改革创新解决贫困群体就医难问题的同时，大力推进医疗服务下沉，重点完善村级卫生室的建设和基层卫生健康服务，全面解决贫困边远山区农村医疗和卫生健康服务的可及性和便利性问题。

重大风险，有赖保障。玉龙县深抓“两线合一”，在解决过去农村社会保障运行机制中存在的问题的同时，实现应保尽保，全面推进贫困群体社会保障体系建设，是支持面临重大生活困难、缺乏发展能力的贫困群众的最有力的措施，是保障全县人民共享发展成果，推进社会公平正义，化解边缘群体脆弱性问题的重要举措，也是民族地区社会主义优越性的重要体现。

脱贫持续，重在就业。玉龙县农村脱贫的另一可贵经验在于，县委县政府并没有将发展地产业作为唯一抓手，而是在因地制宜发展农业产业的同时，正视地方经济发展过程中的人与资源的矛盾关系问题，地方农业产业与市场经营的矛盾问题，花大力气支持农村劳动力人口的转移就业问题，并采取将外出就业、本地创业、特色生态产业农业就业等多种措施，将培训服务、务工平台建设等工作同步推进，多渠道推进贫困地区农村人口就业脱贫，取得了良好效果。

第六章 扎根乡土的易地扶贫搬迁实践

受生态环境脆弱、居住分散、基础设施和公共服务供给成本高等因素的影响，玉龙县将易地扶贫搬迁作为县域贫困治理的重要手段，在实践中充分考虑县域经济发展实际，尊重贫困人口的意愿，形成了扎根乡土的移民搬迁模式。扎根乡土的移民搬迁是在行政村范围内进行的，贫困人口可以不离“乡”，原有的社会关系得以维持，由此缓解了因搬迁给他们带去的“文化震惊”和“心理阵痛”。同时，这种就近搬迁让土地等传统生计资源对他们的后续发展起到支撑作用。扎根乡土的易地扶贫搬迁从居住条件的改善、增收渠道的拓宽、乡村治理便利性的提高、公共服务水平的提升、内生动力的激发等层面，提升了县域贫困治理的综合绩效。在后续发展方面，玉龙县以产业振兴统揽易地扶贫搬迁，围绕地方优势产业、劳务经济、乡村振兴等重要工作，确保贫困人口搬迁后有生计保障和发展空间。实践证明，扎根乡土的易地扶贫搬迁是符合当地民族特质的，它能够实现搬迁效益的最大化和安置风险的最小化，更加贴近“搬得出、稳定住、能致富”的目标。玉龙县在易地扶贫搬迁领域的实践探索，一定程度上是对西方“空间贫困”理论的回应和超越，为讲好中国发展故事提供了鲜活的经验。

玉龙县的易地扶贫搬迁立足于县情、民情的基础之上，在实践中充分尊重贫困人口的意愿和实际，形成了扎根乡土的搬迁模式。具体来说，玉龙县的易地扶贫搬迁是在村域范围内进行的。从安置地选择来看，这种搬迁让贫困人口不离“乡”，原有的社会关系得以维系，缓解了搬迁对他们社会、文化等方面的冲击；从后续发展来看，重视土地等传统生计资源对搬迁户后续发展的重要性，使其不离“土”也能过上体面的生活。实践证明，扎根乡土的就近易地扶贫搬迁是符合山地民族的特质的，它实现了搬迁效益的最大化和安置风险的最小化，更加贴近“搬得出、稳定住、能致富”的目标。因此，玉龙县易地扶贫搬迁领域的探索，对以山地民族为主要地区的易地扶贫搬迁具有重要的启示意义。

易地扶贫搬迁是国家精准扶贫、精准脱贫战略的重要组成部分，对有效解决“一方水土养不起一方人”地区的贫困问题发挥着重要作用。我国自 2001 年实施易地扶贫搬迁工程试点以来，陆续开展了扶贫移民[①]、生态移民[②]、避灾移民[③]等项目，有效遏制了贫困地区生态环境恶化的趋势，改变了搬迁对象“越穷越垦、越垦越穷”的生产状况，实现了脱贫致富与生态保护的“双赢”。

易地扶贫搬迁在玉龙县的脱贫攻坚中也起着重要作用，它有效地改变了贫困人口的生产生活条件，提高了基础设施和公共服务的可及性，为搬迁贫困人口的减贫和后续发展奠定了坚实的基础。与全国其他地区相比，玉龙县的易地扶贫搬迁最显著的特征是，充分考虑县情和搬迁贫困人口的实际，在安置地选择上，坚持村域范围内的就近安置，让搬迁户没有离“乡”；在后续产业扶持上，玉龙县结合当地的农业资源条件和农民的生计传统，形成以发展特色种养殖业为重点产业布局，为搬迁户打造完整的生计链条，使其不离“土”也能过上体面的生活。在扎根乡土的基础上，玉

---

① 施国庆、郑瑞强：《扶贫移民：一种扶贫工作新思路》，《甘肃行政学院学报》2010 年第 4 期。

② 包智明：《关于生态移民的定义、分类及若干问题》，《中央民族大学学报（哲学社会科学版）》2006 年第 1 期。

③ 何得桂、党国英：《陕南避灾移民搬迁中的社会排斥机制研究》，《社会科学战线》2012 年第 12 期。

龙县的易地扶贫搬迁实现了减贫效果的最大化和搬迁风险的最小化。因为，这一搬迁安置模式没有打破行政村的边界，不涉及搬迁贫困人口户籍、土地的调整，搬迁的难度相对较低。另外，由于这一搬迁安置模式并没有从根本上打破搬迁贫困人口的生活方式和生计结构，不会对他们后续的生存与发展造成根本性冲击，因此，搬迁群众对此的认同度和接受度较高。

玉龙县开创的扎根乡土的就近搬迁安置模式，对西南山地民族地区的易地扶贫搬迁工作具有重要启示意义。尤其是在国家实施乡村振兴战略的背景下，这种搬迁安置模式不仅具有显著的益贫性，还能为搬迁户的后续发展以及乡村的可持续发展注入强劲动力。从一定程度上说，扎根乡土的就近搬迁安置是山地民族地区易地扶贫搬迁的重要路径。

一、以移民搬迁来回应县域的结构性贫困

玉龙县地处青藏高原与云贵高原接合部，横断山南麓，北高南低，群峰林立，沟壑纵横。南北长 151 千米，东西宽 112 千米，总面积 6198.76 平方千米。全县总人口 22.25 万，经测算，其人口密度为每平方千米 36 人，区域面积广阔，是典型的地广人稀地区。县域范围内有山地、盆地、河谷三种地貌类型，山区、半山区面积占全县总面积的 96.53%。在民族分布上，这里居住着纳西、汉、傈僳、白、彝、普米、藏、苗、回、壮 10 个世居民族。在长期的民族互动融合中，形成了纳西族、白族、汉族住坝区，傈僳族、苗族住半山区，彝族住高寒山区的居住格局。地貌地形多样，民族多元，居住分散，这些特征增加了精准扶贫的复杂性和艰巨性。

玉龙县工业基础薄弱，生态环境脆弱，经济发展不平衡，2004 年被列为省级扶贫开发工作重点县，2010 年被列为滇西边境连片特困地区县。全县有 3 个省级贫困乡，40 个省级贫困村，有建档立卡贫困人口 4154 户

15663人。2014—2017年累计减贫3794户14496人，其中，2017年脱贫710户2571人，未脱贫360户1167人，贫困发生率从8.36%下降至0.62%。

20世纪80年代中期，整个县域经济以木材产业为主导，很多山林甚至原始森林被大规模砍伐，生态环境遭到严重破坏，由此，山体滑坡、泥石流等地质灾害频发，曾经的富饶之地变成了“一方水土养不起一方人”的地区，部分林区居民的生产生活陷入困境。1998年，国家启动天然林禁伐计划，玉龙县的滥砍滥伐现象得到有效遏制，但特殊地形地貌条件下形成的地质灾害问题并没有得到根本解决。同时，因历史、文化等方面的原因，时至今日，县域范围内仍有不少群众生活在高寒山区和半山区。那里的基础设施不完善，有些村寨到现在还没有通路，公共服务建设严重滞后，农民的生产生活条件长期以来得不到根本改善。因受客观条件的限制，这些地区就地扶贫开发的难度大、成本高，迫切需要通过易地扶贫搬迁来解决部分贫困人口的生存与发展问题。

党的十八大以来，玉龙县按照国家精准扶贫、精准脱贫战略的要求，紧紧围绕“两不愁三保障”的标准，将易地扶贫搬迁作为全县脱贫攻坚的“九大工程”的重要内容来实施，有效地解决了贫困人口“住房难、出行难、吃水难、看病难、上学难、发展难”的问题，并且同步推进后续的产业培育、就业转移、教育跟进，最大限度地实现“搬得出、稳得住、能发展、可致富”的目标。通过精准识别，严控政策门槛，玉龙县297户1239人被纳入国家易地扶贫搬迁规划，其中建档立卡户232户1015人，搬迁65户224人。考虑到其他建档立卡户和一般户的搬迁需求，玉龙县坚持“卡内卡外同推进”的原则，维护社会的公平正义，让更多的群众共享国家发展红利。玉龙县通过自筹和整合资金3.5亿元，完成4505户16112人的搬迁，其中建档立卡户2668户9734人，一般户1837户6378人。在安置方式上，坚持“搬迁不离地”的原则，不人为地切断搬迁户与土地的联系，全县除一个安置点在县城外，其余的都采取行政村范围内的集中安置和分散安置，充分考虑搬迁户的实际，循序渐进地改变他们的生产生活系统。在配套设施方面，以规划引领基础设施建设，安置点的水、电、路、信等基础设施一应俱全，能满足搬迁户的基本生产生活需求。通过移民搬迁，搬迁户享受教育、医疗等公共服务的距离也大大缩短，便利性显著增加。在后续发展方面，全县整合相关资金，按照户均 1.9 万元的标准，为搬迁户发放产业发展基金，以此来培育和发展特色的种养殖业。与此同时，县政府还定期组织搬迁户进行种养殖方面的培训，并对有外出务工能力和意愿的搬迁群众进行技能培训，与上海、广东等东南部沿海地区以及丽江市建立劳务供需合作关系，开展“点对点”式的易地劳务输出，为搬迁户开启多元化的发展路径。

通过易地扶贫搬迁，贫困人口的生产生活条件得到明显改善，公共服务的可及性显著增强，原先居住在深山中的封闭状态被打破，在人口相对集中、居住规模适度的基础上，搬迁人口有更多的互动交流机会，精神面貌和生活习惯也随之逐渐改变，美好生活的观念深入人心。依托搬迁人口的安置社区，基层政府也找到了乡村治理的有效抓手，对贫困人口管理和服务的有效性有了提高。玉龙县的易地扶贫搬迁，直接改变了搬迁人口的居住环境，当地的基础设施和公共服务也有了明显的改善，为下一步的乡村振兴打下了良好基础。

二、扎根乡土的就近搬迁安置模式

（一）村域范围内的就近搬迁安置

在易地扶贫搬迁的过程中，安置点的选址尤为关键，它不仅影响搬迁的后续发展，也关乎扶贫的综合绩效。在中国的反贫困实践中，为兼顾各地较大的区域差异和贫困人口的异质性，安置点的选择呈现出多元化的特征，村、镇、县、市等都可以作为易地扶贫搬迁的安置点，各地可以根据自身的实际情况，因地制宜地选择符合搬迁人口的安置方式[①]。玉龙县是一个多民族地区，受地理环境、历史文化等方面的影响，有些民族长期居住在深山之中，与外界的接触非常有限，至今还保留着原始的生产生活方式，现代文明对其影响较弱，文化水平不高，整体的社会发育程度低。考虑到这些结构性因素，玉龙县在实施易地扶贫搬迁的过程中，提倡扎根乡土的就近搬迁安置，坚持“搬迁不离地”的原则，尽量不从根本上改变搬迁贫困人口的生产生活系统，尽量规避由搬迁带来的各类风险。

玉龙县的易地扶贫搬迁主要是在行政村范围内进行的，基本没有发生跨越行政村边界的搬迁，安置点一般被限定在中心村的层次上。村域范围内的就近安置，虽然在安置层次上显得较低，但搬迁的距离其实并不算近。由于搬迁对象一般都是居住在高寒山区或半山区，且居住非常分散，最远的搬迁户离村委会的距离有二三十千米，因此，这里的“就近”其实是一个相对的概念，它是相对于更远距离的城镇安置而言的，实际上，即便从直线距离来说，二三十千米的路程其实已经不算近，况且这里还有高山的阻隔。就近安置充分考虑贫困人口的脆弱性，让他们在搬迁后不脱离自己的土地，一定程度上延续了既有的生产方式，维持家庭的基本生活，尽量减少搬迁带给他们的冲击。综合来看，玉龙县采取“搬迁不离地”的就近安置主要是基于以下几个方面的考虑：

首先，从搬迁人口的群体特征来看，大部分贫困人口文化素质较低，

---

① 马流辉:《易地扶贫搬迁的“城市迷思”及其理论检视》,《学习与实践》2018 年第 8 期。

缺乏必要的职业技能，甚至还没有形成与工业社会相匹配的现代劳动伦理，很多劳动力还处在马克斯·韦伯所说的“赚得多并不比干得少更有吸引力”[①]的状态。如果不顾这些现实，生硬地将这些贫困人口搬迁到城镇，他们很可能因不具备城镇的生存手段而陷入新的贫困，进而引发其他风险。

其次，从县域经济发展水平来看，玉龙县旅游资源虽然丰富，但还尚未得到有效开发，旅游经济的辐射带动效应还没有充分显现，城镇化和工业化还比较低，县域范围的城镇无法为更多的贫困人口提供充分而稳定的就业。因此，玉龙县并不具备普遍推进城镇安置的支撑条件。

最后，从未来产业发展格局来看，玉龙县物产资源丰富，特殊的地理气候条件，使得发展农业产业具备得天独厚的优势。尤其是在国家实施乡村振兴战略的背景下，农业产业的发展潜力巨大，空间广阔。这样，玉龙县实施村域范围以农为主的就近搬迁安置，就有了相应的后续产业支撑。

（二）坚持卡内卡外共同推进

精准扶贫主要解决生活在贫困线以下人口的脱贫问题，易地扶贫搬迁作为“五个一批”的重要内容，聚焦生活在“一方水土养不起一方人”地区的贫困问题，在实践中，只有符合相应政策条件的建档立卡户和一般户才能享受国家的易地扶贫搬迁政策。按照国家既定的标准，玉龙县只有 297 户 1239 人被纳入国家的易地扶贫搬迁规划。但在经济发展水平整体低下的现实下，村庄范围内的贫富分化其实并不明显，建档立卡贫困户与非建档立卡户之间收入差距不大，大家本质上都处于一种普遍的贫困状

① ［德］马克斯·韦伯：《新教伦理与资本主义精神》，康乐、简惠美译，广西师范大学出版社 2010 年版。

态。虽然因病、因灾、因学成为致贫的主要因素，但在现实中也不排除有些贫困户之所以成为贫困户是因为他们懒惰。这样，在实施易地扶贫搬迁过程中，如果只关注贫困户可能有违社会公平正义，容易挫伤那些勤劳脱贫者的积极性。

在玉龙县的实地调研中发现，其实很多非贫困户的生活也并不宽裕，他们还居住在传统的木楞房中。受交通状态和经济条件的制约，他们无法购买现代的建筑材料修建更为牢固舒适的砖瓦结构房屋，不得已只能就地取材，用木头楞子作为墙体，然后在房顶盖上黄板，搭建简易的木楞房。这种房子冬天不能挡风，雨天也不能避雨，伴随着风吹日晒，黄板制作的房顶很容易被腐蚀，需要经常更换。因此，即便从改善农民居住条件的角度来看，也确实需要对部分一般户实施搬迁。此外，由于玉龙县属于山区，且地广人稀，居住分散，在高寒山区，形成了一个山头住一户人家的居住格局，自然村寨的规模较小。在此背景下，倘若仅搬迁建档立卡贫困户，剩余一般户还居住在原地，后续的基础设施建设和公共服务供给的成本会更高。为解决这一矛盾，玉龙县坚持卡内卡外同步推进，对符合条件的建档立卡户和部分非建档立卡户实施易地扶贫搬迁，改变他们的居住环境和发展条件，确保全县贫困人口在 2020 年脱贫致富奔小康。

对那些不符合易地搬迁标准但确实存在住房达不到“安全稳固、遮风避雨”要求的农户，玉龙县级自行筹措资金 4416.34 万元，根据农民住房的实际状况，按照“一户一策”的原则，集中改造危房 3845 户，农危改户占农村总户数的 40.6%，全面消除农村的“破房烂屋”现象。在具体操作的过程中，秉持实事求是的原则，既不降低标准，也不虚空拔高，稳步推进农户的住房建设。对“基础不牢、墙体开裂、瓦片掉落、漏雨漏风”等问题，开展危房鉴定和修缮技术培训，杜绝只有“穿衣戴帽”的表面工程。按照“农户为主、政府补贴、部门帮扶”的方式，不搞大包大揽，对无政策挂靠的农户采取多种办法筹集资金。补助标准不搞一刀切，根据鉴定报告确定危改方案，资金安排从一两千元到两三万元不等，做到按类帮扶、因需定补，全面排查、整体消除。以“自建”促自励。发动亲帮亲、邻帮邻，引导群众不等不靠，采取农户自建、村内互帮、村级统建等方式全面扫除危房。对无劳力、无经济收入的群体，由村级统筹外包施工；对有条件的，帮助购买农村闲置旧房进行改造；对现有住房尚可利用的，进行加固修整，实现卡内卡外群众住房户户达标。

（三）在建筑风格上体现民族风情

考虑到玉龙县是一个多民族地区，传统文化和民族文化的积淀深厚，为延续历史传统，保留民族特色，在易地扶贫搬迁的过程中，安置点以打造具有民族风情的特色村寨为重点，不同民族的安置点在建筑风格上各具风格。这不仅符合县域社会实际，也为后续的乡村振兴奠定了坚实的基础。因为随着乡村振兴战略的实施，玉龙县的乡村尤其是民族村寨，具有丰富的旅游资源，乡村旅游将迎来难得的发展契机。所以，易地扶贫搬迁在具体的建设过程中，既要立足现在，也要考虑长远，充分尊重地方的历史文化传统，形成独具特色的民族村寨。

由县规划设计院牵头负责设计安置社区的房屋结构和建筑风格，根据不同民族的文化传统和生活习惯来设计若干建筑风格，供搬迁户参考。每个安置点都成立了理事会，具体负责建设方案的落实、建筑风格的选择等工作。一般来说，房屋结构分为砖木结构和砖混结构两种，在建筑的风格和墙体的绘画上，尽量体现民族的特色。有的安置社区，把民族的图腾作为重要标志画在墙面上。在高海拔地区的房屋一般建一层，低海拔地区的建两层。在两层楼房结构中，楼下的三间布局是中间作为客厅，两边是卧室。如果家庭人口较多的话，楼上再拿出一间做卧室，另外两间做储物间，储存粮食和肥料，存放腊肉，因为这里有杀年猪的习惯。如果再有剩余的空间可以堆放一些杂物，然后，在旁边盖一间平房作为厨房。总之，通过易地扶贫搬迁，搬迁户的生产生活会得到较大的改善。

同时，建档立卡贫困户和同步搬迁户，在搬迁的过程中，尽量不打乱原来的社会关系，一个自然村寨的农户尽量安排在一起，同民族的尽量集中在一起，尊重民族的历史传统和生活习惯，减少搬迁后的各种不适应问题。通常而言，彝族安置在一起，傈僳族安置在一起。所有的搬迁安置基本上是在一个行政村的范围内进行的，基本没有跨行政村的安置，因为一旦跨界安置，就会涉及户口、土地等方面的问题，调节起来比较麻烦，也容易引起各种矛盾。

（四）充分尊重搬迁人口的主体性

精准扶贫的对象是贫困人口，但在政策的执行过程中，如果不尊重农民的主体性，“等、靠、要”思想就很难根除，脱贫的绩效就会大打折扣。农民主体性的缺失，不仅会抑制贫困户的内生动力，也将影响到社会力量参与的积极性。如前文所述，玉龙县的易地扶贫搬迁是在两个层次上进行的，一个是国家层次，即被纳入国家易地扶贫搬迁政策的；另一个是县级层次，即玉龙县自行筹集资金实施的易地扶贫搬迁。前一个层次的搬迁，因为有国家资金的支持，严格按照相关程序执行即可。但县级层面的搬迁，受资金的限制，必须精打细算，尽可能地降低建设成本，并保证工程的质量。这就要求充分尊重搬迁人口的主体地位，激发社会力量的广泛参与。

在实施易地扶贫搬迁的过程中，很多搬迁户不理解搬迁的政策和意义。扶贫干部通过政策宣讲、算经济账等方式给他们讲清楚搬迁所带来的诸种好处，待他们同意后再实施搬迁。对于县级层面的搬迁，以统一规划、政府补贴、自行建设的方式进行。玉龙县按照建档立卡户 6 万元、一般户 4 万元的标准进行补贴，但具体的项目实施由搬迁户自己进行，政府只负责相应的监督，包括工程队的选择、材料的选购都是由搬迁户自己决定。在此过程中，农民的主体性得到了充分体现，逐渐培养起主人翁的意识。其他普通的群众看到建档立卡贫困户生活的改变，他们也愿意参与到易地扶贫搬迁的过程中，贡献自己的力量。

许多普通农户参与到搬迁户的建房过程中，有的人以换工的方式参与，有的人就是无偿的义务劳动，加之社会力量的参与，整个易地扶贫搬迁的成本就降下来了。在集中安置社区建成以后，社区的维护和管理基本上也是通过发动社会力量的参与来完成的。目前，玉龙县易地搬迁安置点的保洁工作主要是通过以下三种方式来解决的：一是村民轮流值班保洁；二是村庄中具有劳动能力的老年人自行组织起来进行义务保洁；三是通过换工的方式解决，即个人主动为社区提供保洁服务，当其家庭需要帮忙的时候，大家会齐心协力去帮助他。搬迁人口主体性的激发，以及社会力量的有效参与，在一定程度上维护了村庄的社会团结，也让整个易地扶贫搬迁的成本得到了有效控制，同时，安置社区的后续管护工作也有了保障。

（五）城乡两头发力解决搬迁后续发展

在易地扶贫搬迁中，搬迁是手段，脱贫才是目的。搬迁实现了贫困户“挪穷窝”的目标，但其能否真正“换穷业”，乃至最后彻底“拔穷根”，则需要地方政府和搬迁群众作出进一步的努力，以为后续发展奠定坚实的基础。换而言之，搬迁并不等于脱贫，它只是改变了贫困人口的基本生产生活条件，提供了发展的可能性，但贫困人口最终能不能脱贫致富还受到其他相关因素的影响。因此，后续发展问题将直接决定整个易地扶贫搬迁工作的成效。为确保搬迁群众有稳定的生计来源和相应的后续发展能力，玉龙县想方设法盘活迁入地和迁出地两种资源，构建城乡联动、工农互补的发展机制，积极应对贫困人口搬迁后的生存和发展问题。

众所周知，实施易地扶贫搬迁的村寨往往是生活条件恶劣、生态环境脆弱、自然灾害频发的区域，而之所以形成这种发展局面是因为人口的过快增长超过了当地的资源环境的承载力，居民对有限资源的掠夺性开发，导致环境恶化和生态退化，进而陷入“越垦越穷、越穷越垦”的恶性循环。但移民搬迁后，迁出地的人口资源压力在一定程度上得以缓解。这些区域可以利用土地整理、宅基地复垦、生态修复等方面的政策，进行耕地的改良和山林的绿化，为发展现代农业提供前提条件。在国家实施乡村振兴战略的整体背景下，一系列的惠农政策和大量的涉农资金项目投向农村，激发了迁出地的发展活力，使其不再是一个废弃的空间，而变成一个希望的空间。玉龙县正是认识到这一点，盘活农村资源存量，吸引资本下乡发展特色农业，构建公平的利益联结机制，让迁出地的农业发展收益惠及贫困人口，把迁出地的农村开辟成他们重要的生计空间，构建起贫困人口多元化的生计模式，让他们的基本生活和长远发展有保障。

玉龙县的农业资源丰富，在搬迁人口形成适度规模的基础上，通过土地流转发展特色种养殖业来解决搬迁户的后续发展问题。玉龙县通过筹集资金，为建档立卡贫困户发放户均 1.9 万元的产业发展基金。搬迁户通过发展中药材、蔬菜等特色产业，实现了脱贫增收的目标。对于那些有外出务工意愿和能力的搬迁户，玉龙县积极利用沪滇东西扶贫协作平台进行劳务输出，拓宽搬迁户的增收渠道。在新时代，随着国家工业化、城镇化进程的快速推进以及乡村振兴战略的实施，中国的城乡关系正在发生前所未有的改变，城乡二元体制渐趋消解，城乡融合发展态势越来越明显，城乡之间的界限也变得模糊起来。在此背景下，乡村不应该被视为一个没有希望的空间，在既有的政策环境中，乡村有可能迎来新的发展契机。玉龙县正是准确地把握了城乡关系的新发展方向，在探求易地扶贫搬迁的后续发展路径时，高度重视如何盘活农村资源存量，构建城乡联动机制，充分发挥城市和乡村各自的资源优势和发展潜力，为搬迁群众营造多样化的生计空间，让他们在安置地有稳定的收入来源，为搬迁后的可持续发展创造了条件。

三、保基本与促发展的实践成效

易地搬迁聚焦“一方水土养不起一方人”地区的贫困问题，生存境况的改变是最直观的结果。但易地扶贫搬迁绝不限于此，如果仅仅为了改变生活条件就没有必要搬迁，通过住房建设就可以达到这一目标。易地扶贫搬迁除了改变搬迁群众的生存境况外，还需要为其后续发展创造条件，唯有如此，才能实现可持续脱贫的目标。玉龙县通过易地扶贫搬迁，搬迁户的基本住房得到保障，“安全稳固”住房保障目标完全实现，搬迁对象公共服务和基础设施条件得到极大改善，产业发展和就业计划全面落实，脱贫增收基础得到进一步夯实。2016 年玉龙县易地扶贫搬迁实施规模 284 户 1180 人，其中建档立卡 219 户 956 人，同步搬迁 65 户 224 人，建设安置点 6 个，建设建档立卡贫困人口搬迁安置房 219 套。已完成安置房建设、住房质量验收和竣工验收，竣工率、入住率和验收率 3 个指标均已达到 100%。6 个集中安置点已完成县级验收，旧房拆除、复垦复绿工作全部完成。2017 年玉龙县易地扶贫搬迁实施规模 13 户 59 人，集中安置点 1 个，安置 12 户 57 人，分散安置 1 户 2 人。所有搬迁农户均已搬迁入住，搬迁入住率达 100%。石鼓镇大新村色古组集中安置点项目规划的基础设施和配套公共服务项目已全面完成，并已通过县级验收；旧房拆除、复垦复绿工作全部完成。

通过产业发展和就业计划的实施，搬迁对象增收明显，232户1015人建档立卡搬迁对象已有191户839人达到人均收入6815.9元，按规定程序和标准审定脱贫退出，脱贫率82.3%。未脱贫的41户176人（未纳入2017年退出计划）也已落实产业项目和就业安排，搬迁对象增收基础已夯实，预计2018年可脱贫退出39户168人，深度贫困的2户8人也能于2019年实现脱贫。

综合来看，玉龙县的易地扶贫搬迁实践成效主要体现在以下几个方面。

（一）搬迁户的住房条件得到明显改善

在实施易地扶贫搬迁之前，玉龙县的一些贫困人口仍然住在海拔较高的山区和半山区，地形条件险恶，修路的施工成本很高，很多地方还没有通公路。受交通条件的限制，生活在山区的贫困人口无法将现代的建筑材料运输到山上。当然，这些贫困人口也没有多余的资金购买现代的建筑材料来修建更高质量的住房。在这种情况下，当地的居民只能通过就地取材的方式建造木楞房，这种房屋的结构非常简单，用圆滚滚的木头做墙体，然后在上面盖上黄板，其密封性很差，冬天不能挡风，雨天也不能避雨。一般情况下，作为房顶的黄板因受到雨水的冲刷腐蚀，每两年就需要换一次，否则就会漏雨。此外，建造木楞房还需要砍伐大面积的山林作为木材，从而导致对地方生态环境的较大破坏。可见，以就地取材方式建造的传统木楞房，不仅不能从根本上解决贫困人口的住房问题，而且还会对地方的林业发展产生不利影响。要彻底改变贫困人口的境况，必须实施易地扶贫搬迁。

通过易地扶贫搬迁，建档立卡贫困户和部分同步搬迁的普通农户，从山上搬到地势相对平坦的坝地，住进了集中安置点，住房条件大大改善，生活质量有了明显提升。在易地搬迁安置点，这里的房屋一般都是砖木瓦结构的，达到了安全稳固的标准。房屋内部也进行了功能划分，客厅和卧室进行了分离，厨房、厕所、牲畜圈等也实现了分离，以往的人畜混居问题已不复存在，居住的卫生环境也有了很大的改观。在安置地适应新的环境以后，搬迁户的卫生观念和生活习惯也发生重要转变，整个人的精神面貌与以前也大不一样。

玉龙县石鼓镇大新村色古组原址属于高寒山区，海拔 2600 米，全组 12 户 57 人全部为建档立卡贫困户，均为傈僳族。通过实施易地扶贫搬迁，色古组的村民被安置到镇郊的一块空地上，12 户全部建起了标准化的新房。在安置点还修建了公共厕所，分别铺设了排水管网和雨水管网。搬迁户用上了自来水和煤气灶，生活的设施条件有了明显的提高。与此同时，玉龙县还开展了以“五整洁”[①] 为主要内容的专项整治行动，改善贫困家庭的人居环境，保障广大贫困人口身心健康，提振贫困户脱贫奔小康的精气神。

（二）搬迁户的增收渠道逐渐拓宽

由于长期居住在深山之中，与外界的接触非常有限，加之经济条件的限制，不少贫困户至今还延续传统的生产方式，不敢尝试新的技术，不愿意接受新的品种，只能依靠地方的自然经济去维持家庭的基本生活。这种自然经济只能解决家庭的温饱，而无法实现更高水平的发展。搬迁以后，搬迁户居住相对集中，地方政府比较容易介入他们的生产中去，通过资金扶持、技术指导，引导他们改变传统的生产方式，发展特色种

① “五整洁”指厨房整洁、卧室整洁、厕所整洁、个人整洁、庭院整洁。

养业来增加收入。搬迁户通过发展特色的种养殖业，增收的问题基本得到了解决。

通过易地扶贫搬迁，贫困人口实现了适度规模的集中，但这并不意味着他们能够自发地组织起来进行生产合作，搬迁后的组织化建设依然是一项重要工作，否则无法保证安置社区最基本的公共物品供给，也解决不了产业发展过程中的市场对接问题。为解决搬迁户与市场对接的问题，玉龙县普遍采取“党支部+”的模式，建立相应的产业发展帮带机制，解决搬迁户的技术指导、资金筹措、市场销售等问题，实现搬迁后的稳定增收。

除了农业生产外，玉龙县还充分利用东西扶贫协作平台，在安置地还积极组织搬迁户进行劳务输出。部分搬迁户走出了大山，走进城市打工，收入水平得到大大提高。易地扶贫搬迁带来的生计方式多样化，拓宽了农户的增收渠道，让脱贫致富成为可能。

（三）居住集中化提高了治理的绩效

玉龙县是一个地广人稀的山区县，且有多个民族、农户的居住格局高度分散，受这一结构性条件的限制，乡村治理的难度可想而知，干部走访一户农户可能需要走上几十里的山路，耗费数个小时。反之，农民如果要到村委会去办事，也需要付出同样的代价。如此一来，农民参与公共事务的积极性因山路的阻隔而受到影响，而没有农民参与的乡村治理其绩效势必要大打折扣。而通过易地扶贫搬迁，原来分散的居住格局得到一定的改变，人口达到了适度的规模，乡村治理也有了相应的平台和抓手。

搬迁以后，借助于安置社区的组织体系，基层政府能够为搬迁的贫困人口提供更为有效和便捷的服务，安置地贫困人口也有更多的机会参与村里的公共事务，丰富了村民自治的有效实现形式，乡村治理的绩效明显提高。

（四）基础设施和公共服务的可及性增强

受地域广阔、地形复杂等因素的限制，有些地处深山中的村寨至今还没有通路。不少村寨的基础设施建设不完善，公共服务严重滞后，严重影响了贫困人口脱贫的进程。实施易地搬迁后，通过配套设施建设，安置社区基本实现了水、电、路、信等基础设施的畅通，能够满足搬迁群众基本的生产生活需求。搬迁以后，搬迁户离学校、医院等机构的距离大大缩短，公共服务的可及性显著增强。以前学生上学可能要走几十里的山路，现在离中心小学只有十几分钟的路程。

基础设施的完善和公共服务供给水平的提高，也促使搬迁户生产生活的转型。在搬迁之前，很多居民都是通过上山捡拾柴火来解决家庭日常的燃料问题。而如今住在安置社区普遍用上了煤气，搬迁户就可以把时间节省出来，从事其他工作。比如，就近务工或发展农业产业等，以此来增加家庭收入。总之，基础设施和公共服务的不断完善，推动了搬迁户生产生活的转型，让他们从一些日常事务中解脱出来，把更多的时间和精力用于后续的发展上。

（五）贫困人口的内生动力得以充分激发

脱贫攻坚的关键是改变贫困人口的思想观念，激发他们的内生动力，实现从“要我脱贫”到“我要脱贫”的转变。易地扶贫搬迁对贫困人口来说无疑是一次“破冰”之旅，通过搬迁及其后续发展能力的培育，贫困人口与外界的接触面广了，相互之间的交流多了。在此基础上，其思想观念发生巨大改变，个人卫生习惯、劳动伦理、家庭观念等都与之前大不一样，美好生活的观念深入人心。思想观念领域的深层次革命，让贫困人口的精神面貌焕然一新，他们有信心也有能力重建他们的美好家园，以更加积极的心态迎接新生活。

四、以产业振兴为重点助力后续发展

（一）推进县域产业振兴计划

按照“四个一”路径，动态跟踪搬迁脱贫户，巩固帮扶措施、提升帮扶成效：每一户转移就业1人，每一人发展1亩经济作物，每一处发展2至3个品种，每一家养殖2—3头肉牛，防止返贫现象发生。因地制宜发展高原特色现代农业、电子商务、乡村旅游等扶贫产业，强化产业和经济合作组织对贫困村及贫困户的辐射带动，以产业覆盖强化扶贫帮困，以产业增效实现群众增收，以产业振兴推动乡村振兴。

（二）发挥劳务经济的直接减贫效应

实践证明，在所有的脱贫路径中，就业是最直接最有效的方式，基本上是一人就业全家脱贫。受文化素质、思想观念等方面的影响，目前还有不少贫困人口甘当“家乡宝”，不愿意外出打工。未来玉龙县需要将搬迁群众纳入“玉龙县就业脱贫工程”实施，以系统性举措强力输出农村劳动力，大力发展劳务经济，让劳务经济成为贫困群众持续增收的重要支撑。

（三）以教育和培训激发内生动力

依托县职业高级中学和重点产业基地，建立多个功能型的“双育双扶双孵化”实训基地，不定期地组织搬迁户劳动力一边务工一边受训。坚持党建与脱贫双推进，宣传“幸福都是奋斗出来的”思想，思想教育与技能培育并举，治贫与治愚、扶智与扶志并重，务工思路与就业能力双孵化，增强群众脱贫攻坚主体意识和自我“造血”功能，依靠自己的勤劳和智慧改变贫困落后的面貌，创造美好幸福生活。

（四）提升基础设施和公共服务水平

虽然玉龙县对公共服务和基础设施的投入较大，但横向比较，这些建设还是低水平的，只能满足短期的脱贫需求。从纵向上看，在基础设施和公共服务方面还存在不少的历史欠账。因此，在后续工作方面，玉龙县还需要切实加大资金整合力度，提升安置点的公共服务水平，夯实产业发展基础，确保搬迁群众实现“搬得出、稳得住、能发展、可致富”的目标。

（五）实现与乡村振兴战略相衔接

党的十九大报告提出实施乡村振兴战略，这一战略是未来“三农”工作的总抓手。虽然玉龙县已经脱贫摘帽了，但距离乡村振兴战略的总要求还存在很大的差距，在接下来的工作中，还需要提升群众思想意识，补齐发展短板，改善生产生活条件，保护生态环境，促进农民增收致富，实现“产业兴旺、生态宜居、乡风文明、治理有效、生活富裕”的目标，为全面建成小康社会奠定坚实基础。

五、后续产业发展典型案例

易地扶贫搬迁不是为了搬迁而搬迁，如果仅仅聚焦住房改善，不考虑生产发展，那么易地扶贫搬迁的意义就丧失了。在有些贫困地区确实存在着“重搬迁、轻发展”的现象，搬迁户在安置地得不到有效的发展。因此，易地扶贫搬迁后的后续发展问题，是影响整个项目实施成效的关键。玉龙县在推进易地扶贫搬迁的过程中，注重后续的产业发展，因地制宜找准产业，在安置点形成了比较有特色的产业项目，为搬迁户的持续增收提供了有效支撑。

玉龙县的黎明乡是一个傈僳族自治乡，贫困程度深，贫困面大，是全县易地扶贫搬迁任务最重的乡。黎明乡在实施易地扶贫搬迁的过程中，对后续产业发展方面进行了积极的探索，形成了较为成熟的经验，对全国其他地区具有重要的启示意义。

案例　黎明乡格拉丹下安置项目

黎明乡格拉丹下集中安置点项目的实施，解决了搬迁群众“一方水土养不起一方人”的问题，为困难群众发展和脱贫找到了切实可行的发展方式，案例可复制、可推广，为推进全县项目实施起到了示范作用。

搬迁规模：项目涉及建档立卡户 15 户 58 人、随迁户 3 户 10 人。

搬迁点基本情况：搬迁农户迁出点类型均为公共服务严重滞后且建设成本过高的地区。黎明乡堆美村格拉丹下组主要以种植马铃薯、苦荞、燕麦为主，风景优美，地形复杂，旅游资源十分丰富，但基础条件差，主要产业单一，农户居住分散、贫困程度深、基础设施落后，部分群众还存在就医难、上学难、出行难、住房难、社会保障水平低等问题。

安置点基本情况：集中安置点选择在堆美村委会格拉丹下组域内，具有以下有利安置条件：一是安置点地势相对平坦开阔，土地资源丰富，交通便利，规划功能齐全，结构优化，布局合理，符合入迁条件；二是安置点气候条件良好，光照充足，光热条件较好；

三是堆美村委会格拉丹下安置点占地28亩，能容纳易地搬迁户；四是安置点距离村委会、学校、卫生室等都较近，交通较为便利，方便就学就医；五是安置点适合集中发展产业，有助于增收脱贫。

项目规划及投资：一是新建集中安置点搬迁户住房18套。二是集中安置点配套基础设施工程，场地平整，挡土墙治理，道路硬化，建水池1个、化粪池1个，铺设给排水管、修建排水沟、垃圾处理设施等，实施建档立卡户产业扶持。

项目总投资1033.53万元，其中，建房投资共187万元，上级专项资金150.8万元，县级整合资金21万元，搬迁户自筹15.2万元；场平、基础设施、公共服务建设投资831.53万元；特色产业扶持资金15万元，皆为县级整合资金。

项目完成情况：项目已全面完成，住房质量验收和县级项目验收工作已完成。搬迁农户已全部搬迁入住，旧房已全部拆除，并进行了复垦复绿。

脱贫措施：发展特色农产业，积极助推堆美村"两委"与年出栏量过万头的玉龙县东盛养殖开发有限公司按照"党建+资产收益扶贫"的发展模式，共同实施了能繁母猪托养项目。能繁母猪托养项目在合作期内每年为建档立卡贫困户带来3000元/头的收益，同步参与能繁母猪托养的"党建+资产收益扶贫"的建档立卡贫困户合作年度内的收益将达到8000元/户。结合"整乡扶贫开发项目""2016年建档立卡户到户产业扶持项目""2017年第一批中央财政专项扶贫资金项目"以及堆美村委会挂钩部门整合资金，发展了白芸豆、能繁母猪、基础母羊、土鸡养殖等传统产业，格拉丹下集中安置点农户特色产业户均得扶持4.5件，预计增收户均7000元。

实施旅游扶贫：为实现格拉丹下集中安置点搬迁户的可持续增

收，解决搬迁后的生产生活及就业问题，充分结合格拉丹下安置点的地理环境优势，在尊重自然规律和群众意愿的前提下，围绕旅游抓产业，坚持以脱贫、富民为核心，立足自身优势，健全完善旅游六要素，强势打造旅游扶贫新样板。将依托环境资源及黎明格拉丹下景区的开发，深入挖掘乡土、民宿、火塘文化等地方特色，高起点、高标准做好格拉丹下景区建设规划，充分发挥区域优势、着力凸显特色亮点，打造乡村旅游示范点，与现有的格拉丹草原、格拉丹帐篷酒店等景点形成一条精品旅游路线。旅游发展将带动该安置点的各行业发展，预计将每年解决20人左右的就业，实现群众增收，巩固脱贫成果。

脱贫成效：格拉丹下集中安置点建档立卡贫困户共15户58人，目前贫困人口脱贫退出10户36人，剩余5户22人已基本实现“两不愁三保障”。

玉龙县将继续认真贯彻落实上级相关部门的易地扶贫搬迁政策，结合黎明乡实际，通过进一步加强基础设施建设，在格拉丹下安置点发展特色农产业、实施旅游扶贫等举措，实现在2018年全面脱贫致富。

案例 黎明乡海立子安置项目

海立子组、安那普组位于黎明丹霞地貌区中心地带，风景优美，地形复杂，旅游资源十分丰富，但耕地面积少，大部分耕地都是30度以上的坡地，自然灾害频繁，基础条件差，主要产业单一，农户居住分散、贫困程度深、基础设施落后，部分群众还存在就医难、上学难、出行难、住房困难、社会保障水平低等问题。

在易地扶贫搬迁项目开展以来，为解决好海立子组、安那普组“一方水土养不起一方人”的问题，确保农户如期实现精准脱贫的目标，根据海立子组、安那普组实际，通过充分调研核查等前期工作，按照“政府引导、农户自建，科学规划、连片推进，精准实施、突出特色”的要求，对海立子、安那普组22户93人实施整村集中安置。项目于2016年7月全面开工建设，现已全面完成项目建设，实现搬迁入住。为确保安置点搬迁群众“搬得出、稳得住、能发展、可致富”，通过发展特色产业，引导搬迁群众融入旅游业，参与接待、服务和劳务等工作，确保能发展、能就业，实现脱贫致富。

第一，以“党建＋资产收益扶贫”模式发展蓝莓产业。

支部牵头，村组议定合作的初步方案。在黎明村党支部的组织下成立了海立子村蓝莓产业的“党建＋资产收益扶贫”实施工作领导小组，并按照“一事一议”的村务议事规则，通过召开村民会议协商确定与丽江格拉丹旅游投资有限公司合作的初步方案，并委托海立子村蓝莓产业的“党建＋资产收益扶贫”实施工作领导小组出面与丽江格拉丹旅游投资有限公司商谈具体合作事宜，协商确定合作模式，并签订合作协议。为保障双方合作共赢，在平等自愿的基础上，海立子村蓝莓产业的“党建＋资产收益扶贫”实施工作领导小组与丽江格拉丹旅游投资有限公司经过协商，确定了合作模式，并签订了《海立子蓝莓项目合作协议》。该协议明确了双方的责、权、利。公司承担苗木选购、技术指导的完全责任和产品销售的完全风险，以此保障参与农户每年取得稳定、可持续的经济收益。同时，针对贫困群众缺资金、起步难的问题，黎明乡党委、政府整合70.9万元的财政专项扶持资金用于蓝莓苗木购置和支持基地的基本建设及初期运营，统筹协调项目的实施及督促跟进目标的达成。蓝莓种植总面积为 145 亩，村民将土地及配套种苗作为股本投入公司。此外，由公司提供相应的资金和技术支持，并对村民进行相关技术培训，由村民负责日常田间管理，公司负责蓝莓的收购、加工、销售，并定时定额将分红发放给参与合作的贫困群众。强化项目管理与服务。黎明乡党委、政府依法依规及时对项目合作双方达成的事项进行审核把关，并提出修改完善建议；严格按财政专项扶贫资金管理办法拨付产业扶贫资金；督促双方准确、及时、完整履行协议；全力帮助项目合作双方解决项目实施中存在的困难与问题，并安排乡农业综合服务中心对蓝莓田间管理给予技术支持。完善风险管控。黎明乡党委、政府从源头控制风险，在选择资产收益扶贫主体时，选择治理结构完善、财务管理健全、经营状况良好、经济实力较强、乐于扶贫助困且诚信守约的丽江格拉丹旅游投资有限公司。同时，公司自身也不断强化风险意识，加强风控措施，及时发现和纠正工作中出现的苗头性、趋向性问题，从而杜绝出现区域性、系统性风险。

第二，以“党建＋资产收益扶贫”模式发展能繁母猪托养。

支部牵头，村组议定合作的初步方案。在黎明乡党委、政府的积极推动下，成立能繁母猪托养的“党建＋资产收益扶贫”实施工作领导小组，并按照“一事一议”的村务议事规则，通过召开村民会议协商确定与东盛养殖开发有限公司合作的初步方案，并委托各村能繁母猪的“党建＋资产收益扶贫”实施工作领导小组出面与东盛养殖开发有限公司商谈具体合作事宜。协商确定合作模式，并签订合作协议。在充分尊重双方意愿及公平的基础上，由各村能繁母猪的“党建＋资产收益扶贫”实施工作领导小组与玉龙县东盛养殖开发有限公司进行协商，确定发展模式，并签订《黎明乡建档立卡贫困户妊娠母猪代养合作协议》，该协议明确了双方的责任及分红方式。同时，针对贫困群众缺资金、起步难的问题，黎明乡党委、政府整合 161.2 万元的财政专项扶持资金用于购买能繁母猪，以支持建档立卡贫困户进行产业发展。贫困户将扶贫项目扶持的能繁母猪交由东盛养殖开发有限公司养殖基地统一饲养，公司将部分育肥猪交由具有育肥猪养殖能力的建档立卡贫困户（10—20 户）代养，公司不定期对建档立卡贫困户开展生猪养殖技能与防疫业务培训，并定时定额给建档立卡户分红，连续分红三年。贫困户在合作期第二年又把 50% 以上的收益作为股本进行滚动发展，推进资金变股金，让分散的资金活起来。约定期限三年，期满后能繁母猪由公司自行处理，并按每头能繁母猪折价 1000 元支付给建档立卡贫困户。强化项目管理与服务。为保证合作项目顺利实施，稳固提升贫困群众收入，黎明乡党委、政府依法依规及时对项目合作双方达成的事项进行审核把关，并提出修改完善建议；严格按财政专项扶贫资金管理办法拨付产业扶贫资金；督促双方准确、及时与完整履行协议；全力帮助项目合作双方解决项目实施中存在的困难与问题，并安排乡畜牧产业发展服务中心对能繁母猪管理给予技术支持。完善风险管控。为将建档立卡贫困户的风险降至最低，黎明乡党委、政府严格把好源头，选择年出栏数过万、经营收入稳定、经济实力较强、企业信誉良好的乡龙头养殖企业作为资产收益扶贫主体。同时，公司也进一步提高了风险防范意识，密切关注市场动向，并及时作出符合市场规律的决策，避免出现区域性、系统性风险。

第三，实施旅游扶贫。

近年来，黎明乡通过实施大旅游战略，促进了经济的快速增长，给贫困乡村带来了显著变化。依托景区优势，抢抓机遇、补齐短板，扎实推进丽江老君山黎明景区建设。景区每年接待游客约在5万人次，实现旅游综合收入在500万元以上。依托景区成立的黎明村旅游合作社解决每年70人左右的社区用工，实现群众年均增收78.54万元。

六、超越“空间贫困论”的玉龙探索

长期以来，西方的“空间贫困论”指导着中国的易地扶贫搬迁实践。从传统的收入贫困到综合贫困再到空间贫困，研究者将致贫的因素逐步从单维拓展到多维并将空间的概念引入贫困研究中，逐渐产生发展出“空间贫困论”。这一理论在20世纪50年代的空间经济学及其之后的新经济地理学中初见雏形，在20世纪90年代以来的国际发展研究中日渐成熟。空间贫困论关注贫困与地理环境之间的关系，重视由一系列地理因素合成的地理资本对贫困的形塑。该理论认为，贫困的发生主要是由于地理资本的缺失或不足。一定程度上，我国当前将易地扶贫搬迁聚焦于“一方水土养不起一方人”地区，其实也是对空间贫困论的一种响应。但随着时代的发展，这一理论的局限性也非常明显。

伴随着交通、通信等技术的发展以及社会流动的普遍化，人们生活的空间越来越具有相对性，由此空间贫困论的解释力就存在较大的限度。在传统的乡土社会，因社会流动性弱，我们形成了“靠山吃山、靠水吃水”的生存智慧，但在社会流动性强的现代社会，我们完全可以通过个人的流动来克服地理环境的不利影响。其实，今天贫困的发生越来越表现为多因素影响的结果，单纯通过空间的改换，尤其是一味地将贫困人口迁入城市空间，很难达到减贫效果，对那些作为现代化“后来者”的欠发达地区来说更是如此。

玉龙县在易地扶贫搬迁的过程中，坚持“搬迁不离地”的基本原则，充分尊重建档立卡贫困户的实际，在行政村范围内实施搬迁安置，以特色种养殖业为重点来谋划搬迁户的后续发展。玉龙县易地扶贫搬迁的这些经验和做法取得了积极的成效，改善了贫困人口的生产和生活条件，为其进一步发展奠定了良好的基础。对于集山区、少数民族地区、深度贫困地区于一体的玉龙县来说，由于经济社会发展的滞后，不具备城镇化集中安置的条件，以农为主的就近适度规模安置才能够更大程度地照顾到大多数贫困人口的实际。这种扎根乡土的就近易地扶贫搬迁是符合山地民族的特质的，它实现了搬迁效益的最大化和安置风险的最小化，更加切近“搬得出、稳得住、能发展、可致富”的目标。因此，玉龙县在易地扶贫搬迁领域的探索，对以山地民族为主构成地区的易地扶贫搬迁具有重要的借鉴意义。

第七章　筚路蓝缕扶贫人

脱贫成功的关键在人，玉龙县把“抓人”、抓组织建设、抓干部队伍建设的工作放在首位，一大批党员干部的国家认同、组织认同、民族认同和自我认同得到不断强化，一批好干部得到了锻炼，把自我成长与完成党的任务、推进人民利益目标进行完美的结合，既是党的建设、队伍建设、制度建设的结果，也是“四个自信”在民族地区脱贫发展过程中的集中体现。通过对四名村支部书记，六名乡科级干部，分管扶贫的副县长及县长、书记的深度访谈，聆听他们坚守信念、不忘初心、努力创新推进脱贫攻坚行动的生动故事，全面展示了脱贫攻坚行动本质上是在党的主导和领导下，发挥政治制度优势的制度创新，以大批基层党员干部为核心引领的积极社会行动。玉龙县“三级书记”展现了共同特点：一是铭刻艰难困苦记忆的“本地性”，二是深蕴生态智慧的社会主体性，三是懂政治更讲政治的“书记自觉性”。玉龙县深入落实“五级书记一起抓”，以求真务实滋养创新的底气，以专业性、责任心狠抓“两不愁三保障”对标，坚持贯通“卡内与卡外”的辩证法，探寻“跨越城乡”理论与实践的现实通道，全面推动了县域脱贫攻坚的社会活力与行动能力。

脱贫攻坚行动本质上是发挥中国政治制度优势，是中国共产党主导和领导的具有跨越行政科层制治理、战役型贫困治理的制度创新，是以大批党员干部为核心引领的建设性社会行动。

自 15 世纪人类进入分门别类的“科学化”研究以来，分析与综合的研究路径，也以“科学”与“人文”为相应旨归并力图分别对标。从本体论上，逆向探求二者的实证交集，经历了长达几百年的努力，除了在哲学史、科学史上留下一处处里程碑式的坐标之外，对于在变动不居的历史事件背后要进行“规律”探寻的社会科学而言，又因此深陷因为“人”的复杂性而难以就其行为、意志作“类型”分析的两难处境之中。当然，如此“野蛮”的生长，也以“社会科学”的建树，将“人”与“制度”的勾连囊入其中，从而，给相关社会科学门类的“解释力”留下本体论和方法论的无数难题。好在一切科学的根本基础是“实证”，是在实证基础上的公理性建构及递归式溯演。从这一意义上，研究对象的多学科、多视角锁定及综合性、互动性对话，理应成为达致研究目标的有效路径。对玉龙县脱贫攻坚经验研究的任务，从研究内容、研究方法和路径的内生机理上，向研究者“内生性”地开显出关于“人”在“制度”中如何作为的主题。无疑，这是具有综合性、跨越性、超越性的挑战，但也是绕不过去的“门槛”。因为，担负制度责任的“人”，就是脱贫攻坚历史过程中最重要的载体。

制度经济学者、美国经济学家道格拉斯·C.诺思认为，制度是一个社会的博弈规则，或者更规范地说，它们是一些人为设计的、型塑人们互动关系的约束。从而，制度构造了人们在政治、社会或经济领域里交换的激励型态。制度变迁决定了人类历史中的社会演化方式，因而是理解历史变迁的关键①。诺思在此提到的“制度”，承担了在“政治、社会、经济领域里交换的激励”功能，因而认知集多因素互动而生成的综合性“激励”制度的内涵，将是帮助我们理解玉龙县扶贫干部队伍的一个学理入口。

从组织社会学视角，对行政科层制内涵的“非人格化”倾向弊病的分析，也是我们反观玉龙县扶贫干部队伍及他们依托的“制度创新”关键点

---

① ［美］道格拉斯·C.诺思：《制度、制度变迁与经济绩效》，杭行译，上海人民出版社2008年版。

的又一面镜子。“默顿在他 1940 年的一篇文章中提出，在烦琐的规章和形式化程序中行使职能的各层职员，可能会形成‘官僚主义人格’的假说。他们的首要任务不再是满足顾客或用户的需求，而是在规章和书面指令的迷宫中找到头绪。因此，产生的最严重的功能失调，是（使）这些程序只是按照字面执行而并没有深入人心。它们失去了作为组织活动标准的作用而成为教条。由于要遵守书面规章制度，职员最后变得墨守成规、拘泥于细枝末节、僵化、不能灵活变通。”① 显然，默顿对行政化科层制“非人格化”倾向的批评，可以成为我们理解玉龙县脱贫攻坚实践中以激发“人”的活力和创造力标识的制度品质和政治制度优势的一条路径，从而获得对中国科层制隐形的整合力和包容性既深刻又耳目一新的理解。

一、价值观与乡土情怀同行成长

作为玉龙县脱贫攻坚主战场和第一线的指挥员、战斗员的县、乡、村三级书记及他们的工作搭档、班子成员，五年来，特别是 2016—2018 年这段摘帽攻坚期间艰苦卓绝的奋斗，其人生的成长基础有何共性？与共和国的历史演进，特别是改革开放 40 年来的中国社会转型有何关联？同样的地域、文化、民族社会中，其政治维度的成长经历，对他们在脱贫攻坚中的作为会产生什么样的影响？是我们从“人”出发，去认识中国脱贫攻坚在千差万别的地域环境、人文背景条件下，万众一心，向着一个目标奋进的必要的历史前提。基于此思路，我们随机从进行生命史访谈的 26 位被访者中，选取 13 位类型人物的相关资料，进行列表对照（见表 7–1），从中捕捉到一些规律性的信息。

---

① ［法］克罗戴特·拉法耶：《组织社会学》，安延译，社会科学文献出版社 2000 年版。

表 7-1　本章被访人主要信息汇总表

序号	姓名	性别	职务	出生年份	民族	出生地	第一学历	毕业学校
1	曹金明	男	玉龙县县委书记	1963	纳西族	临安泸沽洛水村	大专	省委党校
2	和红卫	男	玉龙县县长	1967	纳西族	古城区漾西村	中专	丽江师专
3	和世坚	男	甲子村支书	1973	纳西族	大具乡甲子村	初中	大众河北水电站子弟学校
4	和万松	男	奉科镇书记	1977	纳西族	原丽江县中海村	中专	丽江财校
5	黄俊杰	男	黎明乡副乡长	1988	傈僳族	黎明乡黎明村	本科	云南警官学院
6	李金明	男	县林业局局长	1977	白族	九河乡甸尾坪村	中专	丽江地区农校
7	李正荣	男	玉龙县副县长	1968	彝族	宁蒗县石埠村	专科	西南交通大学
8	树贵生	男	奉联村老支书	1969	纳西族	奉科镇奉联村	初中	奉科中学
9	王国军	男	黄明村支书	1981	纳西族	奉科镇黄明村	专科	西南财经大学
10	杨四安	男	黎明乡书记	1976	白族	九河乡甸头村	中专	丽江财校
11	余永康	男	鲁甸镇书记	1976	汉族	鲁甸镇甸心村	专科	云南民族大学
12	赵忠华	男	鸣音镇书记	1976	白族	丽江古城金江村	中专	丽江师专
13	郑绍吉	男	太和村支书	1970	傈僳族	鸣音镇太和村	高中	玉龙一中

注：本表按姓氏首字母排序。

（一）铭刻艰难困苦记忆的“本地性”

“本地性”是指被访人的出生地，18 岁之前的成长地，如今工作所在地的玉龙县及丽江市所辖的除玉龙县之外的其他县域背景。13 位被访人中，除 3 位出生地和成长地在玉龙县邻域外，其他人均在玉龙县出生与工作。“本地性”概念还包括“农村”“民族”两个指标。从表 7–1 可知，13 位被访人均出生于农村，其中 11 位出生在位于玉龙县的农村；13 位被访人中除 1 人是汉族之外，其余都是当地少数民族，即纳西族（6 人）、白族（3 人）、傈僳族（2 人）、彝族（1 人）。表上的信息是从访谈中提取的，我们在访谈中发现，“本地性”作为突出因素，对被访人的脱贫攻坚工作产生了重要影响。

太和村党支部书记郑绍吉，傈僳族，2018 年 48 岁，太和村人。高中毕业后，返乡任小学教师，后当上村支书。从小学四年级开始，他就要走四五个小时的山路去上学，风雨无阻，险象无数，而跟他一样大的其他同伴，因为吃不了走山路的苦，小学没读完就放弃读书了。访谈中郑支书谈到，村里人世世代代对于修路的渴望深嵌在骨子里。脱贫攻坚开始后，村里终于有钱、有组织来建设通组路、通户路了，他这个当书记的不带头干，就对不起祖先的梦想和还将生活在此的子孙后代。问及他每天十几个小时完全扑在工作上，而补贴每月只有 1800 元，会不会觉得很委屈？他说父母是农民，现在老了，还有病在身，干不了农活儿，但是就医有医保，花钱也不多；妻子一人在家务农，喂养着三四头猪，种了五亩地，烧点酒卖，一年收入有 2 万元；儿子大专毕业后在镇里做协警，一年也有 2 万多元收入；加上他自己每年的 2 万元左右的收入，一年全家收入六七万元。还有一个小女儿读初中，花不了多少钱，支出也不多，是完全可以安心搞脱贫攻坚工作的。

王国军是黄明村第二位大学生，2018 年 37 岁。村里老支书和乡党委动员他返乡当村干部，他爽快地答应了。问及原因，他告诉我们：黄明村自然地理条件恶劣，7 个村民小组，5 个民族，分布在金沙江边海拔 1200 米到 3500 米的一面斜坡上。农户居住分散，一个山头住几户人家，吃水和通行非常困难，到自家山林和耕地去干农活儿，最远的得走三四个小时。记得 21 世纪初“两基攻坚”时，为扫盲达标，培训老师白天给学校的学生上课，晚上才能做村民的扫盲培训。他姑姑要打着火把，从 10 多千米外的住地，走羊肠小道，翻山越岭到中心村去听课，路上得花 4 个多小时。他自己读初中时到乡镇中学上学，一周才回家一次，得背一周吃的苞谷、红薯，单程要走四五个小时。路实在太难走，为此自己还曾在家休学一年。大学毕业后，在社会上打拼，做过规划设计，还经过商，做中草药生意，到家乡山里收野生菌卖。三年前还在自家地里种重楼（一种名贵中药），投资近 20 万元。他之所以同意回村当干部，就是知道脱贫攻坚是村里自古以来没有遇到过的大好事。这两年，在他的参与下，黄明村已有 7 个组通公路，生产、生活用水也全部解决了。连最远的大山中那二三百亩林地都通水通路了。全村仅卖野生菌的收入每户每年可达 2 万多元，而在过去没路进山，采集不多，也卖不出去。他也将重楼种植技术传授给村民，用耕地以短养长的模式在经营，政府和社会扶持资源都在按规范往里投。建档立卡贫困户都是合作社股东和经营户，全村的贫困户脱贫和不返贫都没问题。他自己的产业发展也会很大，因为他的父母都学会了种植技术，也学会了与电商打交道，只需在家门口就可实现山货出山。

黎明乡副乡长黄俊杰，是乡里派到新建移民新村的驻村工作组组长，黎明村人，傈僳族，2018 年 30 岁，云南警官学院毕业，是村里傈僳族的第一位大学生，大学毕业后考入公务员队伍。因黎明乡扶贫移民搬迁任务重，特别需要当地干部到第一线工作，他两年前来到了现在的工作点，

2018年升为副乡长。问到黎明村脱贫攻坚之前与现在有什么变化，他说有三大根本性的变化：一是教育的观念和读书的行动。过去傈僳族住得比较分散，也没有通畅的交通与外界沟通，读到初中的人基本没有。他是因为自己家所在地附近十年前因修水库通了公路，父亲在家门口开了一间小杂货店，与外面的人交往多了，从而开阔了眼界，才逼着他一定要读书。读书的经历很艰苦，最终他成为村里文化最高的人。脱贫攻坚开始后将小学搬到了村里，路也修到了农户家门前，对“直过民族”的教育政策有特殊支持，其中对傈僳族还有特殊照顾，很让他感动。因此村里的扶贫工作，一直将教育扶贫作为脱贫的根本路径，言传身教地入户工作。这两年村里已经没有辍学的孩子，读初中、高中的也有几个了。对成年人，特别是老人和妇女的双语培训工作，也在紧锣密鼓地进行。现在每户都有了电视机，对汉语学习很有帮助。二是建档立卡贫困户和住得偏远的非卡户因移民搬迁政策开建新村，集中居住，已经具备了庭院经济（在院子里种植重楼等中药材）的基础，较之过去，多了一条稳定增收的生计之路，每户的生计来源有3—4种，即使遇到自然灾害，也不容易再返贫。三是居住条件发生了根本变化。过去木楞房、土坯房低矮、暗黑、开裂、漏风和漏雨，现在是傈僳族文化图腾标识醒目的二层或三层砖瓦小楼式庭院，错落有致的傈僳族新村，建在老君山景区范围内。今后民俗旅游外有市场需求，内有绿色生态特色食材供给，加之一拨拨至少受过中等教育的孩子们可以返乡创业、就业，前景是实实在在的。小伙子说，为自己民族的脱贫和发展工作奋斗，他很有成就感。

每访谈一位这样的人，都会传递给我们踏实的信念和阳光扑面的鲜活感，因为脱贫攻坚的责任被他们扛在肩上的时候，他们也脚踏在告别贫困昨天的征程中。过去和未来，他们都了然于胸。

（二）深蕴生态智慧的社会主体性

习近平总书记在谈到发展的主题与目标时，非常强调“人民性”。这正是中国共产党从成立之时带领人民走到今天的初心和法宝，即一切依靠人民，一切相信人民，一切为了人民。“人民性”在玉龙县脱贫攻坚中的具体表征，就是对具体到不同地理环境、不同民族生存和发展方式的社会文化主体性的真诚尊重。这受之于他们长期与自然互动、彼此间社会文化互动以及与国家、市场互动所形成的生态智慧和社会政治智慧，以及在历史变迁过程中体验到的发展差异及不足的经验与教训。而具有“社会主体性”特征的“书记们”具有的民族文化、社会政治、生态特征知识，是理解玉龙县打赢脱贫攻坚战经验的又一个重要维度。在他们确立脱贫攻坚工作理念及路径选择时，“社会主体性”均发挥着重要的影响。

奉联村前任支书、现任副书记树贵生，奉联村人，纳西族，初中文化水平。因做村庄资源图、了解金沙江革囊渡渡口与村庄变迁形态的需要，特别是脱贫攻坚中以党建促脱贫做法的需要，我们对他进行了近 12 小时的 4 次访谈，主要涉及政治学、历史观、社会治理、经济人类学四方面学理。调查组汇总讨论会上对此个案得出一个认识：作为脱贫攻坚社会主体的中坚力量，文化底蕴的扎根性是保证标靶不移的“定心丸”，也是“人民主体性”和内生动力的真正源泉。树书记告诉我们，水的问题一直是村里生产生活面临的最大困难。“金沙江滚滚向东流，金沙江边人煮茶没有水”的谚语传了上千年。在脱贫攻坚期间，国家有足够的项目款投向水窖建设。在此之前，扶贫开发也有少量水窖项目，均由县级层面下指标，由行业部门指派施工队给个体农户建设。脱贫攻坚开始后，项目资源直接到村，建多少、怎么建、建在哪儿，由扶贫干部与村民商量、论证确定。于是，村里成立了一个由农户代表、村干部和扶贫干部组成的工作组，对全村每个水源点，每条山沟，每片森林，每块耕地，可能成为新产业增长点的荒地，农户居住地已有用水，护水社会组织，文化习俗，生态禁忌等进行历史、生态和生产生活需求的全面实地调查。在对口帮扶单位派出工作队、省测绘局专家帮助下，在很短时间内就作出了村庄水资源开发、利用的规划，发明了“水窖群”建造方式与使用的组织机理。与单个水窖相比，水窖群在积水、供水效应，农户有序地组织参与合作、利用和维护的公益溢出效应等方面，是完全本地化地与国家资源高水平对接，规避了过去单体水窖修建缺乏公正、公开性，甚至项目款跑冒滴漏、水窖豆腐渣工程多，难以持续使用，与地方社会、文化、生态环境脱嵌的问题。在访谈中我们得知，树书记是纳西族文化收集、保护和整理的志愿者，是500人的纳西族文化交流微信群中经常“冒泡”的成员。

民族文化和对文化形成机理的深度认知及来自其中的文化自信，对脱贫攻坚工作思路的影响，从玉龙县县长的访谈中也有突出的表现。和红卫县长，纳西族人，上大学前一直生活在距离丽江古城十多千米的漾西村，那是茶马古道的必经村落。上学之余一直帮家里干农活，从小就熟知土地能产什么，对家庭意味着什么，农民怎样养护耕地。他1982年考入丽江师专学中文，三年大专下来收获最大的是两样东西：一是从文学的美感中领悟到纳西族文化在丽江独特地域环境中长期积淀而展现的包容、开放和自我完善；二是20世纪80年代初国家“拨乱反正”过程中表现出来的追求真理、实事求是、探索、创新的精神和正气。例如，一开始学校食堂还在搞大锅饭时，每天吃的都是芭蕉芋粉丝、蒜苔、洋葱、豇豆加苞谷面糕，吃得难受。后来，搞食堂承包之后，师生成为管理主体，物美价廉的生活开始了。这就是惠及众人的改革，后面的机理是公开透明的市场机制发挥了作用。和县长毕业后，先是当了五六年中学教师，后被调到原丽江县政府办公室工作，此后在原丽江县乡镇、组织部、人事局、区县分设后的古城区工作，直到2013年调任玉龙县担任县委副书记，代理县长，2015年正式担任县长。

对纳西族文化和丽江地域史的研究，以及丽江党的历史研究，成了他生活中重要的组成部分。访谈中我们问及玉龙县民族文化与脱贫攻坚的关系及乡村振兴可持续发展的内在关联应如何把握时，和县长告诉我们：第一，一定要有耐心。各地、各民族接受外部信息的基础是不一样的，要边工作边等待，这需要一个过程。第二，军中无戏言。少数民族文化有一个共同的特点，是质朴无华、诚实无欺。脱贫攻坚是习近平总书记带领全党立下的军令状，我们就要通过自己的工作去兑现这个承诺。第三，要抓细节。落实问题就要从细节抓起。比如宝山乡，耕地比较多，土地也算肥沃，但为什么还这么贫困？因为高山位于高寒地区，气候不利。奉科镇就不一样了，是在海拔高、差异大的斜面居住生存，小的差异反而多。因此，要吃透问题，才会有好的主意。第四，要以农户为脱贫和发展的主体，形成多种形式的家庭收入来源才是致富的根本。玉龙县丰富的自然资源与纳西族、藏族、普米族、傈僳族、彝族、白族、汉族等文化交融形成的自然—人文旅游景观，以及地处金沙江南出口衔接湄公河流域的独特地理位置条件，只要在国家好政策支持下，就能构建极好的战略发展基础。因此，脱贫攻坚的产业项目选择、基础设施的可持续利用，特别要尊重当地民族文化。以人民为主体的发展方式，是玉龙县从脱贫攻坚到乡村振兴所要坚持的发展道路。最近，市里已经批复了《关于建设金沙江绿色经济走廊“两带三网两提升”实施意见》。总之，就玉龙县而言，脱贫摘帽的实践已经证明这条路径是对的。

基于和县长当过五六年的教师，我们问他“教师职业生涯对他脱贫攻坚工作有何帮助”，他略思考了一分钟，讲了八条理由：第一是读书。上好课就必须读很多书，不仅要有学理的基础，还得生动地运用案例。第二是备课。每节课都要缜密地计划，课时的内容要设计得构架完备而精彩。第三是原则。每评一份作业一份考卷，都得有依据、讲原则，是多少分就给多少分。第四是爱心。对学生来说，老师的爱是最单纯的，也是最美好的，其实老师也能从学生那里收获同样的爱。第五是记忆力训练得比较强，特别对细节的东西会关注。第六是团结。无论当学生，还是当老师，总会被组织委派做一些团队工作。当班主任也要求班干部团结互助工作。第七是讲实效。没有太多虚头巴脑的东西。第八是别太有“功利心”，就是对提拔、名利看得不是太重。从教师到政府部门干行政工作，是被组织调动的，否则可能就做一辈子老师了。再补充一个是，访谈在他办公室进行，他桌上正好有一本正在审读待出版的《中国共产党玉龙纳西族自治县历史·第一卷·新民主主义革命时期》，听说我们的研究需要史料，就将这本书送给了我们，说他再去找样稿。

（三）懂政治更讲政治的“书记自觉性”

从政治素养与成长道路交集视角看，这些书记在不同成长过程中形成的政治品质，一旦与脱贫攻坚的政治内涵相遇，就会表现出高度一致的内在衔接与生长优势，从责任担当、目标坚守、求真务实、重视持续等节点上，呈现出政治因素在脱贫攻坚中的核心作用及引领功能。

和世坚是大具乡甲子村党支部书记，2018 年 45 岁，纳西族，任现职 5 年。在此之前，初中还没毕业，便因家庭生活所迫而离开村庄，到丽江古城打零工，帮人搬运货物等。后来，到木材交易市场给一老板当听差，老板见他老实肯干，便将一些木材贸易的催债跑单业务交给他，最终成就了他当下在丽江城里开了木材加工厂和贸易公司。多年来，受爷爷为乡亲做实事的影响，靠在外面打拼结识的关系，经常为村里人的需求穿针引线、雪中送炭。例如，谁家有病人需要住院找医生，谁的车遇到纠纷需要协助处理，谁办执照要加快速度，等等，他总是热心相助。更重要的是，甲子村地处玉龙雪山景区，自 1988 年作为旅游景区开发以来，景区自然资源保护与旅游者的矛盾，甲子村包括纳西族、藏族、彝族、白族、傈僳族等在内的 15 个少数民族自然村参与争夺景区牵马、餐饮、住宿等经营权的矛盾，景区原始森林保护、经营权和管理权变更引起的景区运营企业、景区管委会与当地农民和村集体的矛盾交叉存在，村干部和群众会经常向他这个大能人讨教应对的办法。但在党的十八大召开前，来自村里选他做村主任的呼声，都被他拒绝了。他认为体制内各种关系太复杂，甲子村 15 个村民组各民族间利益关系太复杂，要改变现状，几乎无望。

他说党的十八大召开之后，观察了一段时间，发现形势在根本上变了。“苍蝇老虎一起打、精准扶贫要落地。外部党风廉政建设抓得紧，内部怎么样形成内生动力，就得靠村庄自己。”于是，2014 年底，他主动向管委会请缨，要当党支部书记，回乡带着大家一起干。此时，区党委正在为甲子村基层党组织建设谋划责任人，于是一个月后，他正式上任。“新官上任三把火”，他把“火”都烧在政治引领的机理上。

“第一把火”是“洗涤灵魂”。因为村里是个集体经济空壳村，他们向风景区管委会申请了一笔党建经费，组织全村在家的 65 位党员到杨善洲纪念馆参加培训五天。访谈到这时，他送给我们一本精装的考察学习图片册。册中记录了五天培训中每天从早上到半夜的紧张学习情况。他说，上到 83 岁的老党员，下到 20 岁刚出头的小伙子，说到参观体会时都流泪。“人家这么大的官，退休回乡植树造林，为子孙后代谋福利，日子过得这么苦。这样劳动，这样活，才是最有价值的。”胡锦涛、习近平都到过这个纪念馆，我们也到了，回去就得干。此行，他们还参观了腾冲抗日烈士纪念陵园，更加意识到党员的责任和光荣，要踏踏实实地建设家园。还在参观途中，大家就着急谋划回来怎么干了。党的组织产生了凝聚力，成为甲子村减贫发展的主心骨。

“第二把火”是理顺村庄的内外关系。对外，与景区运营公司和管委会谈旅游反哺村庄和村民的资金数额及村集体、村民有序参与景区经营的方式与责、权、利；对内，把村庄治理与民族社会文化传统相结合，公开、公平、公正确权与分利。在党组织主导下，将经济利益的确权与村民有序参与的组织机制和规则制定出来，实现真正的利益分享。这几年的发展，将每一个民族、每一户农户、每一个有困难的家庭在村集体中的权利与义务都做到公开、公正，家家户户都参与到组织平台上反复商量、认定，特别是景区反哺村民的合同收益，该如何分配的问题经大家协商决定，村民满意率100%。

“第三把火”是“农户＋集体经济”。成立由党组织领导、产权明晰、经营遵循市场规律的创新型村集体婚纱摄影公司。此公司与扶贫资源等多方资源整合，实现效益最大化对接。经营三年，发展势头迅猛，组织管理有效，经济运营规范，上级组织放心，群众受益递增，生态效益明显增长。

目前，玉龙县委组织部正在全力推荐甲子村“党支部＋旅游产业＋村集体经济＋景区企业＋农户普遍参与＋生态保护利用”的组合型脱贫攻坚模式，认为这其中最根本的经验是党支部把握方向、全体村民有序参与的乡村旅游新业态创新[①]。

在访谈过程中，有几个非常鲜活接地气的“讲政治”细节，可以帮助我们从细节体悟到政治品质的“骨感”并受到潜移默化的影响。

第一，婚纱公司为进入玉龙雪山景区拍婚纱照的情侣建设一个豪华、

---

① 访谈玉龙县委组织部，2018年12月12日上午。

宽大、有300多平方米的补妆大厅。近20个梳妆台上方空间为布景装饰，最吸引人眼球的是焦裕禄手叉腰间、目光向前、脚踏黄沙、头上党旗飘扬的一张照片，与下方正欲梳妆的美貌新娘可以融为一镜，竟让人有些恍如隔世的思维冲击。和书记说，这是党性教育。无论你来自天南海北，到了这里，就得受艰苦奋斗的教育。当问到村里这两年外出青年申请入党积极性高涨的原因时，和书记脱口而出："这叫抓扶贫促党建。通过脱贫攻坚，党支部有组织地带着大家将国家提供的政策宣传好、用好，得人心，有实效，比个人捐点钱回馈家乡修点路什么的成就感大多了，底气也足多了，做一名党员多光荣！"

第二，当问到婚纱公司在用人和财务管理规范上，是否真能按实际的制度办，而不是只走形式、实为谋私利这个问题时，和书记似乎有点委屈，并随口而出："怎么可能？村财乡管！婚纱公司进出账两条线，一分钱不经村委的手。这是铁律，纪委监察部门时刻盯着的，出了问题，我是书记，第一个被问责。用人制度规定：以能力招岗，公司招考后，村'两委'会分别审批，并在全村公示三次，谁都不可优亲厚友。婚纱公司产权是全体村民的，没有一分钱是私人股份，所以也是受全体村民监督的。"

第三，我们问和书记花这么大力气在村里工作，自己的产业怎么管理，他说："有职业经理人代办，是带了很多年的，可以放心。我们是中国改革和扶贫政策的受益者，自己不带着村民干，怎么行？想想改革开放前，天天是苞谷饭、煮野菜，哪有大米饭吃？我现在下班回家，可以自己开宝马、吉普这样高性能的车。我还可以天天抽一包烟，一个农民就满足得很了。30年前，这样的生活谁敢想？"后来他身边的人告诉我们：和书记夫人是林业局干部，是位大学生，汉族。家里有一个读高中的女儿，和书记的父母也从农村搬到丽江城里住了，夫人好照顾二老。夫妻俩结婚快20年了，从来没有时间一道出去旅游和休假，和书记过去忙自己的产业，现在忙甲子村的事业。

鸣音镇的党委书记赵忠华，在脱贫攻坚中讲政治，除了整体思路、工作路径与其他乡镇步调一致外，还有自己的“独门绝活”。访谈中，我们请赵书记谈谈鸣音镇的脱贫攻坚与基层党建是怎样嵌构、怎样抓实的，他一口气讲了 8 条。最后一条居然是要办好乡镇食堂。其理由是脱贫攻坚工作时间紧、任务重、压力大，乡镇干部和下挂对口帮扶干部年轻人多，农村工作经验不足，所以更需要团队作业，各板块要有很强的内部联系，既需要专门的经验，又需要互补。更重要的是困难多，要克服困难、解决问题，需要团队随时随地都能有一个默契的配合，集大家智慧破解难题，这背后就是党风建设与目标导向的坐实。而办好食堂有什么用呢？第一，让干部们在体力、精力不支的常态中直接体会到“家”的温暖。哪儿的饭是好吃的？当然是家里的饭最好吃，物美价廉。鸣音镇上有条街，可以买到最绿色安全的鸡、猪、牛肉和多种蔬菜。每两天安排两位女干部随炊事员上街买菜，她们爱吃什么就买什么，口味经常变。乡镇食堂请的是鸣音镇四周最出名的大厨师傅，开的工资也是按照规则来，并不高。第二，有了食堂这个向心力，干部们就不会因为食堂饭菜不好吃，跑到街上小饭馆三五人一伙，今天我花钱请大家，明天轮到你买单，这样就节省了不必要的开支。第三，关键是避免了产生小团体的土壤。年轻人由于经验和眼界的限制，对一些问题不理解，可以想象得到难免会有些情绪，但是找不到正确出口，不良情绪传播开来，还会破坏团结，动摇军心。所以，办好食堂就是一种无形的“讲政治”。大家都在食堂吃饭，还可以公开讨论一些问题和想一些解决问题的办法。这个总结让我们大吃一惊，非常佩服赵书记的眼光长远。他说，“抓脱贫攻坚的自我定位中，有一条是给这些‘大孩子们’当好家长，爱护他们，帮助他们在团队中共同成长，是当书记的本分”。我们反问书记，这招从哪里学来的，书记说是自己在大家庭成长中悟出来的。书记的生命史中留有这样一些信息：父亲只读过小学，母亲没有读过书，但并不影响二老成为最好的家长，全家基本靠着父亲打铁为生，供养出了包括赵书记在内的六个孩子（五男一女），哥哥姐姐基本读到了大中专，现在或在政府，或在事业单位工作，或下海从商，全都走出了大山，走出了农村；父亲不仅对自己这个小家庭负责，还在直系家族中担当着调解仲裁的角色，他身体力行、公平公正的人格魅力，同样影响着同辈的18位兄弟姐妹。现在，他们中有16位是国家工作人员。在父亲这位好家长的影响下，兄弟姐妹紧密团结在一起，都获得了不错的发展。现在每逢节日，大家都会聚在一起，其乐融融。所以，当好一位好家长，言传身教尤为关键，深深影响着下一代的发展。

脱贫攻坚中党性蕴含着人性，不仅仅是对贫困者讲的，也是对参与这场战斗的所有人讲的。在这种深切、细微的大爱下，才不会让一时的功利心扭曲了政绩目标，干扰、遮蔽了原本的初心和目的。习近平总书记在2019年新年祝词中讲，要关爱我们的驻村干部。机理之源，即在此心。

二、专业性与逻辑性贯通的行动创新

在我们已有的研究中，对扶贫开发和脱贫攻坚“专业性”的强调，主要是依据专业社会工作如何做社区调查、社区动员，以形成社区行动共识和社区参与的工具和路径，并引申为对党建扶贫工作的一种启示和借鉴，即支持源自西方现代化过程中创生的社会工作方法与中国共产党一直以来做群众工作、走群众路线的工作方法在新历史条件下的技术性融合[①]。而玉龙县脱贫攻坚实践中表征出来的“专业性”，则大大开阔了我们的视野，

① 孙兆霞：《政治制度优势与贫困治理》，湖南人民出版社2018年版。

促使我们从整体和系统性的高度，对“专业性”有了新的本土性知识的理解和更具有包容性、普适性的工具方法的价值论评估。这种“发现”主要来自具有“规律性”支撑的三个维度以及它们之间相互勾连的完整过程的系统性表征。

（一）深谙“五级书记一起抓”的制度整合

李正荣副县长是玉龙县分管脱贫攻坚的两位专职负责人之一。我们对他的访谈主题是关注以往扶贫体制在专项扶贫、行业扶贫、社会扶贫部门性划分制度框架中，从中央到县级，按科层制结构运行中普遍存在的“行政化路径依赖”携带的体制碎片化及政绩目标遮蔽“初衷”坐实问题[①]。并进而追问这些问题如何在玉龙县得到破解？其破解机理中，党建扶贫以“战役化”方式嵌入所产生的作用及影响？因为从实践过程看，玉龙县脱贫摘帽工作中，科层制与战役性行动交集是无可置疑的；从学理上说，两者的交集从建构上，即是一个包含“专业性知识”的制度重建。无论从理论还是从实践上，这是一个既可解释玉龙县脱贫摘帽工作依托的制度创新知识，又可从体制动力激发与体制结构稳定性保持的角度，对双向张力的包容性边界获得实证的一手材料，形成从理论上与相关范式理论对话的基础。

在从李副县长的“专业性”阐释中获取问题的答案之前，我们对李副县长的成长史，特别是他对回答问题所具备的“职业”和“专业”基础的访谈是必需的。在这一环节，我们得到的信息是：

李副县长是宁蒗县石埠村人，彝族，1968年出生，本人在家中排行第四。小学一年级到三年级在村里读书，那时他连汉语也不会讲，是“复

① 杨雪冬：《地方治理的逻辑》，社会科学文献出版社2018年版。

式”班上课。小学四年级，才转到一个“完小”去学习。因家里太穷，四年级时，三四次被拉回家放牛放羊。因为学习好考了第一名，五年级就被保送到宁蒗县刚建成的云南民族中学，吃、穿、住全免费，在这个学校他一直读到高中毕业，考上了西南交大土木系专科班。1990 年毕业后，分配到宁蒗县住建局。1992 年，因教育局接受世界银行贷款，有教育园区建设项目，需要专业人员跟进，随之调到教育局。1996 年，任招生办主任。1998 年，调县委宣传部任副部长。2004 年调森工企业任党委书记兼县林业局局长。其间，单位获全国天然林保护先进单位和两次市委市政府表彰。2012 年，调交通局任局长。2015 年 1 月，调到玉龙县任副县长，与另一位县委副书记，一起分管玉龙县的扶贫和环保工作。

当问到“作为玉龙县脱贫工作的主管领导之一，李副县长您从统领经济社会发展全局的专业角度看，玉龙县有哪些特色”时，李副县长如数家珍，一一道来。

第一，班子团结，特别能战斗。县委书记非常优秀，能担当，对玉龙县情况又熟悉。如果没有他这么坚强，遇到的许多难事我们扛不过去，可能早趴下了。县长讲政治，非常实在，与书记在组织部工作时是搭档。“他们俩可能是中国最团结的书记和县长了”，在他们统领下每一个环节都不掉链子，这就形成一种必胜的态势了。不掉链子就是盯准“两不愁三保障”和“三率一度”动态识别这几个基本点，集中力量上下一心，建立有效工作机制。例如，有两兄弟承包土地分家时，哥哥分得还少一点，但弟弟懒惰，按条件被识别为贫困户。村里人通过扶贫工作队多次宣讲政策，弟弟同意了，哥哥不同意。工作队就去给哥哥做工作，说你靠自己的勤奋诚实劳动，让全家过上好日子，这是光荣。你弟弟懒惰，生活困难，发展没条件，政府就按政策帮他先渡过难关，再靠大家带着他学会靠自己的劳动真正摆脱贫困。哥哥被说服了，才签字同意。

产业是灵魂，也是满意度的难点，或者是焦点。没有产业，可能今年脱贫了，但是明年又返贫了。脱贫过程中住房是硬骨头，“卡内卡外”危房改造、破房烂屋、居住环境“五整洁”同步规划、同步做。我们缺钱，太难了，逼着一分钱掰成两半用，靠激发老百姓内生动力，来减轻劳务支出。

第二，用好三支队伍，这很关键。第一支队伍是关联单位，每个县直部门挂一个村，单位人员挂户。这支队伍是拿着600多条对标指标到村、到户专找问题。例如错评、漏评和老百姓不知情，都是问题。你找不出问题，督察组下去找出问题了，单位个人都会被问责。这一招使全县干部职工一年多都成了评估专家。第二支队伍是县处级领导干部、全县四大班子30多人全分到具体乡镇扛责任。书记、县长是最难的。第一支队伍找出的问题，第二支队伍蹲点，一个个整改。整改不好，就全县通报，不留面子。多次排查出几十个问题村，由扶贫指挥部研讨会商后，重新组织配备人力物力资源接着改。第三支队伍是驻村工作队。他们每天和老乡朝夕相处，吃、住生活在一起，对村里情况最熟悉。他们的工作包括：一是抓落实，将需要推进整改的工作一项项对照督促；二是对村干部先进行辅导、培训，然后由村干部召开村民大会，入户做政策宣传和工作落实；三是对住户、危房等“卡内卡外同推进”时，对有疑问的老乡，一家一家比较、算账、讲解，让老乡透彻了解每一分钱是怎样按政策用在项目上的；四是帮着劳动力不足、工期很紧的农户一起干。说“地毯式”遍访，主要是第三支队伍倒排工期和老百姓打成一片地做。玉龙县脱贫摘帽，就是这三支队伍用这样环环相扣的方式做到的。

问到摘帽验收后是什么收获时，李副县长谈了四点：第一，完成了党和国家布置的最大民生工程、最大政治任务。第二，仅仅从贫困主体的内生动力被激发出来，就是了不起的贡献。由被动脱贫变为主动发展，这为实现小康和乡村振兴奠定了坚实的基础。第三，是满意度。我们完成了一件非常重大的事情，也可以说是完成了一项神圣的使命。刚开始，建档立卡户起来了，非建档立卡户通过做思想工作，由原来的不满意到现在的满意，我们费了很多的心血，用“绣花功夫”认认真真地干成了这件事，这是一种快乐，也是一种成就感。第四，通过参与做这么一件事，达到今天的效果，真正感受到中国共产党的气魄。这么伟大的事情，与老百姓息息相关，只有中国共产党才会下决心做这么伟大的事业，所以最后的话还是感谢党。

对李副县长的访谈进行了三个半小时，深深地被他的敬业和专业精神所感动。其间，有两次眼圈湿润，一次是他讲到某乡镇如何艰难地寻找一个卡户家属提供一份购房证明；另一次他说终于完成了纳西族人民交给他的任务，回报了对他的信任，否则，都无脸面对自己的妻子和孩子。

（二）培育新型农村产业经营主体的专业性举措

如何将精准扶贫、精准脱贫战略实施之前扶贫开发中广泛表现的产业扶贫的内在张力，即“扶贫”的社会目标及公益路径与“开发”的市场经济盈利目标与资本追求的利润最大化路径之间的内在冲突，在精准扶贫精准脱贫及脱贫攻坚中加以化解，使市场规律与社会规律的结合在脱贫攻坚实践探索中建立起新的平台和机制，这既是玉龙县脱贫摘帽“五个一批”的“通过发展生产脱贫一批”必须要进行的突破，也是在单个农户特别是贫困农户参与现代化市场经济要素不全、能力不够的前提下如何通过有效可行的基层党组织建设，引领经济合作组织，一方面承接政府和社会公益性体制资源，另一方面按公平正义和能力主义相结合的市场规则形成实质上的合作经营主体在“中国特征”的本质规定下进行实践创新的内在需求。在此，“新型专业化”的范式探索必然成为回应以上需求的内生性因素，而以“人”为载体的“专业化”型塑，是我们观察和认知要加以聚焦的动态性客体。由此需求，我们将这一类典型对象的研究锁定在鲁甸镇党委书记余永康身上。

余书记是鲁甸乡甸心村人，汉族。其成长过程中，有三个相互关联的因素对他形成较大影响：

第一，是家庭环境。余书记的曾祖父是货郎，从四川眉山一直摇着拨浪鼓、挑着针头线脑，一路来到这边讨生活，比较能吃苦。余书记说，当时甸心村就在茶马古道上，是人马驿站比较集中的地方，老祖宗开了一小间铺面，做点生意，后来爷爷成年之后找了当地的媳妇，才在这个地方安家落户。爷爷奶奶去世较早，由大姑负担父亲、小叔叔和二姑的生活。那时候大姑才十来岁，就帮人做工，东家见她聪明肯干，就让她跟着东家孩子一起读书，这是20世纪40年代末甸心村女孩读书的特例。1949年，大姑就成为乡小教师，后来嫁给姑父，姑父当时在丽江城里的豆腐厂、酿酒厂里面挣点工资，两人的生活确实比在农村的时候好些。靠着这些收入，大姑一直供二姑、我父亲、小叔叔读书到高中，告诉他们只有读书才能走出大山，改变命运。父亲、二姑高中毕业后也当了教师。二姑父是鲁甸乡的老书记。小叔高中毕业后到西藏军区当兵，转业后在鲁甸乡政府工作，后“下海”搞木材生意，成了鲁甸的首富。现在因产业转型也转向中草药种植和经营。家庭环境给他的支持按他自己的话说，从两个姑姑那里懂得要读书、走出大山到外面的世界谋发展的信念；从小叔叔身上发现男子汉要敢于冒险，同时要深谙市场规律、实干可成的经验；从两个姑父身上，体悟到从政造福一方，是实现理想的直接路径。

第二，是对区域性地方性知识的了解。甸心村是一个多民族构成的村落，所在乡镇鲁甸，南与怒江兰坪县相连，西接迪庆藏族自治州维西县，北与塔城乡比邻，东临巨甸镇与黎明乡，原茶马古道交通要地，森林覆盖率高达 80%。全村 123 户，分 4 个自然寨，除彝族外，藏、汉、纳西、普米族都可以通婚，因此全村内尽是亲戚，村外与周边区域也是亲戚关系。全村在取水用水、红白事、节庆活动、农耕护林、药材采集种植经营等方面，均以户为单位，形成全村互通有无的历史传统。同时，各民族间自己的文化传统和知识象征符号的保存也较为稳定。特别是生态环境与人的活动方式互为影响的知识，已经成为一种集体性的惯习依据，形成当地人生态观念及利用方式的系统性架构。例如，对“水”的知识的理解：村庄居住地及发生学的原理是依水定居，最早应该是 1000 多年前普米族在约 10 平方千米宽的甸心坝子游牧式生计，后来纳西族移民，将甸心坝子做了农耕利用；再晚一点，彝族进入，往高一层级的山地搞牧养生计，形成依附海拔三级台阶，稳定居住与劳作的半耕半牧再采集（海拔最高处是原始大森林）的生态生计社会文化体系。由于地质构成是高原沙壤土，极为贫瘠，海拔高处虽有森林覆盖，涵养水源，但牧草有限，不能支撑畜牧业的发展壮大。因此，长期以来，人口与自然平衡的理念与状态是祖先以农耕生产的低下产出为前提而获得的生态和生存性社会智慧，贫困型经济也成为一种历史和自然选择。20 世纪 80 年代后期，森工经济以体制的力量自上而下、自外而内地挺进，仍以家户为单位的全村性参与，在使农户快速致富的同时，也使自然生态环境急速恶化，快速致富带来的社会失序，人染赌博、吸毒等恶习，使社会问题也逐渐凸显。幸好，十余年之后，两江中上游保护工程的实施给破坏生态的生产方式拉了刹车。这样一些历史积淀，无疑会成为脱贫攻坚中主要责任主体的党政部门如何重新激发和组织农户主体参与产业发展及生态保护与利用的“规律性”认识的重要前提。

第三，个人经历的历练。余书记的记忆中，小学、初中均有“劳动课”的设置，课程内容就是在学校的田野实验基地种植苞谷、土豆和蔬菜。余书记 1998 年毕业于云南民族大学旅游管理专业，大学毕业后到丽江旅游管理委员会工作，在旅行社实习期间做过导游，一年后辞职，被烟草公司聘去成立旅行社，任职总经理兼职业经理人。2001年离职注册成立自己的旅行社。因旅游业大环境恶化，旅行社破产，又在丽江开饭店、服装店。2004年报考公务员，被玉龙县旅游管理局录用后，负责处理游客投诉的问题。2007年，作为第一批抽出来的队员，下派新农村建设工作队，到家乡鲁甸村委会担任新农村建设指导员。2007年任鲁甸乡武装部长，分管林业，负责打击偷砍盗伐的违法犯罪问题。2010年6月，担任鲁甸乡副书记，2013年12月，担任鲁甸乡乡长，2015年12月，任鲁甸乡书记，主抓脱贫攻坚工作。长达20年与不同类型的利益相关者打交道，关于市场、政府、社会的产业要素组合机理，已成为余书记知识体系的有机组成部分。

对于个人而言，以上的经验积累，在中国精准扶贫、精准脱贫的历史机遇中如何转化为脱贫攻坚战中有效的专业化素养，从而支撑起理性与激情相得益彰的实践探索，从对余书记的访谈材料中，我们归纳出以下要点：

第一，产业选择因地制宜的坚守，是一种“专业化”表征。余书记说从20世纪90年代到2008年前后，因大规模国家化+民间搭便车的合力，鲁甸乡森林砍伐造成的生态破坏已十分严重，国家及时发布了两江中上游水土保持法规文件，森工企业纷纷下马转行，当地农户木材经营收入也从年均十余万元一下子分文全无。正遇1990—2001年扶贫规划实施过程中，整乡、整村推进的扶贫产业项目参与到鲁甸乡产业转移中来。当时，乡镇产业发展战略中将中草药确定为最主要的产业扶贫项目，这是因地制宜的选择。直到今天，中草药仍然被确定为鲁甸乡的支柱产业，是遵循了生态、经济、社会可持续发展的规律。

第二，历史和环境因素，决定了规模经营与小农户经营的不矛盾性。

在中草药作为优势产业的定位中，重楼、珠子参等野生驯化人工繁育最大面积的基地就在鲁甸，这是政府多年组织培育的结果，同时，也建立了这些产品的技术及市场的优势。但是，经营规模扩大与生产周期占款的实况，也表征出资本投资的稀缺与资本经营对“扶贫”主体的权益遮蔽趋势，以及以工业化生产为标志的狭义且单一市场经济机理对小农户土地经营权利遮蔽的扩张。换句话说，产业化的生产基础是规模化，而按工业品生产的逻辑，生产资料与货币资本的直接结合是利益最大化的生产方式形式。资本对土地的规模化经营，便是这一逻辑的基底或“元定律”。余书记告诉我们，这个“逻辑”在鲁甸是行不通的。很简单，超过 500 亩的种植基地，资本的边际效益就开始大打折扣，因为农产品生产的用工特点及以家庭为单位的生产组织形式，都决定了只有以小农户广泛参与的直接经营，才能真正形成可成功的规模化产业。近 12 年的实践就是产生了这样的结果，这是规律。数字表明，2015—2018 年，鲁甸中草药种植从 2000 亩扩展到 5000 亩，直接受益的农户有 100 余户，“当地最大的一家企业，直接经营的土地只有 500 亩，再扩大就没办法做了，这家企业另外的 1000 亩，就只能赊给农户去做，不然就没钱赚”。

第三，建立产业党支部的客观需求。从余书记的专业回答中，我们厘清了以下思路：建立产业党支部是玉龙县产业扶贫中的典型创新举措，鲁甸乡中草药产业发展到 2017 年，进入脱贫攻坚期时，在产业经营平台上建立党支部，是要回应以下主要问题，即产业经营平台一般有几种类型，资本投入为主的企业与村集体合作的公司；村集体为主，吸引农户参与的合作社；“龙头企业 + 村集体 + 贫困户”的合作社等。其基础是 2014 年为消灭村集体空壳，2016 年脱贫攻坚提升工程支持贫困户产业发展政策性输入资源的新投入。其本质特点是国家财政和金融支持为硬投入，脱贫攻坚组织和人力投入为软投入。而在贫困人口能力弱、村庄经济组织几乎空白的情况下，如何有效组织市场和经营，确保目标实现，党组织的介入就很关键了。

第四，党员干部真正带动贫困户“共同致富”的制度再造。根据以往对产业扶贫中地方政府为快出“政绩”而积极主张“垒大户”“龙头企业+贫困户”“党员干部能人带动”等模式中，存在强人、资本套取扶贫政策红利，将“带动共同致富”扭曲为“强者自己致富”的“行政化路径依赖”的制度惯性及背后隐藏的“贫困治理”机理缺失，项目实施上级部门监管缺失等问题，创造了鼓励能人、党员、干部、资本持有者参与并作为带头人入股，知识产权投入、能力优先等多种方式建构产业扶贫的新型组织结构。其中有一条根本性的坚守，或者说制度创新，即用多主体参与产业治理的机理，来修正和防止过往扶贫“最后一公里”的制度偏移的陷阱，维护和确保各方利益分享的公平正义。其中，党员干部作为带头人、能人、强人的权利和义务，也在遵循规则中释放出干事创业的活力。

第五，乡镇党政的职能定位。到此为止，脱贫攻坚中政府主导的产业扶贫已经从村、户层面构建了“最后一公里”运行的机理，回应了过往存在的几个重大逻辑陷阱问题，从对内在规律的认知和实践中，标示出极大的合理性和专业性。那么，从乡镇这一层面，又是如何与之衔接，提供从不过度和有边界的制度支持呢？余书记的回答，又让我们惊叹不已。

余书记用两句话概括了乡镇行政的主要定位：“搭台不唱戏，掌舵不划船。”具体化为五个方面。第一，对产业种植与家庭生产，力推长短结合的政策支持。例如，提供特定耕地中种植品种以短养长的种苗，土地整治的项目配套等政策对接；第二，组织技术培训到点到位，施策因人精准；第三，基础设施升级改造的全乡统筹，生活与生产统筹后的规划与项目申报；第四，政府充当外来龙头企业与村集体在产业合作中讨价还价的中介和主持“公道”者；第五，最关键的是精准扶贫与乡村振兴中对“讲政治”的坚守和对贫困群体及一般群众精神境界提升的教育和引导。余书记从以往经历到当下工作的有效对接的思路，让人感到有大智慧。因为这一全过程、系统化的产业扶贫与制度创新，回应了过去许多逻辑缺口和陷阱问题，形成脱贫攻坚整合第一、二、三产业的专业型塑。

（三）反思与求实一致性的三次产业衔接实操

如何化解脱贫攻坚中通过生产发展脱贫一批的短线要求与通过第一、二、三产业递进，增加产品市场附加值及延长产业生命周期的长期预期之间的内在张力，是产业扶贫长期以来难以绕过的又一个难题。因为，仅仅以“以短养长”的种植和养殖结构的互补，只能回应3—5年周期内横向的收入结构平衡困境问题，但以产品附加值可持续提升的前提建构，即第一、二、三产业的递进结构建构而言，第一、二、三产业的形成机理与内生动力来源之间的错位、缺位与越位带来的教训，往往阻碍和误导贫困地区县、乡政府对扶贫发展产业的决策思路和项目落地的责任担当。

但随着精准扶贫、精准脱贫在产业政策上对资源整合力量的加强，弥补体制短板和缺位，纠正错位与越位的能力和定力的提高，第一、二、三产业内在贯通的可能性必然增大。如果深谙其中机理，以“内行”的智慧来运作资源，扎根式产业链的建立就有了可行前提。在此，“内行”的成熟与成长与脱贫攻坚提供的巨大历史机遇交汇，建功立业似乎也可水到渠成。从这一方面看，玉龙县林业局长李金明在脱贫攻坚阶段的专业性作为，可为以上分析写下注脚。

与前面几位的访谈思路一致，首先我们关注的是李局长的专业素养。从对他的访谈中可以归纳出这样一些相关信息：李金明局长出生于玉龙县九河乡甸尾坪村，该村白族人居多，所处的九河坝与云南大理州的剑川县毗邻，往东北方向，就是丽江古城，是纳西族聚居地。因此，九河乡算是历史上白族中心地大理与纳西族中心地丽江之间的交通与文化交汇之地。

玉龙县属于林区，森林覆盖率达 74.4% 以上，在全省林地面积排第七位。李局长说，森林之境不但可以给林农提供除木材之外的菌类食品和收入，也为林下种植养殖提供自然的高品质资源。在打通脱贫攻坚与林地保护和利用相结合的思路时，本土生活的记忆都会起作用。

1991 年，李局长于丽江地区农校（中专）毕业，分配到现在的古城区大东乡农科站工作。1995 年由于组织调整，至东部鸣音乡农科站工作。2000 年入党，2003 年进入鸣音乡人民政府任副乡长，分管农、林、牧、水及移民工作。2007 年调回出生地九河乡任职乡长，2013 年任九河乡党委书记，2015 年 12 月调至玉龙县林业局任局长。这些基层工作经历，特别是在“上面千条线，下面一根针”的乡镇任职，上接林业、交通、旅游、国土、农业等行业部门业务和扶贫政策落地项目时，对彼此间的政策就会有深切的了解。尤其在精准扶贫实施之前，产业扶贫大量盲目引进不合适的项目，如规模化种植核桃、水果等，由于水土不服，基础设施不配套，老百姓缺乏公共性技术服务，产业成功率极低。精准扶贫实施以来，特别是解决“两不愁三保障”的底线要求，向林业局提出的问题是：玉龙县的农户大部分也可算成林农，祖祖辈辈生活在林区，需要靠林产品来增加收入。怎样从粗暴砍伐林木、破坏生态的生计方式中彻底走出来，但又不消极地坐吃生态补偿的低水平生存，是脱贫攻坚、生态保护、可持续减贫对林业职能部门提出的挑战。为此，他们开始探索一条符合玉龙县生态可持续、社会可持续、文化可持续、减贫可持续的第一、二、三产业融合且内生性增长的脱贫道路。

到目前为止，林业部门着力在做的几件事情：

第一，以油橄榄为主业的产业链建设。从体制性的行业规范上，将林地划分为公益林、商品林和集体林地。行业主管部门更多是一种静态的常规管理，如森林防火、禁伐禁砍、生态型造林等。因而，从扶贫开发与可持续减贫的制度创新上，对林木资源的经营性维度聚焦，无疑是对行业部门提出的新课题，也是新挑战。玉龙县林业局在县委县政府的统一部署下，在经济递升并具有特色品质的林产品上入手，将“小农户 + 企业资本 + 村级党组织 + 行业部门支持”的油橄榄等具有当地优势的经济林果在第一、二产业落地生根，并提供拓展方面的立体服务。一改过去林业局主体业务仅限于服务 17 年才成林的观念，统合到脱贫攻坚中的产业扶贫，实现多方主体间懂业务、遵循规律的行业间的贯通，由脱贫攻坚统领，大见成效。

第二，以综合性林产业为支撑的旅游业升级，大面积的绿色植被，是玉龙优质生态环境的标识，也是对生态破坏性“发展”之后重新与自然“和好”的结果。大肆砍伐森林之后，以生态旅游作为生计收益的产业选择，同样向玉龙县与生态保护相关的产业和可持续减贫提出了综合性要求。李局长告诉我们，在玉龙县《关于建设金沙江绿色经济走廊“两带三网两提升”实施意见》的规划中，林业口已经提出“生态林业 + 民族文化 + 乡村振兴”方案。而这一思路的两个启示，一个是如宝山乡一个村干部所说：“在生存和违法面前，我们只能选择违法。”这说明，不愁吃、不愁穿，摆脱贫困，也是生态保护的前提。再一个是 2018 年 9 月，全县脱贫摘帽验收之后，甲子村书记找到他，说这些年植被恢复后玉龙雪山景区天更蓝、水更清了。“能否给村民几百亩林业种植项目？村里不是要项目款，而是要种树的合法性，村集体现在钱多着呢！”

第三，依托国家两江保护战略的新型田园综合体（区域链思维）区块战略统领，金沙江上游绿色经济廊道建设项目，150—250 亩退耕还林与国土陡坡地生态治理项目就有可能合规，这也是制度创新。否则，按过去的规定，是与行业项目规划冲突的。荒地造林政策每亩 200 元，国土生态修复项目或退耕还林可达 1600—2000 元 / 亩。农户可与相关政策衔接，大大受益。

三、以求真务实滋养创新的底气

2013年，习近平总书记在十八洞村讲扶贫时提出“精准扶贫”的概念，即是针对“大水漫灌”“标靶转移”“形式主义”等不精准的纠偏和对“真扶贫、扶真贫”求实目标的追求。党的十九大以来，中央对脱贫攻坚过程中实事求是思想路线的强调，亦是对中国减贫事业恪守初心、强化定力的方法论上的做实。“精准”之灵魂，就是求实。而求实，从本体论上又是一种咬定青山、冲破瓶颈的担当。玉龙县脱贫攻坚求实与担当，对真抓实干、落地生根、反复重申和愈加严格的作风要求，作为精准扶贫、精准脱贫和脱贫攻坚的方法论承诺，是其脱贫摘帽伟大实践中值得深究的重要闪光点。

（一）对标“两不愁三保障”的底气

对玉龙县委书记曹金明的访谈，除了有过一小时听他介绍情况之外，其口述经历的访谈，放到我们第二次田野调查的后半部分。这样安排的考虑，即是想对全县脱贫攻坚的做法有了整体认识之后，再对县委书记这一总设计和总指挥官进行最后的深谈。我们这次访谈的核心是从“县委书记”的角度了解玉龙县脱贫攻坚“两不愁三保障”何以生成，并成为全县集体行动的共识和行动践行的本身。

贫困县不抓脱贫攻坚，就是政治上有问题。而对脱贫攻坚的抓法，则是责任抓在手上，扛在肩上，放在心上。“责任”是一个中间概念，往上延伸，是“责任”的实感，即对“责任”内涵的理解及如何担当，均是以“实”的预设为前提的。往下延展，则是“责任”落地与目标的兑现，即做实“两不愁三保障”和“三率一度”的考核指标。全国不少贫困县的问题表现为“形式主义”“盆景式扶贫”“数字游戏”等假扶贫。玉龙县的脱贫机理何在呢?

曹书记开门见山地说：“实事求是，是党的伟大的思想路线，也是我们盯准‘两不愁三保障’这一减贫目标做工作的方法和思想基础。”对曹书记和之前近百人访谈及阅读相关材料后，我们从聚焦于曹书记身上“实”之方法论承诺，发现了结构严密的“实”之表征。

第一，对目标的坚守要实。玉龙县将脱贫攻坚目标定位于既不提高，也不降低标准地实现“两不愁三保障”。从方法论上看，就是在中央定下来的 2020 年实现小康社会、消除绝对贫困人口的目标和条件约束的前提下，在玉龙县如何落地“对标”。为此，玉龙县分解出 696 个指标，一个一个对应完成。

第二，工作作风要实。曹书记以身示范，用他自己的话说，2014 年之前，工作作风的踏实程度远不及 2015—2018 年这三年。这三年 70% 的时间在乡镇、村里或者在自然村里。全县 104 个行政村 1260 个村民小组全部跑遍了，有的不止一遍。他夫人心疼他，因为他忙得有时饭都忘记吃。

第三，对干部，特别是乡镇干部，先抓作风实的问题。明确县委组织部、县纪监委、县委办主抓的基层党建工作，就是放在脱贫攻坚的实战中去提要求。玉龙县相关文件出台，即是这一理念和共识的制度化结晶。

第四，县扶贫职能部门及乡镇对“参差不齐”“流于形式”类的上级行业部门要求的回应，要求真务实，从而敢于担当。同时，县委也为下级的担当再担当。例如，对基层党组织“两会一课”的议程式检查，往往会让位于在扶贫一线的具体工作；乡镇与村之间的责任状签约，也会因村而异，不搞一刀切，关键是要注重实际任务的分工与施责。

在玉龙县与不同岗位、不同身份的扶贫干部谈论压力与动力的关系，他们的基本共识是：只要是干扶贫，几乎没有束缚手脚的框框套套限制自己和团队，只要目标明确，路径清晰，踏踏实实解决问题，克服困难就行。这得益于县委书记身体力行和倡导的求真务实的好作风，已经变成了一种工作规范。反之，要是谁在攻坚过程中"偷奸耍滑"，不能担当，就会被团队所抛弃，自己也会觉得抬不起头。言语间，看得出县委书记无论是人格魅力，还是领导魄力，都成为县、乡、村扶贫干部的向心力。而这个向心力的灵魂正是对党的实事求是、一切从实际出发的坚守，以及将此作为打赢脱贫攻坚战的方法论承诺。

从书记口述生命史的视角，也会更深入地看到他一路走来，在党的教育、培养历程中，求真务实思想路线融进生命之中，从而也使我们得出脱贫攻坚战是基层干部党性原则得以成长的历史机遇这一判断。

从曹书记的口述中我们知道，他是宁蒗县泸沽湖畔洛水村的摩梭人，祖上都是藏传佛教的高僧。1949 年，家里被划为富农成分。在刻苦努力下，以优异成绩考入初中。1981 年，应征入伍，在部队入党；1985 年，退伍返乡后被组织委派当了村党支部书记；1987 年，任乡武装部长；1989 年，任永宁乡乡长，那时才 24 岁；1995—1997 年，到市委党校脱产读大专；1998—1999 年，在丽江地委组织部干部科任科长；2001 年任地区旅游局副局长；2002 年任玉龙县委常委兼组织部部长；2003 年任县委副书记及纪委书记；2016 年 3 月，任地委组织部副部长；2006 年调任华坪县县长；2013 年起，任玉龙县县委书记至今。由于脱贫攻坚成绩显著，2018 年提任丽江市人大常委会副主任并续任玉龙县委书记。人们都说玉龙县脱贫攻坚中县委用人之准、之给力，与曹书记的工作经历有关。因为他知道怎么让干部将工作往实里干。曹书记说，自己是农民的儿子，现在家里的至亲也都是泸沽湖边上的农民。家里两个哥哥、一个姐姐、一个妹妹和他妹夫 5 人，只有他出来工作了。本来妹妹被云南省体工队排球教练选上，让她去做运动员，但妈妈说摩梭女孩很宝贵，得留在妈妈身边。脱贫攻坚彻底改变了家乡的面貌，天更蓝了，水也更清了。曹书记给我们说这些的时候，你能体会到一个摩梭汉子对家乡和亲人的柔情，你也能体会到他“求实”的坚守，这份坚守既来自党旗下的经历，也来自生他养他的那块美丽富饶的土地。

（二）贯通“卡内与卡外”的辩证法

脱贫攻坚的过程，特别需要将“精准”赋予辩证的思维，以回应一系列矛盾，破解一个个难题。实事求是，不回避矛盾，这一中国共产党的思想建设法宝，在扶贫干部的党性与情怀之中，发挥了“定海神针”的作用，从而成为他们敢于担当、敢于斗争、勇夺胜利的方法论。

与过往以扶贫体制科层制主导的专项扶贫、行业扶贫、社会扶贫资源下沉及组织运转机理不同的是，“五级书记”一起抓、集中力量办大事的项目与组织力重构为要素组合，也就是战役性行动与科层制体制性嵌构的实践创新，将制度活力的增长点设置于乡镇统合的平台上，同时也将相应的责任担当实实在在压在了第一线的乡镇主要领导的肩上。敢不敢担当，能不能担当，体现在具体人的身上，就是党性与情怀的考验。由此，玉龙县委在脱贫攻坚最关键的冲刺阶段，也就是2015—2016年，对12个乡镇书记、乡镇长进行了一次调整和增补，将好钢用在刀刃上。在这次调查中，我们以“担当了什么”以及“担当的底气从哪里来”为题，对黎明乡党委书记杨四安进行了深度访谈。

在与杨书记的交流中，我们聚焦于“卡内卡外同推进”的主题。杨书记告诉我们，精准扶贫如果将“精准”指标僵化，将建档立卡贫困户孤立化、静态化，那么一是其返贫脆弱性极高，二是难以解决区域性贫困及社区能力不足，“卡外”以边缘户为主的农户的不满等深层次问题。因此，在县扶贫攻坚指挥部确定了“卡内卡外同推进”的战略方针之后，具体到乡、到村的工作，他们是深究贫困和治理的实际关联度，从而以敢于担当的态度去开展工作。其重点为：

第一，着重于“卡外”危房改造与“卡内”“两不愁三保障”中遮风不漏雨、安全有保障的底线指标相结合，对准易地搬迁建档立卡贫困户、“卡外”危房改造农户、“四类”重点对象与“非四类”重点对象危房改造以及破房烂屋专项改造等工程，将危房改造资金、贫困户易地搬迁资金、村庄基础设施建设资金、村容村貌改变、通组路、通户路以及饮水安全等资金统一规划，“卡内卡外同推进”，有序推进，取得整体多赢效应。在此，如果僵化于贫困户的住房改造，而不是从可持续减贫，特别是回应减贫摘帽贫困村整体提升的“五整洁”工作结合起来，就不可能将现有贫困户可持续减贫与应对摘帽评估的边缘户不能转为贫困的基础做实。在此，暂时性思维就要让位于长时段思维，针对“卡户”的易地移民搬迁，就要包容边缘户及村庄整体的公共利益共享及可持续减贫。这就是在实事求是基础上的敢于担当。

第二，搬迁户因地施策的政策支持精准问题。这条涉及两个“风险”：一是总体往哪里搬？黎明乡坚定地采取以搬迁后“离地不离土”为原则，因为还要考虑农户的生产资料和生活，农户的保障不能少，只能增。所以，仅仅只靠搬迁补贴的单项政策支持，就难以涵盖庭院经济及土地经营的产业投入政策支持。而“离地不离土”可以多项政策瞄准搬迁户的减贫和可持续减贫需求。二是往旅游景区内集中搬迁，为民族文化、自然资源相结合的产业旅游与脱贫攻坚相衔接提前谋划。如这类民居的建房面积就得考虑今后“民宿一间房”的需求，而突破 20 平方米 / 人的搬迁补贴规定。黎明乡的做法是，从产业扶贫的政策空间引向叠加于易地扶贫搬迁和“卡外”同步搬迁农户的政策组合及组织实施工作的聚合，从而为今后满足民宿旅游，甚至家庭人口增长对住宿空间的新需求留有余地。这也需要担当，它还着眼于乡村振兴需求及可持续减贫需求有机衔接理念的考量。事实证明，这一担当是有前瞻性的①。

第三，区分轻重缓急，以务实的工作态度为村级党组织全心全意去攻坚提供工作条件和良好舆论环境。杨书记说，“脱贫攻坚中乡镇与村的组织力关系如何建设很重要。乡镇为以村级党组织为中心的扶贫队伍提供好配套资源和全方位服务，让基层一线的党组织拿着资源、扛着责任去服务好村庄发展，落实好扶贫政策”。这么短的时间，这么巨大的工作量，都得靠组织力去支撑。因此，凡是与这个工作目标有错位的，上级机关来的工作任务，乡镇要自己去向上级解释，不让这些“杂事”转移、花费大家精力。例如，多种考核和统计表，只能是阶段性、有变化的才填。今天这个上级部门让报一个表，明天另一个上级部门又要报一个表，我们不下发给村里。

类似情况的处置，在脱贫攻坚中处处皆有，仅凭“两不愁三保障”和“三率一度”的696个分解指标要对应2万多农户、上百个村民小组、800多平方千米的国土、近千个不同的项目，难度之大可想而知。况且，还有不返贫、可持续减贫的中长期挑战。我们团队三次10人次近20小时与杨书记互动，完全被县里流传的对杨书记的评价所折服，这个评价是将他形容为“为扶贫而生的人”。一米八几的彪形大汉，铁塔般壮实，九河乡一个白族家庭的农家娃，在家乡读完小学、初中，中专学企业财务管理。毕业后被分配到九河乡供销社，几年后成为全县最年轻的供销社主任，那时他只有26岁。之后，参加经济管理专业自学考试，再后来通过本科、研究生的考试，都是经济管理专业。2002年参加公务员考试，考上了九河

① 财政部、国务院扶贫办印发《关于做好2019年贫困县涉农资金整合试点工作的通知》，http://www.gov.cn/xinwen/2019-03/14/content_5373713.htm，2019年2月28日。

乡政府。后来，在乡里当了副乡长，分管计生工作。多年来在多个岗位的历练，使他成长为一名率领全乡党员干部投身扶贫壮举的指挥员。用他的话说，“脱贫攻坚说难是天下最难的事，但说简单也简单，就是一切从实际出发，按中央要求的目标往实里干”。

（三）探寻“跨越城乡”理论与实践的现实通道

刚到玉龙县调研，多位领导介绍玉龙脱贫攻坚做法时，都强调玉龙始终坚持锁定“两不愁三保障”和“三率一度”的目标，完成减贫工作。因此，“不追求创新”是他们守住工作底线的基本原则。但是，在我们的调研中，却对是否“创新”有了更多的思考。怎样理解对标减贫摘帽验收评估的绝对要求与在实践过程中对其直接成效、间接成效及溢出成效的分类测评和取得成效的路径、机理的总结提炼，也成为实践总结的应有之义。换句话说，对这几种类型的成效及生成机理的分析越是客观细微，就越能表征其系统的有机性内涵，从而表明无论“对标”还是“创新”的表达均不重要，重要的是做了什么，有何启示及意义。特别是可持续减贫与乡村振兴的衔接，玉龙县已经“做了什么”。相对一般性对标验收及评估，玉龙“创新”何在？由于玉龙县是将精准扶贫、精准脱贫的攻坚与党的基层组织建设进行结构性嵌构作为减贫发展的体系建设，因而逻辑演进的脉络，亦是整体性的。但相对整体而言，也有其“创新”的成效、做法和机理。而对工作主体和载体的扶贫干部聚焦，可以帮助我们通过一孔之见透视整体轮廓。由此，我们将目光投向奉科镇党委书记和万松的脱贫创新机理。

第一，系统理解“精准”后，推进工作向更深的领域拓展，其工作理念即是求实创新。2016 年以来，奉科镇创新脱贫工作理念和工作思路，建立镇村两级脱贫攻坚指挥部。乡镇主要领导亲力亲为，挂村领导、工作队队员齐上齐下，建档户与非建档户同重同抓，采用遍访入户与会议组织集中统一与逐个过关相结合的方式，创造了被他们誉为“地毯式遍访”“感恩教育”“卡内卡外农户双建档”的“奉科模式”。其背后的机理，就是在镇党委的统一组织下，做到政策、认识、任务、目标、工作“五统一”的无缝衔接，因而取得了贫困人口、贫困村、贫困乡退出考核各项指标全面达标，合格率100%的好成绩。而这些成效的取得是对“卡户”平均20次遍访、“非卡户”100%建档知情基础上的因情施策。其理念的立标，就是用中国共产党基层组织建设基本要求来保证实际工作效果。

第二，针对逐渐明晰化的城乡互动，承载农户稳定增收模式创新，组建服务型“丽江城区临时党支部”，提供跨越城乡的组织力供给。针对区域内自发形成的“村落·丽江城区”承载农户城乡互补从业增收模式的常态化和稳定化，创建服务功能的“奉科镇丽江城区流动党员临时党支部”及“村党支部驻城区党小组”。以党组织的组织力和流动党员，对农户家庭成员在城乡两端的互动需求给予服务性支持，使党组织的凝聚力、服务力和群众满意度大增。例如，对新入城就业的贫困人口，“城区党支部”提供从生活到能力等全方位的陪伴成长；在村留守人员出现生活、生产方面的困难时，在村党员会第一时间上门帮助，并通知在城家属。近年来，村规民约中还规定“只要家乡有人去世，在城的同村村民都要按民族传统回村参加葬礼”，因为这是村落成员共同的义务。而因进城务工家庭承包地里栽种的经济植物，村集体合作社即会服务上门，各村党支部也将此类工作纳入自己的工作计划之中。有序并给力的基层党建也同时嵌构进城乡互动的三农发展及减贫可持续发展之中。

第三，创新并服务培训外出务工人员的跨省区党组织建设，将党建做实在外出务工者的成长陪伴过程中。与玉龙西部地区城乡坝子广阔、海拔较低、人少地广等资源较丰富情况不同，奉科镇地处东部冷凉气候环境，海拔落差大，呈切割斜面，负载着一个个村落，即使传统农业，也存在耕地稀少、资源匮乏的问题。更有挑战性的问题是，与村落海拔落差大、山沟切面复杂的小封闭地形地貌相同状况的是多个少数民族长期分散的居住状态和历史上的交流困境，即使到2016年，仍然有许多居住在深沟、大山里的傈僳族、普米族、藏族、彝族、纳西族村民，汉语表达存在较大困难。脱贫攻坚要解决“两不愁”问题，首先要解决增收路径的扩展与创新。不漏一人，不漏一户，既要就业增收，又要生态养育，进城务工是一条充满希望的路。除了就地进城，将劳务输出到对口帮扶的上海、浙江等地企业，亦是一条可行途径。而对于即将“出门谋生”的少数民族的贫困群众，需要文化陪伴、生活知识的学习、技能工艺的掌握、现代大都市环境的适应。一句话，目前条件下精准的服务要依靠本村党支部的支持才能真正实现。细如绣花，高如登峰，没有强大而坚定的目标和信仰，这样的就业陪伴成长是无法想象的。在脱贫攻坚中，奉科镇以坚强有力的党性，石破天惊地创造出以流动党支部为主体，长期全程互动陪伴这些外出村民学会谋生，又返乡创业的奇迹。在此，“党建 +”的价值，就在于以党组织自身建设为基础，以服务贫困人口和村庄共同体、减少贫困脆弱性为目标的脱贫攻坚工作模式和路径创新，是中国共产党的初心与承诺的必然展开，既是源于顶层的制度蕴含，也是落地于“最后一公里”的责任担当。这一套制度创新的自信，从基层执行主体的角度看，来自干部的勤于思考和敢于担当，而更有底气的力量则是长期工作的经验积累及作风培养的必然结果。

在此，反观作为主官的镇党委书记口述的重要节点，可以帮助我们深刻理解实事求是、一切从人民根本利益出发的方法论承诺，是怎样从党的品格融化到这些党的基层干部身上的“时间印记”。

和书记出生于退伍军人家庭，爷爷先是以国民党部队战士身份参加过抗日战争，之后又成为解放军一员，参加丽江第七支队剿匪，1949 年后任大队干部。父亲也参过军，在部队入党，退伍后回乡当农民。由于父亲兄妹七人，人口多，家庭负担重，当时是村里最穷的人家之一，小孩们为此都有些自卑。父母亲诚实劳动，以淘河沙卖来增加收入，大冬天的还在冰冷的河水中劳动，几十年都如此。作为老大，克己为家是一种本分。困难家庭出生的孩子们似乎更懂事一些。和书记小学、中学成绩一直名列前茅，后考入丽江财校（当时选择中专有生活费补贴，而高中则没有）。毕业后分配到仁和乡当团委书记和秘书。报到时，因为乡里不通公路，他是提着背包，走了三个小时赶去的。在仁和乡工作了两年，他带着大家种植 3000 亩华山松，成活率达 90%；团委还获得省级“绿化先进集体”荣誉称号。两年多后，即 1998 年调到丽江县团委任办公室主任。2002 年，到北京中国青年政治学院参加一个月的为广西、四川、云南、贵州、重庆五省区市青年干部组织的民族团结进步培训班。自此，民族进步青年的担当意识牢固确立。后来，和书记长期在纪委部门工作，在乡镇主官位置也干了十余年。有一次提职考试，题目是“做民与做官”，他的答案得了 100 分，其主要观点是“做官一时，做民一世，要有站在人民立场的情怀”。

“能使这么多困难群众脱贫，不漏一户，作为基层干部，我们很欣慰。我们原来说边远地区的各级政府财政很薄弱，很多时候有心无力。这一次在脱贫攻坚的大背景下，将绝对贫困的问题解决了，老百姓对党和政府又信任了，又感恩了。我们参与其中，感到满满的幸福。”[①]

2014 年，宁蒗县龙蟠乡短期内迎来六个大型国家施工项目，即大理至丽江的高速公路、藏区到广西 500 千伏高压线、龙蟠乡 6 个村投入

① 访谈玉龙县奉科镇党委书记和万松，2019 年 1 月 15 日上午。

4000 多万元的土地整治项目、丽江至香格里拉的高铁、涉及 5 个村共 50 多千米的 214 国道改造等。这是丽江历史上若干个大项目在一个乡镇同时上马的重要时段。当时班子非常团结，书记带着大家一起干。和书记刚从纪委出来任乡长，就提出一个重要原则，就是“五个坚定不移，五个不容”：第一，国家建设项目不容置疑，要坚定不移地推进；第二，涉及老百姓利益不容忽视，要坚定不移地维护；第三，公平正义不容践踏，要坚决维护项目实施过程中的公平正义，坚决打击黑恶势力，要维护好各方的合法权益；第四，发展机遇不容错过，要坚定不移地抓住，山区、半山区建设如果没有国家投入，就难有大的建设项目可以带动地区发展；第五，干部作风不容涣散，要坚定不移地担当。乡、村、组干部在这种大事件中要结成工作统一体，要有担当精神，要有使命感、责任感。无论遇到什么困难，都要敢于面对，面对群众，面对困难，顶住压力，把问题一样一样地解决。有了这“五个不容、五个坚定不移”，在三年多的大建设中，处理和完成了无数征地、拆房、搬迁、赔偿、新建小型民生项目、农户生计转型和生产提升、民族文化保护、村级党组织同步建设等问题和工作。龙蟠乡创造了一个奇迹，没有一个到县里和上级上访的群众。“所以这一次组织部叫我到奉科镇啃硬骨头，来时我就坚定了三条原则：一是实事求是，二是敢于担当，三是班子团结。总的要把握住的是：我们的每一个承诺、每一件事，始终不背离群众利益，要把国家利益、集体利益、群众利益结合起来，做到多赢，老百姓就会相信我们，党和政府的公信力、威信就能树起来了，老百姓内生动力也能激发出来了。”

和书记如此清晰的思路源自他一路走来的实践，而脱贫摘帽过程中的所做、所思，也一定会成为他下一阶段主抓乡村振兴工作的经验和底气。习近平总书记对扶贫干部的期待，正在脱贫攻坚伟大实践中因蓬勃成长而成为现实。记得我们第一次到奉科镇，经历了近 5 个小时的车程，翻越玉龙雪山，穿过无数的沟壑峡谷，迎面而来的是让人压抑的大山，海拔 3000 余米斜面坡地上是零落的民居和隐隐约约的羊肠小路。到达柳青村时，一位队友对我说，“在这儿看到每一个村都插着红旗，你就知道共产党有多伟大了”。我明白，这位队友所说的红旗，是插在老百姓心上的。来到这样的大山大河中，就知道了这些少数民族同胞几千年如何在这块土地上生存，当下“五级书记”怎么一起抓脱贫攻坚的故事。任何一个有良知的人都会懂什么叫主心骨，什么叫光荣。

四、人力资本积淀凸显最大溢出效应

玉龙县打赢脱贫攻坚战，有一支能征善战的干部队伍是关键。作为民族地区脱贫攻坚的成功样本，玉龙党员干部队伍表现出了党性、人民性、地方性、民族性高度统一的政治能力、责任能力、行动能力和工作能力。

我们在调研过程中发现，县、乡、村三级干部队伍，县直各部门及驻村工作干部队伍，都表现出了良好的精神风貌和责任担当意识，同时也都具有良好的农村工作专业素养，对民族文化和地方传统知之甚详，对民族团结、共同发展理念执行到位。一支坚持党性原则和责任意识、懂政治又讲政治，同时又深具地方性、扎根性的干部队伍，一套既有监督约束能力又具有支持激励能力，同时还具有民族地区文化敏感性的工作机制，是玉龙脱贫攻坚取得重大胜利的根本保障。

脱贫成功的关键在人，人的积极因素调动的关键在于机制，行动有力的关键在于能力建设。玉龙的脱贫攻坚战，把抓组织建设、抓干部队伍建设放在首位，一大批党员干部的国家认同、组织认同、民族认同和自我认同得到不断强化。一批好干部在领受攻坚任务的同时，自身也得到了锻炼与升华，把自身的成长与完成党的任务、推进人民利益完美地结合起来。在访谈中，我们分享到一个干部群体的心路历程，体会到他们的责任担当，聆听到一个个催人泪下的奋斗故事，看到在推进党的事业、民族发展过程中的赤胆忠心。这既是党的建设、队伍建设、制度建设的结果，也体现了民族地区先进知识分子在新时代的责任担当，更是“四个自信”在当下民族地区脱贫发展过程中的集中体现。

黄宗智在研究中国传统社会中国家—村庄社会“治理”的制度性结构时，同样将目光聚焦于“人”。他认为，以人为载体的正式制度与非正式制度的交织运行，恰恰可能是中华民族实现有效治理的“隐蔽逻辑”，是极具特色的中国式治理模式，并可能在中国追求自身特色政治和经济现代性中扮演角色。[①] 这是从中国内部视野观察“制度中人”的一个范式。但是，它在有效回答“隐蔽逻辑”的历史穿透力支点和制度包容性弹性空间构成机理的同时，也囿于经验层面的历史性转型研究的局限，难以伸发到直接对今天中国贫困治理自上而下与自下而上全程贯通前提下，作为主体的扶贫干部与制度勾连的共生关系的学理观照，具有深刻的启示意义。

同样，马克斯·韦伯在分析科层制制度框架下，提出社会阶层向上流动有三种动力系统，即“财富、威望和权力”[②] 的理论，虽难以深度解释当下中国贫困治理制度嵌构与“人”的向上阶层流动动力机制及制度生成机理，但也从实证研究中启示我们，一种与精英群体相关的内生于政治制度优势的中国根源和中国力量的理论创新，正有待研究者们去探究。

---

① 欧阳静：《论基层运动型治理——兼与周雪光等商榷》，《开放时代》2014 年第 6 期。
② ［德］马克斯·韦伯：《经济与社会》（上卷），林荣远译，商务印书馆 1997 年版。

第八章 迈向善政的贫困治理经验价值

玉龙县脱贫攻坚过程是基层党建的伟大实践，是在党委领导下，以党建为引领、政府主动推动社会主体性，以“战役型贫困治理”结合科层制行动，并与乡村社会治理协同推进的、县域解决贫困问题的可持续行动过程。玉龙县通过强化治理、扩大参与，农民主体性在产业扶贫过程中得到有效成长；玉龙县脱贫攻坚也是公共服务和社会政策系统性完善的过程：农村住房条件、教育保障、医疗卫生服务可及性、贫困劳动力就业、社会保障兜底等都得到精准改善和健全；在基层治理能力提升的同时，玉龙县贫困社区经济能力、环境能力、文化能力、福利能力都得到建设和提升。玉龙县充分理解小农的现状和价值，多渠道推动农民合作并与市场协同推进扶贫产业发展；积极推进地方治理体系和治理能力现代化建设，系统推进社会政策与公共服务体系完善及贫困群体能力建设。彰显了政治制度优势，各民族得到了平衡发展，形成后发地区的社会现代化模式。巩固脱贫成效并对接乡村振兴的建议有三：一是持续完善“两不愁三保障”为核心的社会政策体系；二是建立“提升能力对抗脆弱性”的专业工作机制；三是以促进小农团结与合作推进乡村振兴。

玉龙县决战脱贫攻坚，是以中国共产党的担当为引领，党的坚强领导为前提，不断建设“善政”政府的过程。而实现摘帽，则是作为“善治”的贫困治理的根本表现，是中国反贫困事业的代表性案例，也是中国道路、中国经验、中国故事、中国话语体系下的发展与减贫范例。玉龙脱贫摘帽的成果，总体上可以表述为：以党建为引领，在党委领导下，政府主动推动社会主体性成长，以“战役型贫困治理”加科层制治理，并与乡村社会治理结合推进的中国县域层面解决贫困问题的可持续行动过程，是中国扶贫工作整体上重要改变提升的体现。

党的十八届三中全会明确建设国家和地方治理体系和治理能力现代化，把解放和激发社会发展活力作为重要内容。“精准扶贫”“精准脱贫”方略提出后，中央出台了系列文件，各地创造性地发展出了系列策略和方法体系，在全面提升政府能力的同时，极大地解放和激发了社会协同参与脱贫的活力与能力，又因国家力量得到全面的推广和贯彻落实，成为举国行动的规则和技术支持体系。“精准脱贫”和脱贫攻坚同时也成为国家和地方推进治理体系和治理能力现代化的有力行动和充分体现。

脱贫攻坚行动，是贫困治理的非常态化“善政”行动，是在强大的政党、国家动员力和政府行动力基础上，为实现人民福祉目标和治理目标而采取的“战役型贫困治理”与科层式治理相结合的中国贫困治理模式；总体上体现为党委领导、政府主导、贫困群体为主体，社会协同、社区参与的贫困治理与乡村社会治理合二为一的协同行动。在这一过程中，政府行动能力、社会行动能力得到共同成长和显著增强，贫困群体、农村社区的参与能力、协同行动能力也达到显著提升。脱贫攻坚行动，成为迈向“善政”的贫困治理地方经验，同时也是中国贫困治理的成功样本。这是课题团队对玉龙县脱贫摘帽行动的总体性认识。

俞可平在《论国家治理现代化》一书中提出“善治就是使公共利益最大化的社会管理过程和管理活动”。“善政是通向善治的关键，欲达到善治，首先必须实现善政。”俞可平认为，所谓善政包括“严明的法度、清廉的官员、很高的行政效率、良好的行政服务”。“推进国家治理体系和治理能力的现代化，事实上探讨的是国家治理的外在框架与内在机理，而二者事实上也是相辅相成、互相表现的。国家依然是全景敞视式的，但它不再表现为国家意志对个体的规训，而是成为维系与引导社会运转与发展建设的手段与保障。”从本质上讲，党委领导、政府主责的以“脱贫攻坚”行动为主要内容的贫困治理，是国家治理的重要内容，也是地方治理体系与治理能力现代化建设的最直接行动，脱贫攻坚本身就是在贫困治理过程中实现“善政”、追求“善治”的过程。

在全球化背景下，作为一个社会主义国家的人民政府，实行“善政”须具备以下八个要素：民主、责任、服务、质量、效益、专业、透明和廉洁。玉龙县以至整个中国的脱贫攻坚行动，强调贫困群体的主体性与参与性发展，本质上是中国特色社会主义民主的重要体现和发展，脱贫行动本身既促进了政府拓展基层参与渠道、完善基层参与机制，同时也直接促进了贫困群体的参与能力提升和村级（农村社区）层面的公共参与，是“民主政府”的重要体现；在中国共产党的全面领导下，以“脱贫攻坚统领经济社会发展全局”，坚持“人民对美好生活的向往就是我们奋斗的目标”和“一个都不能掉队”的责任担当，积极有为的“责任政府”形象得到极大强化；“两不愁三保障”“五个一批”等重要策略的落实，促进了整个贫困农村地区社会政策和公共服务体系的完善，社会能力和活力普遍提升，“服务型政府”的功能得到很大强化；脱贫攻坚行动过程中一系列精准识别、精准施策及教育扶贫、健康扶贫、社会保障兜底过程中的坚实做法，使一大批党员干部受到了锤炼，“为人民服务”的信念及党性、人民性得到加强，工作能力得到提升，体现了“善政”对“优质政府”的要求；中国以脱贫攻坚行动为特征的贫困治理，以“战役型贫困治理”突破“科层制治理”应对贫困问题的不足，同时又依靠党的强大的组织力为保障，发挥了“科层制治理”机制的长处，使得贫困治理的“效率”和“效益”

都得到实现，“效益政府”的作用得到强化；“实事求是”的方法论基础，“六个精准”的策略和方法要求，目标明确的社会整合行动，使得脱贫攻坚过程也成为一个全面提升和强化政府公共事务管理能力的过程，大大提升了“专业政府”的专业性；从强调贫困群体的项目决策参与、脱贫行动方法体系的要求、加强党的建设特别是纪律建设，到以人民满意度为最重要评价指标的脱贫摘帽过程，也是“透明政府”建设的完整过程；经过脱贫攻坚行动的洗礼，加上党组织建设的加强和贫困群众、贫困社区的参与能力的提升，以脱贫目标管理、脱贫项目管理、人民满意度评估为整合，以党组织的纪律要求强化、政府考核机制强化、司法管理强化、人民监督强化同步推进，更加有效地促进了“廉洁政府”的建设。所以，脱贫攻坚的过程，本质上是中国共产党领导下政府“善政”能力的重要提升，脱贫摘帽的成果，是“善治”的最有力体现，也是在党的领导下，政府积极主动培育、支持社会能力，积极扩大社会权力的过程，构建起“从贫困治理到社会治理，再到构建国家和地方治理体系与治理能力现代化”的中国特色社会主义民主政治建设和贫困地区社会经济同步发展的行动范式。

所以，精准扶贫和脱贫攻坚战略的推进，从提出“五个一批”“六个精准”到要求“五级书记一起抓”“以脱贫攻坚引领经济社会发展全局”，以“扶智、扶志”为主要任务的贫困群体主体性和脱贫内生动力建设，在政策机制上把涉农资金整合的权力下放到县，甚至部分区域整合到村，等等，本质上形成了战役型贫困治理的举国行动格局。对于科层体系，以党性和人民性要求党员、干部群体担当，确立扶贫行动目标任务，建立压力管理和监督机制，又通过摘帽评估、群众满意度评价等机制强化了贫困群体和人民群众参与的权力，以两头夹击的方式，突破了过去科层制扶贫工作机制的种种限制，又很好地运用了科层制的执行力和组织优势，在行动统领、资源整合、满意度评价方面，强化了党的组织力和行动力，保障了群众参与，实现了战役型贫困治理与科层制扶贫机制的良好互嵌，确保了贫困治理的效果，成为中国贫困治理的重要经验，也成就了反贫困理论和实践的创新。

一、脱贫攻坚成为基层党建伟大实践

脱贫实现全面小康，是当下党的利益、国家利益和人民利益的最大公约数，也是人民幸福目标、政府发展目标和党的责任目标的高度统一体。党的领导、国家主导、贫困群体为主体，社会协同、社区参与为主要特征的中国贫困治理，其最为重要的经验是通过党的建设强化了脱贫攻坚责任能力和行动能力。反过来，脱贫攻坚目标实现过程中，党的建设也同样得到了重大推进，执政能力特别是民主能力得到了极大提升，形成了从“善政”到“善治”的根本性前提。早在 2015 年 7 月，玉龙县就明确提出“谋划全局工作时不忘基层党建，部署全局工作时不忘基层党建，推动全局工作时不忘基层党建”。以做实、做强为基本任务的基层党建，为“战役型贫困治理”提供了最重要的组织保障，也解决了脱贫和未来乡村振兴的组织可持续问题，为乡村脱贫发展留下了一支“不走的工作队”，在坚持“懂政治、讲政治”的要求下，建成了强大的引领力和组织力，政党能力和政府能力得到全面提升，贫困治理行动更为有效，最终保障了社区可持续、文化可持续、环境可持续、经济可持续的可持续脱贫和发展要求，也为“善治”创造了强大的行动力基础。

（一）党性建设得到加强

习近平总书记在庆祝中国共产党成立 95 周年大会上指出：“先进性和纯洁性是马克思主义政党的本质属性。”玉龙县的脱贫攻坚战役，坚持党建和扶贫工作双推进、双提升，在取得脱贫摘帽重大胜利的同时，也全面提升了党组织的先进性；强化党员干部的党性建设，以党性建设全面引领干部队伍的纪律建设和作风建设，增强了党组织的纯洁性。玉龙县将各项工作做实，系统化地将党的方针、理论学习与提供引领脱贫攻坚机会相融合，建立支持机制，完善监督和激励机制，支持党员干部在脱贫攻坚实践中强化党性建设。

一是加强了组织性建设。玉龙县党员组织性建设，重在提升了党员干部队伍的纯洁性，全面提升了党员干部对党组织的忠诚度，对党的事业和人民的事业的担当力，对党的使命和信念的坚守力，对党的纪律和法律法规的遵守力。通过加强组织性建设，党员干部的向心力更强，组织力也更强，基层党组织带领人民群体脱贫致富的行动力也更强。

二是加强了人民性建设。人民性是党性的集中反映，人民利益是党的利益的旨归，人民对美好生活的向往是党的奋斗目标，人民民主参与是党推进、落实“两个一百年”目标的重要内容。玉龙县在脱贫攻坚过程中，以人民性的增强强化党性建设，教育、支持党员干部急人民之所急，想人民之所想，全心全意为人民服务；教育、发动优秀干部为脱贫攻坚和地方、民族发展事业贡献和牺牲，一大批优秀党员因此回乡，党性要求和他们本身所具有的经济能力、市场能力、信息能力相结合，成为带动社区发展、带动脱贫攻坚最有力的行动者；党建引领的脱贫攻坚过程，需要更大程度、更大限度地推动贫困群体、农村社区的主体性落实及民主参与和协同行动，在这一过程中，人民性得到了更大的体现和增强。

（二）组织建设得到提升

玉龙县以双推进、双提升为主要特征的抓党建促脱贫工作，把基层组织建实、建强既作为手段也作为目标推进。在和玉龙广大党员干部对话的过程中，我们发现，随着脱贫攻坚任务的落实，强化监督和激励机制建设，玉龙党建工作以多种方式，促进基层组织和基层党员在行动过程中强化了组织建设。

一是思想建设。经过脱贫攻坚战役的洗礼，广大党员干部在思想观念、服务态度、公共利益、奉献担当等方面得到了全面的提升，涌现了一大批先进党员、积极分子，服务能力和引领意识得到了空前强化，党支部对党员的领导力和对人民群众的凝聚力得到了极大增强，脱贫攻坚过程也成了强化党在基层的执政能力和基层党组织的引领能力的过程，同时也给人民群众的参与提供了更有效的保障。

二是纪律性建设。县委通过一系列监督、支持及激励机制建设，要求和保障基层党组织讲政治、讲担当、讲规矩、讲原则、讲奉献，以脱贫攻坚工作成效来检验、评价基层党组织在履行职责、创新引领方面的成效，以党组织和党员的纪律建设获得了人民群众更多的认同，纯洁了党员队伍。

三是组织发展。随着双推进、双提升工作的推动，不断支持基层党组织引领脱贫攻坚落地机制的完善，使得基层党组织和党员干部起到了良好带头示范作用，为更多的乡村精英树立了榜样。一大批优秀青年农民被吸引，在脱贫攻坚过程中重新认识、理解党的方针政策和先进性，并有了学习借鉴的榜样，主动向党组织靠拢，成为入党积极分子，增强了党组织的引领力和吸引力。

（三）基层党组织能力系统性发展

基层党组织和基层党员要在脱贫攻坚过程中更好地发挥引领作用，与时俱进的工作能力提升是关键。玉龙县通过开展各项培训活动，出台支持农村党员带头发展、率先发展的政策措施，在驻村帮扶、结对帮扶过程中强化对基层党组织工作方法和工作水平的创新推动，确保脱贫攻坚和公开、公平、公正机制建设及乡村治理同步。在这一过程中，基层组织和基层党员的工作能力得到强化，工作视野得到了开拓，为脱贫摘帽、实现善治建立了良好的能力基础。

总结起来，玉龙县双推进、双提升工作，以系统性的机制建设，全面提升了基层党组织的“六力”，成为脱贫攻坚成效可持续的保障和根本性基础。基层党组织成为贫困治理与乡村社会治理一体两面推进、实现“善治”的引领性、支持性、保障性力量。

一是引领力建设。引领力主要指政治和思想上引领和带头的能力，具体提升了学习、宣传党的方针、政策的能力；执行上级党委决定，落实扶贫行动部署的行动能力；完成基层组织在脱贫攻坚过程中各项任务的执行能力；在公共利益、社区福利发展方面，具备良好的带头能力。

二是组织力建设。组织力即基层党组织的约束和发展能力，强化了基层党员的党性坚守能力和讲政治能力；对支部成员进行行动动员的能力和行为的约束能力；党的方针、政策的贯彻落实能力；支部的科学决策能力和支部成员的执行行动能力等。

三是服务力建设。服务力即强化基层党组织的社区服务能力，提升了引领村民委员会更好地提供公共服务及行政服务的能力；引领、组织、推动、参与建设脱贫产业的生产性服务，包括技术服务、信息服务、市场服务的能力；引领、组织、推动、参与各类社区服务及社区照顾体系特别是三留守人员服务的能力；带领人民群众，扬弃、传习社区传统文化，实现社区层面的健康精神文化生活自我生产、自我供给的能力；引领、推动人民群众团结合作、建设良好社区关系，提升社区社会资本，实现社区福利的能力。

四是治理力建设。治理力即社区治理的能力，主要建设内容包括：基层党支部领导村委会，实现基层民主、全面落实“四民主、两公开”制度的能力；重视人民利益，确保资源与机会分配、责任和成本承担层面的公平、公正的能力；推动、保障群众参与，建立确保社区发展、社区治理、社区福利分配过程中群众的实质参与、有效参与的参与机制；领导、推动、支持村委会改善环境、卫生条件、公益事业的公共参与、公序良俗的社区推动等方面的社区约束机制；提升社区问题的研判能力和社区矛盾的调解能力。

五是团结力建设。团结力即组织、团结群众的能力，实现了群众参与基础上的社区发展的规划能力；在产业发展、社区建设、公共利益成长等领域的社区共识推动能力；着眼于激发社区活力，实现社区团结和合作，培育和支持社区组织的发展能力；社区共同行动的组织能力和推动能力。

六是鲜活力建设。鲜活力即基层组织的自我学习和发展能力，成功提升了基层党组织的知识更新能力即自我学习能力；对农村青年优秀人才的吸引和培养发展能力；与时俱进，工作方法的不断更新和发展能力；为实现全面脱贫、巩固脱贫成果、实现脱贫可持续的创新发展能力等。

二、农民主体性在产业扶贫中得到成长

农业和基于当地资源的产业发展，一直是扶贫工作的重中之重，发展产业、通过劳动致富脱贫一批，是“五个一批”的重要内容，也是体现脱贫成效的重要特征。但事实上，贫困地区的农业产业发展，总体上面临的挑战和困难是非常大的。主要体现在当下农产品整体上“小生产、大流通、多环节、大市场”的经营格局，小农为主的农业生产模式，与高度市场化的经营格局是不匹配的，除大宗农产品外农业产业结构调整面临高度的市场风险，这种结构性困境的突破较为困难，对于贫困地区而言尤其如

此；在快速现代化、工业化、城市化过程中，农业事实上越来越成为弱势产业，农业生产更容易受到自然、生产技术、市场风险的影响，其高度的脆弱性使之作为可持续的脱贫举措，风险更难把控；相当多的农业产业如水果、干果，大型食草动物养殖，需要较长的周期才能获利，回应不了农户特别是贫困群体当下的现金支付压力问题，使得这些产业本身很容易被放弃，普通短线产业由于进入门槛低，很容易出现市场饱和情况而造成灾难性后果。而一般意义上通过集约化、规模化、企业化运营的所谓现代农业经营模式，同样和以小农生产为主的中国贫困地区农业生产和农村社会结构、人口结构实际难以嵌合；加之国际上集约化生产的大宗农产品价格和国内小农生产的大宗农产品价格比较起来前者更有优势，小农生产大宗农产品所获得的报酬相对其他行业太低，导致一般农业生产没有出路。再加上多数贫困人口劳动力的素质、学习和应用新技术能力、项目参与能力都相对较低，扶贫产业项目治理面临的难度很大，基于产业结构调整的脱贫攻坚面临的挑战会更大。

但是，民族贫困山区客观上还是需要发展产业实现脱贫。面对这些结构性问题，就必须花更精细的功夫、进行更大的协同去解决。同时，还要在此基础上解决小农为主体的乡村社会如何以产业发展为突破口、实现乡村振兴目标的问题。玉龙县的脱贫摘帽，在这一领域取得了突破性成果，真正意义上将基层党建和产业发展有机同步推动，从而实现了贫困治理和乡村治理的有机结合。

（一）党建与治理引领的旅游产业脱贫

旅游产业是整个玉龙县和丽江市的优势产业，古城丽江、玉龙雪山等知名景区为当地带来了大量优质客源。玉龙县通过强化党建和治理创新，把乡村旅游做成了脱贫优质产业。

以玉龙雪山景区甲子村为代表的玉龙县的乡村旅游产业脱贫，和其他地区乡村旅游发展最大的差异就是将民族团结、民族和谐、民族共同发展和共同富裕作为首要目标。玉龙雪山景区的旅游发展，甲子村所有村民组、不同民族村寨都是受益者，受益方式包括分红、就业机会获得、旅游发展经营机会分配等。

基层党组织的政治引领力、组织力、服务力、治理力、团结力、鲜活力都得到了极大发挥，成为贫困治理的最重要力量。村党支部坚持党和国家民族政策，把民族团结、共同发展、公平公正、分享发展成果作为该村党支部最大的政治和发挥政治引领力的着力点。在实现全村脱贫致富增收的同时，也把该村做成了民族团结、族际关系和谐的示范村。正是由于政治引领力的充分发挥，村支部的组织力得到了空前的加强，党员干部执行上级党委决定和支部决策的意愿和能力得到空前发挥，自我约束机制不断完善，组织力得到很大加强。村党支部带头成立了婚纱摄影公司，在巨大商业利益面前，坚持其作为全村村民共有的集体企业，没有任何个人持股，就是其强大的政治引领力和组织力的体现。正是因为有了较好的集体经济基础，村党支部领导村委会成员建立了为全村群众服务的各项机制，加上有良好的组织力保障，该村在公共服务、生产性服务、社区服务、民族文化传承方面形成了一整套完善的工作机制，服务力得到了极大提升。该村重大事项由村委会提出、党支部讨论决策、监委会监管、村民监督，完善了公开机制，特别是决策分配过程更加注重群众参与，坚持发展成果全员共享，重视民族文化的差异性和发展利益的一致性，依托玉龙雪山发展的乡村旅游产业脱贫，最大限度保障了公正参与和利益分享结果的公平，从而使得全村真正意义上成为发展利益、生产生活、价值和行动共同体，成为整体上的共同行动单位，也能与景区管委会、国有旅游公司形成良好合作和协同行动关系，建立有效沟通渠道和利益协商机制，这是其治理力的重要体现。村支部积极推进相关工作，在村民面前建立了极高的威信，能更好地团结、组织各民族群众有序、有效地参与产业治理，团结力得到了很好发挥。更多优秀的村民对党支部和党员干部群体的引领性作用更加拥护，对党员身份有了更强的认同，要求加入党组织的社区成员越来越多，基层党组织的鲜活力得到了最大限度的保障。

旅游产业脱贫工作的有效性。甲子村党支部最大限度地团结了该村村民，使得该村具备了集体行动回应公共利益的能力，从单一关注自身经济利益，发展到关注生态环境保护和支持文化传承的共同行动，主动要求承担退耕还林项目，全员都成为生态保护的行动者，成为协同政府开展环境治理的有力支持者。相关成功经验被玉龙县推广到拉市海、老君山等景区的建设发展和经营管理中，最终形成了全县旅游发展的基本范式，旅游脱贫成果反过来又成为县域层面构建地方治理体系与治理能力现代化的经验源泉，大大提升了政府治理能力，真正回应了习近平总书记一再强调的“人民是历史的创造者，人民是真正的英雄”这一深刻认识。

（二）小农参与为根本的农业产业扶贫

玉龙脱贫攻坚的过程，是生计系统不断改造和提升的过程，也是促进文化传承、重建乡村生活预期的过程，还是最大限度地促进以小农合作、小农团结为基础的产业发展和乡村治理的过程，本质上也是“小农中国”视野下的中国乡村发展之路的体现，同时也是根本性回应中国农业产业发展面临结构性挑战的过程。

玉龙县坚持双推进、双提升，把农业产业扶贫和党建结合推进，探索出了许多好经验。玉龙县充分发挥党员群体先进性的优势，全面推动农村社区党员“设岗定责”，支持、鼓励农村党员在技术服务、产业发展过程中的担当角色，并通过群众对其打分评估作为评价依据，作为支持农村党员贷款发展产业的评价依据。将群众评价与产业支持机会挂钩，既强化了农村的服务体系建设，又培养出一大批愿意服务群众、愿意主动接受群众监督，同时具有发展引领能力的干部群体，对乡村治理也是一个重大的促进。奉科镇柳青村随着产业扶贫工作的推进，因为家乡发展产业吸引了大量外出群体特别是党员群体关心家乡建设，在流入定居城市建立了外出人员党支部，推动外出人员关心、支持家乡脱贫事业的发展，建立关心、支持家乡产业发展、民族教育的工作机制，关怀面临重大风险的乡亲社区行动网络。

玉龙有得天独厚的自然条件，适宜多种中草药材的生长。本地有丰富的中草药资源，纳西族、藏族、彝族、普米族都有传统民族医药技术，形成了深厚的地方性中草药材知识。20 世纪 90 年代末天然林禁伐后，玉龙县便把中药材作为重要的替代生计进行推广，形成了相对完整的生产技术体系。玉龙县的产业扶贫，有得天独厚的中草药发展环境和地方性、民族性医药知识和技术，依托已有的产业发展经验，充分利用地方性特色种质资源发展中草药种植业。这些中草药品种有很强的抗逆性和本地适应性，能最大限度地避免自然灾害风险和技术风险。玉龙还采取了多主体协同的扶贫产业推进策略，重视引进重要科研单位和企业，强调“只搭台、不唱戏”，建立中药等产业的技术支持体系，支持外来企业与当地村民建立良好合作关系；以“人无我有、人有我优”等方式，发展中草药如重楼等优势产业，同时，政府支持建立较为完善的技术培训服务和市场对接机制，强化生产性服务支持。玉龙县的产业扶贫，坚持实事求是，着力抓好“稳”与“实”，针对农业产业发展的实际，充分考虑了病虫害问题和生态影响，尊重贫困农民的主体性和传统知识，着力于提升而不是全面改造农民生计系统，不盲目搞大规模连片种植，支持、鼓励农户多品种种植发展产业，支持农户收入来源多样化，以增加扶贫产业行动的抗风险性，减少生态风险，总体上回应了中国农业产业发展面临的结构性问题。

令人印象更为深刻的是玉龙县引进企业参与产业扶贫的工作模式，在为企业提供政策支持的同时，更加重视对贫困户的发展支持，而不是简单推动贫困户绑上企业的战车。如在重楼种植的过程中，政府鼓励外来企业进入本地发展，支持贫困群体以务工方式参与产业发展，农户在企业务工的过程中，掌握了相关知识和技术后，政府支持农户家庭自主种植。企业行为带动了大量农户的种植，只需要和农户建立合作关系就可以获得足量的产品，就没有了继续扩大投资的必要。和农户之间形成了良好的合作关系，降低了企业自身的投资风险，而农户也因此获得了更多生产环节的收益。玉龙县也有将量化扶贫资金投入企业的做法，其经验的可贵之处在于把现代企业制度建设作为扶贫产业发展的重中之重：一方面，在企业的股权设置上将政府扶持资金量化、明确股份给贫困户，或通过股权变更的方式实现这一目标；另一方面，按照现代企业运营制度，建立对企业运营的监督机制，支持贫困户代表直接参与企业监督，保证财务的真实性和企业运营的正规性，确保企业与贫困户的结合是真扶贫，也是扶真贫，最终形成政府、企业、小农为主的贫困群体的良性互动和协同行动机制。

玉龙县产业扶贫的另一重大亮点是促进社区团结与合作，真正在小农发展的基础上解决贫困问题。以奉科镇柳青村为例，村中大多数人外出务工就业定居，而留守群体多数为老人和贫困群体。随着脱贫攻坚工作的推进，外出人士看到了乡村发展的希望，也纷纷短期返乡发展种植业，随后再返回城市工作。扶贫工作人员支持留守贫困劳动力群体和外出人员达成新的合作机制，即由留守劳动力为外出人员看管、照顾家中农业产业并与之达成公平分享收益的合作机制，形成了农村产业的劳动力、土地、资金等要素的新型整合，既充分利用了本地土地资源、促进了地方产业的发展，也促成了留守劳动力、半劳力实现了在本地完全农业就业、充分农业就业的目标。这种新型合作机制更加强化了村庄内的团结，加强了外出人员与村庄留守群体的联系，重建了较为紧密的共同体关系，形成了新的城乡互动关系，大大提升了乡村生活的价值，增强了乡村生活的预期。这一做法，从根本上回应了以小农结构为基础的中国农村产业发展和乡村振兴问题。

三、社会政策与公共品供给系统性完善

发展的目的是要增进“实质自由”，实质自由则主要体现于“有理由珍视生活的可行能力”，而摆脱贫困、基本教育、基本医疗卫生服务等是“可行能力”的重要体现。结合中国实际，从社会政策的视角看，政府是社会政策体系中最为重要的供给主体，是在对标“两不愁三保障”的前提下，通过完善社会政策体系，为贫困群体提供教育、医疗、就业、住房等支持，为特殊困难群体实施社会保障兜底，是世界上多数国家采取的有效减贫工作模式。玉龙县的脱贫攻坚行动通过教育扶贫、健康扶贫、就业促进、扶贫搬迁及农村危旧房改造，强化家庭经济能力实现养老支持，实现了100%全覆盖、全支持、全领域推进。这不仅是玉龙县的工作成效，更是中国整个脱贫攻坚工作的重要特征，也是中国以社会政策和公共品供给机制系统性建设解决贫困问题的重要创举。

（一）改善县域农村住房条件

按照“通过移民搬迁脱贫一批”的要求，玉龙县通过多渠道筹措资金，不搞一刀切，也不大搞形象工程，更不强行劝搬，针对当地实际，更加注重贫困群体不愿远离生产资料的需要、注重贫困群体的民族文化

传统特性，注重就地集中安置和村内安置，极大程度地避免了移民搬迁后的生计可持续问题，在全面解决想搬迁并应该搬迁贫困户的住房建设问题，实现该搬应搬、想搬能搬需求的同时，强化了贫困群体的生计能力，增加了其公共品的享有量，这种扶贫搬迁模式，具有重要的学习和借鉴价值。

在脱贫攻坚过程中，玉龙县将改善住房条件的工作不只放在贫困户身上，也以脱贫攻坚为契机，把全面改善县域农村住房条件作为实现全面小康的重要工作，同步推进全县农村危房、旧房的改造，同时支持住房面积不够、住房条件较差的农户改善居住环境。玉龙县在改善县域农村住房条件方面更为有价值的工作经验是，没有机械地制定统一标准，而是通过扶贫工作队、村“两委”协同工作，以与农民因户共商、因实际共商、建立共识的方式，根据实际情况确定农房改造提升的补贴标准，并推动、支持农民投工投劳实现自我承担，以公共财政资源为杠杆，全面解决了县域农村住房条件改善、提升的问题，并在这一过程中促进了社区公平，极大地解决了部分地区只关注贫困户的移民搬迁从而使部分群众感觉不公的问题。

正是因为从实际出发，玉龙县结合移民搬迁的农村住房改造提升行动，既为未来的乡村振兴打下了基础，又全面改善了县域农村的住房条件，并大大促进了社区和谐、民族关系和谐，并以此为基础，强化了村民参与机制，提升了乡村治理水平。

（二）保障和提升教育服务

按照“发展教育脱贫一批”的要求，玉龙县把教育保障支持、教育质量改善和劳动力素质提升相结合，全面实施贫困学生关爱、薄弱学校改造、学校信息化建设、乡村教师提升、家庭“明白人”培养“五大行动”。

玉龙县的教育脱贫工作，有机统一了学前教育发展、义务教育巩固、高中教育保障、职业教育和高等教育支持、农民教育兼顾等方面的工作，真正实现不让一个孩子因家庭贫困而失学的目标，又以脱贫攻坚为契机，全面推进了县域教育事业的发展，从而建立起可持续教育脱贫保障体系。

玉龙县的教育扶贫工作，资源重点向贫困地区倾斜，重点改善乡村地区教育设施，重点保障支持贫困乡村地区教师队伍建设，鼓励乡村教师队伍的专业能力提升，不仅着力解决贫困群体上学难的问题，同时回应了城乡教育公平的问题。针对民族贫困地区教育的特点，玉龙县在大力推进标准化教育的过程中，把民族文化传承、校本教材开发同步列入教育扶贫工作，也通过家庭“明白人”培养，把贫困家庭劳动力素质提升作为教育扶贫的内容，形成了既具有地方特色又具有学习价值的教育扶贫多元支持工作模式。

（三）提升医疗卫生服务的可及性

在决胜脱贫攻坚过程中，玉龙县紧紧围绕“基本医疗有保障”的重要目标，以全县“健康扶贫行动计划”大力推进健康扶贫、医疗扶贫工作，切实兑现“群众少得病，看得起病，看得好病，看得上病”的政策承诺，实现了新农合、大病保险和重特大疾病医疗救助三项制度对农村贫困人口的全覆盖，在建成适应群众需要的医疗卫生服务体系的基础上，医疗卫生资源实现了向农村地区及贫困群众的下沉，全县完成了所有村卫生室的标准化建设，每个村卫生室至少配备 2 名村医，基本解决了医疗卫生服务“最后一公里”的问题。

玉龙县的医疗卫生扶贫，总体上表现为综合实现精准到户的医疗工作制度的改革。在县级层面建立了多部门参与联席会议制度、考核制度和督导制度，多次组织建档立卡贫困人口的患病情况筛查工作，确保不漏一人一户，全面彻底掌握全县因病致贫、返贫情况，对患有疾病的贫困群众，进行了 100% 救治救助。在解决贫困群众“看病贵”“看病繁”等问题上，强化财政支持，做了大量工作，推动了基本医保、大病保险、医疗救助和兜底保障的“一站式结算”服务，组织安装培训“村医通”App 结算系统，彻底实现了全县医保结算系统的全覆盖，患者即使在村卫生室看病，也可享受到相关的便捷服务。

（四）推进农村贫困人口就业服务

“有业可就、有活可干”，促进和扩大就业，是实现脱贫摘帽的重要手段，也是可持续脱贫的重要前提。紧紧围绕贫困群众持续稳定增收的目标，玉龙县把“就业脱贫工程”列为决胜脱贫攻坚“九大工程”之一，以系统性的举措，通过转移就业、创业扶持、货币扶补、技能培训等，最大限度地实现“就业一人、脱贫一户”的目标，取得了良好效果，摸索出有价值的经验。

玉龙的就业扶贫工程，把培训、教育、提升农村劳动力素质作为首要任务来抓，仅 2018 年度就累计开展农业产业技能培训 443 期，培训农村劳动力 2.84 万人（次），其中建档立卡贫困劳动力 5126 人（次）；在就业选择上，不只考虑劳动力向外输出的问题，还通过多种措施并举，重点支持劳动力本地就业、社区就业和扶贫产业发展过程中的农业就业；对于外出务工的农村贫困劳动力，玉龙县还把服务延伸到了劳动力流入地，建立了基于互联网的外出务工者服务交流平台，专人提供外出劳动力各项就业服务，并在家乡社区为“三留守”人员提供各种服务支持。就业扶贫工作总共转移就业建档立卡贫困劳动力 3500 人，为这些家庭建立可持续收入来源、巩固脱贫成果提供了有力支持，从而形成了有借鉴价值的、比较完善的就业脱贫工作经验。

（五）精准推进社会保障兜底

“社会保障兜底脱贫一批”，是“五个一批”中的重要内容，“实施社会保障工程”同样是玉龙县脱贫攻坚“九大工程”之一，“两线合一”制度在玉龙县得到了全面贯彻。通过精准核查，群众参与，彻底解决了县域内不该保受保问题，实现了从“以表施保”到“按户施保”的“精准施保”方式的转变，不仅全面保障了特殊贫困群体的兜底保障，也通过此项工作，彻底解决了过去遗留的问题，促进了社区公平，大大增加了政府公信力，提升了群众满意度。通过“补短板”工作，狠抓保障重点和保障对象分类施保、分类施策工作，将农村“两无”（无业可扶和无力脱贫）建档立卡贫困人口100%地纳入了农村低保保障范围，全面落实了“两线合一”。在精准扶贫和脱贫攻坚阶段，玉龙县累计发放各类社会救助资金1.7亿元，实现了符合条件参加城乡居民基本医疗、养老保险条件的建档立卡贫困人口全部参加。

在清查彻底、全面落实应保尽保的过程中，扶贫工作队伍的社区工作能力、解决公平公正的能力得到提升，社区参与机制更加顺畅，边缘贫困群体社会保障兜底需求更容易获得满足，社会治理水平也得到了整体提升，同时又保障了精准脱贫方略的精准落实。

四、长效脱贫社区能力体系有效建设

以行政村为单位的农村社区作为一个利益、文化、价值、生产、生活共同体，在小农为特征的贫困农村脱贫攻坚过程中，是十分重要的行动主体。精准识别、建档立卡户的可持续脱贫，最大的挑战是需要解决能力不足和脆弱性问题，而社区支持就显得特别重要。

社区能力体系是农村社区工作教育和实践所用的、本土化相关工作的一套分析和工作框架，在农村社区工作、反贫困社会工作实践中已开始运用。其基本特征是将农村社区作为一个发展整体和工作对象，通过培育和支持社区组织、强化社区治理，推动社区共识、实现社区团结，从而全面提升社区经济发展、环境改善、文化传承与精神文明建设，增进社区福利，积累社区社会资本，实现社区为主体的可持续发展。

玉龙县的脱贫攻坚行动，没有简单化地把“精准识别、因户施策、因人施策”理解为针对贫困户个体的减贫和发展行动，而是在针对建档立卡户强化支持、精准施策的同时，一直坚持了农村社区整体和区域发展的视角，把社区视为小农的集合体。在具体推进过程中，通过强化基层党建，促进贫困群体和社区群众的参与，在脱贫过程中推进社区治理，强化社区团结与合作，从而全面提升了农业产业、农村社区的发展能力和公平机制，形成了系统性推进农村社区能力体系建设的经验，实现了从贫困治理、农村社会治理到建立地方治理体系与治理能力现代化的有机统一。

（一）社区治理能力得到提升

农村社区治理能力指社区的组织、协调和动员能力、公共事务管理能力、社区团结与合作能力、社区自我约束能力、矛盾化解能力等，农村社区治理能力，在微观层面也可理解为社区参与机制与参与能力。

重视小农为基础的农村经济发展，同时又要解决产业规模问题及产业服务的成本和可及性问题，农民的团结和合作就显得更为重要；同时，贫困群体的发展能力特别是受教育程度相对较低，更缺乏市场、技术和信息能力，普遍无法承担产业发展所需要的市场、技术和信息成本，更需要社区团结和合作以分担成本。解决阻碍农村社区团结和社区合作的困难、回应社区问题、增进社区福利、实现社区约束、推动社区发展的过程，也可理解为农村社区实现善治的过程。要实现社区善治，需要有凝聚力、团结力、组织力的社区组织，需要建立公平、公正的决策机制，也需要解决社区参与的渠道和机制问题。农村社区治理能力的提升，从某种意义上来讲，是脱贫不返贫和乡村振兴的根本前提。

在玉龙县双推进、双提升工作推进过程中，作为脱贫攻坚的引领性力量，扶贫工作队、驻村第一书记和基层党组织的工作能力在脱贫攻坚行动过程中都得到了提升，“四民主、两公开”的落实，使得农村社区的公平状况得到了较大保障，社区发展共识普遍更容易形成，社区公共事务管理能力特别是政府投入撬动社区资源来修建、改善、维修维护生产、生活及发展的基础设施，从而支持农村社区发展和社区生活可持续的能力大大提高。

（二）社区经济能力得到培育

脱贫攻坚的核心是增收，增收的根本措施是发展产业与促进就业，但贫困地区和贫困群体由于各方面因素，产业发展的能力往往很有限，加之贫困地区离城市中心市场相对较远、基础设施相对不够完善、训练有素的经营人才较为缺乏，同时，农业产业本身面对自然灾害和市场风险的脆弱性较高，在以内需市场为主的中国农产品经营体系上，贫困地区农业产业发展的风险也较高。

社区产业的发展即经济成长，需要解决技术能力、市场能力和信息能力的问题，但以小农为主体的贫困农村地区，贫困人士个体甚至是一般的农业经营者也无法解决这些问题。通过社区合作与团结，支持企业参与农村产业发展，既提供农村精英群体服务社区经济发展的机会，又因企业介入强化了社区的技术能力、市场能力和信息能力，同时也因为产业扶贫工作推进了团结与合作，使得贫困户技术成本、市场成本和信息成本因为分担而可承受，从而有了全面建立农村社区的经济能力。

玉龙县的脱贫攻坚实践，通过党建引领，实施农村人才计划，为农业产业和社区经济发展建实、建强了一支重要的引领性力量，实现了为农村社区“留下一支不走的扶贫工作队”这一目标，解决了农村产业发展的人才队伍建设问题；同时，因为重视村庄集体即社区的整体发展，又使得这支不走的扶贫工作队强化了为社区服务的意愿，建立了社区活动的舞台，提供了推动社区共识的机会。基层党组织引领性功能的发挥和社区服务能力的提升，又推动了社区团结，使得未来产业发展的各项成本能够通过公平分担解决；加之产业推动和培训支持，并建立与外部市场组织的合作与协同行动机制，能从根本上提升社区的技术能力、市场能力和信息能力。

（三）社区环境能力逐步成长

脱贫攻坚的过程，既是“两不愁三保障”落实的过程，也是农村社区发展、农民美好生活向往实现的过程，还是可持续利用自然资源、有效应对自然灾害风险的过程。

玉龙县的脱贫攻坚工作，基层组织建强了，有效促进了社区参与，更好地激发了人民群众渴望和追求美好生活的能力。通过“五整洁”行动及“先锋村”评比等活动，加之扶贫工作队和基层党组织的有效工作，社区层面自我改善环境卫生的行动意愿、行动动力明显增强，环境卫生行动得到了普遍改善，环境卫生、社区约束能力也得到了有效增强，并基本形成了可持续行动的能力。以甲子村为例，社区对环境保护等公共利益的回应能力也得到了有效加强。

玉龙县的基础设施建设，也对乡村环境卫生条件带来重大改善，强化了社区行动共同改善环境的行动意愿，增加了群众的行动预期，同时在很大程度上增强了农村社区抵御各种自然灾害的能力。而农业产业发展充分利用了当地传统种质资源，强化了地方性生态智慧和生态知识的传承；适度规模化的农业产业发展与“两江”流域的生态保护、水土保持相结合，又大大强化了生态屏障功能，贫困地区农民发展经济的行动就自然与生态保护结合起来；玉龙县的乡村产业发展，因为强调了社区的参与，促进了公平性和农民的获得感，保障了农民利益，也使农民意识到保护环境的重要性，有了环境保护的参与动力和行动预期，就极大程度地提升了社区的环境保护能力。

（四）社区文化能力持续发展

脱贫攻坚和农村社区发展，需要在“两不愁三保障”推进过程中，同步推进社区的文化能力提升。所谓社区文化能力，既包括社区对于传统文化的学习与传承能力，也包括对传统文化的反思与扬弃能力，还包括精神文化生活的自我生产、自我供给能力。

玉龙县在脱贫攻坚行动中，一直重视民族文化，强调尊重民族传统的同时促进民族发展和民族关系和谐。在旅游产业发展过程中，更加重视民族文化在旅游发展过程中的重要作用，文化扶贫工作也是其有特色的工作内容，民族文化传承一直得到应有的重视；双推进、双提升工作的开展，党员干部作为各民族精英代表，党性和先进性得到了充分提升，在具体工作实践层面，也能促进、推动社区对传统文化的反思和扬弃。更为重要的是，文化的传承与反思，本质上需要社区、群体的共同行动，而玉龙的党建扶贫工作本身，使社区团结力和合作能力得到了加强，社区共同行动就更加可能，文化传承与反思能力也就有了保障，进而全面提升了社区生产丰富文化精神产品的能力。

（五）社区福利能力初步构建

社区福利是由社区通过团结与合作自我生产与分配的各项福利，包括社区服务与社区照顾、社区互助、村级层面的社区保障系统、社区安全与相互保卫等。社区福利需要在社区良好治理的前提下，以社区团结、社区合作为基础，以社区参与、共同贡献的方式实现。社区福利是中国构建社会福利体系的重要组成部分，也是当下乡村建设与社区发展的重要内容，是支持有价值、有尊严、有保障的乡村生活的重要支撑。

党建与扶贫双推进、双提升，加上民族文化传统的传承和发扬，玉龙县各农村社区福利能力普遍得到存续和强化。做实建强的基层组织，在社区服务和社区照顾层面承担了重要的角色，而不论是单一民族社区还是多民族杂居社区，都具有社区互助的传统，并且得以继续发扬，同时，因为社区团结，社区内的约束力和外部安全风险的防范能力也因此得到了极大地提升。甲子村因为乡村旅游的发展，村集体经济得到极大发展，以村为单位提供各项服务、生产各类社区服务的能力大为增长；奉科镇柳青村的基层党建加产业发展就极好地促进了社区福利能力的提升，在社区产业发展的同时，社区互助得到了极大加强，也大大降低了贫困群体的脆弱性。

总体上讲，由于玉龙县基层工作扎实，社区治理得到有效推进，社区团结和合作能力加强，社区的社会资本得到了有效增加和积累，使得社区可持续发展成为可能。

五、玉龙脱贫经验的策略和方法贡献

和西方发展援助经验相比较，玉龙的脱贫攻坚，是在充分理解小农现状和价值的基础上，结合推进地方治理体系和治理能力现代化，将社会政策体系构建、公共服务体系完善以及产业经济发展、贫困群体能力建设统一推动的过程，是一个完整的体系化推动模式，更加强调政府的资源整合和社会动员基础上的强大行动能力；玉龙脱贫行动虽然同样关注社区，但更强调社区共识、社区团结和社区合作，在实践创新和方法论强化支持下，构建起与“赋权”为主要工作策略和目标的、以特定群体为主要服务对象的国际发展援助体系的对话基础。

玉龙县脱贫摘帽的成功模式主要特征体现为党领导下政府的全力行动，全社会协同一致、以社会协作和社会团结的方式共同参与和共同担当，重视社会、经济、文化与环境可持续发展，将精准到户与重视村落、社区作为一个发展主体同步推进，是减贫领域中道路自信、理论自信、制度自信、文化自信的充分体现。

（一）政治制度优势下的使命担当和群众基础

玉龙县的脱贫攻坚是“战役型贫困治理”与“科层制治理”扶贫的有机结合，体现了中国从中央到地方集中力量办大事、办好事的能力，是中国政治制度优势的集中体现；以“书记抓、抓书记”，强化领导干部的责任，以双推进、双提升强化组织建设。玉龙强化党员的党性建设、组织建设、监督和激励机制建设，以一以贯之的持续党建行动，建立了一支从上到下打硬仗的队伍；重视贫困群体的主体性建设，重视社区，把社区参与作为重要工作内容来抓，实现了社区团结和社区合作，最终建立起可持续发展的能力，实现了扶贫攻坚工作队伍党性和人民性的有效结合。

玉龙县的脱贫摘帽，充分发挥了党委、政府强大的社会资源动员能力，以党建为引领，是贫困治理与社会治理一体两面的行动，体现为全社会参与的长期共同行动。在党委、政府统一协调下，建立了社会资源多元化参与机制，凝聚社会力量共同行动，建立了真正意义上的大扶贫机制，实现了党的意志、国家意志和人民意志的高度统一，这是玉龙县脱贫摘帽成功经验的有力支持。

在实际工作中，实事求是的基本原则得到了强化，坚持一切从实际出发，不搞政绩工程，强调对标“两不愁三保障”基础上的制度建设和行动机制再造，打好基础的同时再寻求提升，一步一个脚印发展，体现了地方党委、政府的政治定力和务实担当。

（二）多民族平衡发展增强了认同

作为多民族区域的玉龙县，对标“一个民族都不能掉队”的民族区域脱贫攻坚要求，坚持民族团结、多民族平衡发展的要求，加强对“直过民族”和极少人口民族地区的投入，坚持脱贫攻坚工作与多民族协调发展、平衡发展同步推进。精准识别、因户施策，在极大程度上改善了贫困群体的生活处境，个人和家庭生活得到提升，社会保障机制和社区服务又大大增强其选择过有价值生活的可行能力，自我认同感得到了很大提升；强调村庄共同发展和农民抱团发展，强化村级基层党组织的引领作用，重视公平公正和社区参与，最大限度地促进了社区团结和社区合作，社区福利得到提升，反过来又强化了贫困群体的社区认同；不管是对“直过民族”还是其他民族村民族社区，脱贫攻坚行动过程中，都十分强调对民族文化的尊重，强调民族整体发展的工作目标，支持民族文化传统在旅游产业发展和地方生态种植业发展中发挥积极作用，增强了民族文化自信，促进了贫困群体的民族认同、文化认同；在党委领导下，政府积极进行社会动员，整合财政资源、社会资源、市场资源，支持民族社区和贫困群体脱贫发展，强化了民族社区、贫困群体与外部社会的联系，也充分体现了党和政府对民族地区人民群众的关心和支持，极大程度地促进了国家认同。

扶贫工作队伍和基层干部的努力工作，受到了上级党委的积极评价和组织提拔，得到了极大的组织认同；参与脱贫摘帽工作并取得重大胜利的同志们，因为使命担当实现了自我价值，这就强化了基层干部的自我认同，也得到工作区域社区和群众的认同，以少数民族为主体的党员干部队伍得到了锤炼，成为引领地方经济、社会发展的关键力量。

（三）后发地区的社会现代化之路

中国改革开放40年，以工业化、城市化为主要内容的经济建设取得了重要成果，但与经济建设成就不够匹配的是，中国社会现代化的进程还远远落后，特别是边远贫困民族地区更是如此。玉龙县的脱贫攻坚行动，从社会建设的视角看，也正是党委、政府积极行动、主动作为，以风险可控、代价较小的方式，推动社会的现代化转型的实践。

公共性、契约与规则、民主参与基础上的社区组织等，都是现代化社会所具有的特征。但多数贫困民族地区，除了缺乏现代意义上的公共性及契约社会的基本特征外，更缺乏引领社区发展、有目标和规则认同以及能保障成员参与权利的社区组织。加强党建，支持基层党组织和村民自治组织成为引领性组织，根据宪法及《村民委员会组织法》作为保障村民参与公共事务管理的法律和规则基础，为民族贫困地区社会现代化建设建立、建强了现代意义上的组织基础。扶贫和社区发展作为贫困群体及社区的共同利益，具有较高的社区共识基础；项目实施，共建产业和社区福利、社区服务和社区照顾体系建设，为社区参与提供了巨大动力。而整个行动的过程，也是社区群众在受保护和支持的前提下，建立行动共识、学习民主参与、形成现代意义上的行动规则共识的过程，本质上也是积极推进社会现代化的过程。

基于产业发展建起来的各种经济合作组织，可以理解为现代性意义上的社会组织。经济合作组织的治理、运行及决策机制，也是社会现代化意义上的社会运行机制。脱贫攻坚的过程，也是贫困群体及农村社区学习市场规则、提升市场能力、建立履约机制的过程。结合党建和村民自治工作的推动，贫困地区的社会现代化过程相对而言，就能以风险和代价较小的方式实现。这是中国特色的社会现代化道路，也必将对全球减贫和贫困地区社会现代化行动提供有价值的借鉴。

（四）社区组织有效引领贫困治理

村落、社区层面的贫困治理，需要建立协商平台、社区参与和协同行动机制。基本上所有的发展援助和国际非政府组织支持的减贫和社区发展项目，还有国际多边、双边合作的多数社区减贫与发展工作，都强调通过专业的参与式方法和手段，培育和支持社区组织发展，以期在社区行动过程中担当引领性作用，建立社区参与机制和参与能力，力图以此实现赋权目标。但在具体实践过程中，新培育的社区组织往往和原有的权力结构不相匹配，也较容易和旧有的权威发生冲突，赋权行动容易出现抗争性结果，与社区共同利益的成长产生矛盾，或者不能持续有效发挥作用，所以一旦发展项目停止，社区组织的生存和行动能力便容易瓦解。

中国有广大的乡村地区，以行政村为单位的农村社区 60 多万个，很难想象都能依靠专业社区发展团队进入社区协作、支持社区发展，同时还要避免产生新矛盾的风险。所以，加强基层党组织建设，发挥引领性作用，完善国家正式治理结构中的村级治理，推动社区参与，是中国减贫发展和农村社区治理最为可靠的路径。强化党建后的基层党组织和完善治理机制、社区参与机制的村民自治组织，既有来自政府和社区群众的双重合法性和认受性前提，也提供了社区精英发挥引领作用和服务社区的足够空间。有党性要求、纪律要求的基层党组织加上有法律规范、民主选举的村民自治组织，能有效保障居民参与，合二为一推进贫困治理与社区治理。

玉龙县以双推进、双提升为核心内容的党建脱贫攻坚实践，为基层党组织和自治组织全面提供能力建设，支持其在贫困治理中发挥积极作用，正是立足中国现实、发挥政治优势、推动贫困治理的有效行动形式，也回应了发展援助过程中外力助推社区组织与原有机制的冲突，更能最大限度地推进社区合作与社区团结，从而全面建立社区发展能力。正是通过强化基层党建，使得作为党的重大战略和国家行动的脱贫攻坚，在社区层面有了组织化支撑。

（五）从社区发展共同体到人类命运共同体建设思考

作为多民族贫困地区的玉龙县，民族和谐、民族团结、民族平等工作一直受到高度重视，脱贫攻坚过程，也贯穿了民族团结和民族发展的议题，不论是单一民族社区还是多民族社区，脱贫攻坚行动本身都促进了贫困群体的自我认同、社区认同、民族认同和国家认同。玉龙县的脱贫攻坚行动，整体上实现了区域层面和社区行动层面的团结和协同，全县干部群众成为脱贫攻坚协同行动共同体。在项目推动层面，又注重推动贫困群体和社区成为发展行动共同体。这一过程中，党的领导力和决断力、政府的社会动员力和资源整合能力、社会的参与意愿和参与能力都得到了有效发挥，机制建设和制度创新又为此提供了保障和问责性基础。

在长期有力的社区工作推动下，贫困群体和社区的发展共识、合作共识、组织共识得到有效推进；公平机制、行动预期得以有效建立；知情权、参与权、收益权、自主权得到有效保障，党建引领的组织能力、服务能力、治理能力得到提升，直接支持社区成为脱贫行动共同体，在共同解决脱贫难题的同时，普遍运用了以共商达成共识的方法，在共建过程中解决共享和共担问题，最后实现贫困问题共治。

微观层面的脱贫攻坚行动共同体，其建设和运行机制正好回应了“人类命运共同体”建设的理论和实践要求，而这一过程中团结、合作、协同机制的支持，正是以中国经验回应全球发展议题的重要内容。

六、2020年后的扶贫与乡村振兴工作展望

玉龙县的脱贫攻坚，形成了一整套党委领导下全域动员、全面推进的工作机制，锻炼了一大批干部，形成了宝贵的党建与脱贫双推进、双提升实践经验，培养了一大批优秀农民，为下一步乡村振兴打下了坚实的组织基础、社会基础、设施基础和产业基础。

（一）持续完善以“两不愁三保障”为核心内容的社会政策体系

脱贫摘帽后的玉龙县，总体上解决了绝对贫困问题，但并不意味着能完全根除贫困现象，也还会继续面临脱贫成果巩固和脆弱人口的支持问题。另外，随着经济、社会的发展，贫困线标准也可能会继续上调，又会出现新的贫困人口和扶贫任务要求。但总的来说，不再会有“攻坚”形式的“战役型贫困治理”的扶贫行动，贫困治理将转为政府工作与社会行动的常态化治理。

以“两不愁三保障”为基准，持续完善公共服务和社会政策体系，强化社会保障兜底、医疗健康支持体系完善，贫困、脆弱人口的教育支持及住房改善，相对个别化的就业支持等，会成为未来扶贫工作的重点内容，扶贫工作主要任务在一定时期后会向常规化农村工作、民政、社会保障、教育、就业支持等部门工作转化。所以，持续对标“两不愁三保障”体系，固化公共服务和社会政策支持机制，瞄准脆弱人口和边缘群体，完善救助、综合生计援助工作体系，从扶贫转向助贫，这是对玉龙县2020年后持续推进扶贫工作的优先建议。

将服务型基层党组织建设与社区服务体系建设、社区福利发展结合推进，积极培育各类社区社会组织，扩大社会政策的供给主体，建立边缘、困难群体的社区照顾体系，完善政府与社区合作，基层党的组织引领的社会福利生产模式；持续重视社区治理和贫困治理一体两面的工作推动，继续支持社区团结、社区合作，创造有效的工作机制支持社区与政府合作，合作生产、提供社区福利，也是课题组给玉龙县以至未来中国贫困治理工作常态化的重要建议。

（二）建立“提升能力对抗脆弱性”的专业性支持机制

脱贫摘帽、全面小康后的扶贫工作，在已解决区域性、规模上的贫困问题之后，将主要针对个别家庭和个人开展。贫困状况评估、脆弱家庭的能力支持，家庭脱贫行动计划的制定、家庭生计系统的重建和提升、公共财政和社会资源的链接，都越来越要求扶贫工作者具有相关专业背景和专业能力，专业性减贫和发展社会工作者将能更好地满足这一要求。

为应对未来这一变化，建议玉龙县考虑建立全县社会工作特别是农村社会工作人才发展计划，系统化支持村（居）“两委”的专业社会服务能力的提升，着手支持地方性、专业性减贫社会组织的发展，尝试以政府购买社会组织服务的方式，在贫困治理的过程中着力打造县级层面社会工作人才体系。

另外，积极培育各类专业性社会组织，特别是创业就业支持、农村产业服务和发展咨询、困难和特殊群体服务、养老支持等领域的社会组织。同时，注重建设完善多元补缺的地方性公益慈善事业发展机制，引导社会资金开展各类助贫济困的公益项目，推动公益慈善领域和专业助贫济困社会工作机构建立协同行动机制，总体上形成党委领导、政社互动、专业服务、行动有效的助贫公共参与机制。

（三）以小农团结与合作为基础推进乡村振兴

乡村振兴既是产业的振兴，也是文化的振兴，同时还是组织的振兴，但归根结底是人的振兴。和脱贫攻坚相类似的是，主责者与推动者依然是政府，主体行动者同样还是农民和村落、社区，乡村地区同样是主战场，同样需要持续强化基层党组织建设，也需要持续支持社区的能力成长。

乡村振兴与脱贫攻坚最大的差别将体现在推进方式的差异上，即脱贫攻坚的战役型贫困治理要转向乡村振兴的常态化治理，需要通过强化县域层面地方立法工作，将已有经验通过法治建设的方法固化下去，转化为制度成果。乡村振兴工作的资源组织方式和资源转移方式，在乡村振兴阶段也将与脱贫攻坚有很大不同，市场组织参与乡村振兴会更加重要，社区共识的要求更高，社会治理参与将更加普遍，对于基层干部的工作能力要求也更高。

针对玉龙县下一步的乡村振兴工作，建议以新双推进、双提升的工作策略，一方面通过强化政策体系和机制建设，固化脱贫摘帽的党建成果，同时将强化党建和乡村振兴这一“新目标”相结合，对标乡村振兴“二十字”方针要求，持续强化、巩固基层党组织政治引领力建设和组织力提升，还需要以此为基础，加强基层党组织在乡村振兴过程中的服务能力、基层治理能力和社区工作能力建设。基于此，要从基层党建工作人员专职化、基层党建工作队伍专业化的角度，重点考虑基层党建工作的专业化能力提升：一方面要着重在基层特别是乡镇层面建立和扩大基层党建工作专岗，建设和培养一批专职化党建工作人才队伍；另一方面要提升基层党建工作者的专业工作能力，做好农村社会工作、社区工作的专业化培训和支持平台建设，把支持农村基层党组织的能力提升，推动社区治理和社会参与，促进社区共识，提升和完善社区服务体系等工作作为支持基层党建工作的重要内容来推进，持续夯实基层党组织的引领性能力。

产业发展方面需要延续重视地方传统种质资源的做法，重视构建产业发展的市场服务、技术服务和信息服务支持体系；更加重视推进小农参与的合作机制和合作组织建设，以参与户数的扩大解决产业发展的规模化要求问题，更有效的社区治理解决产业发展问题；需要重点考虑发展以促进社区就业为主的产业种类和产业形式。同时，需要深层次推进农村产业发展的专业化支持问题：乡村产业振兴所要求的专业化支持，既包括生产技术层面的专业化，也包括组织建设、社区治理的专业化，需要持续提升基层干部的农村社区工作能力和相关产业领域的专业技术能力。

乡村振兴人才队伍建设也将面临新的重大需求，各类经营管理、市场营销、社会治理、文化传承与保护等领域的专业人才，是实现乡村振兴的重要保障，需要县级层面加强对人才体系的建设，加强本地人才队伍的培养支持力度，同时出台更有吸引力的人才政策，通过提升公共服务、完善农村社会服务体系的方式，提供更多能支持农村优秀人才的本地就业机会。另外，加强与本地农业产业发展有关各领域的创业和社会创新支持，以此增强人才活力、市场活力和服务体系的活力，这也是确保玉龙乡村振兴战略实施的重要保障性措施。

附录：村庄资源及脱贫攻坚示意图[①]

① 《村庄资源及脱贫攻坚示意图》的绘制，前期主要通过第一、二阶段调研由课题组成员现场与玉龙县当地乡村干部共同协作，进行手绘完成，后由制图人通过遥感影像图对比，对绘制完成的地理底图进行矢量化后制作完成。在此基础上，针对图幅所缺信息，再通过实地调研补充、电话访谈以及村庄调研问卷信息提取进行补充完善。

一、黄明村村庄资源及脱贫攻坚示意图

黄明村（东经 100 度 22 分 20 秒，北纬 27 度 39 分 01 秒）隶属于云南省玉龙县奉科乡，位于玉龙县东北部，平均海拔约 1900 米，村域面积 19.02 平方千米，有耕地 1140 亩，林地 13890 亩。全村共 7 个村民组 189 户 766 人（卡户 44 户 168 人），现有党小组 7 个，党员 42 人，建有党员活动室 7 个，民族构成主要以纳西族、傈僳族为主。

黄明村 7 个村民组中，东元一组平均海拔约 2100 米，本组 29 户（卡户 4 户），全为纳西族；东元二组平均海拔约 2300 米，本组 35 户（卡户 8 户），以纳西族为主；东元三组平均海拔约 2280 米，本组 20 户（卡户 5 户），以纳西族为主；黄明四组平均海拔约 2450 米，本组 17 户（卡户 3 户），以纳西族为主；黄明五组平均海拔约 2492 米，本组 35 户（卡户 10 户），以纳西族为主；黄明六组平均海拔约 2450 米，本组 17 户（卡户 5 户），以汉族为主；增购七组平均海拔约 2790 米，本组 36 户（卡户 9 户），全为彝族。

通过对黄明村 7 个村民组所在地理位置高程信息汇总分析及村民组民族特征分布总结得出，全村居住点中海拔较低区域主要居住纳西族和汉族，海拔较高区域主要居住彝族。此种分布格局的形成，主要影响因素是当地移民搬迁背景下纳西族、汉族先于彝族迁徙至当地；再则是在当地纳

绘图访谈人：孙兆霞　绘图人：王文松（奔科镇党委副书记）　树贵生（奔联村副书记）　王国军（黄明村书记）　树正坚（奔科镇副镇长）　周飞龙（奔科镇政府职员）　制图人：梁坤　制图时间：2019年4月17日

西族属于相对较大族群，更易占据更好的生产、生活空间。本村居民居住生活空间主要集中于2300—2700米，共有108户，以纳西族为主；2300米以下共49户，以纳西族与汉族为主；2700米以上36户，全为彝族，反映出2300—2700米区域更大程度上在本区属于生产生活较集中区域。从不同村组的海拔高度及贫困户数量可看出，本村贫困户空间分布主要集中于西部区域，此种空间分布特征的形成主要源于本村地貌特征西高东低，表明本村贫困空间分布山区大于坝区。

产业发展过程中，在种植业上以种植油橄榄、经济林果、中药材、魔芋等为主，现种植花椒约700亩（2014年之前种植约400亩，2014—2018年增加约300亩）；油橄榄约2300亩；软籽石榴约40亩（为2015年新引进产业）；魔芋；中药材约100亩（2014年之前约30亩，2014—2018年约增加70亩）。黄明村位于河谷地区，全村整体地势落差大，水资源相对较匮乏。为保障产业发展稳步推进，在充分利用当地光热资源和金沙江水资源基础上，2018年由县水利局牵头共投资600万元实施了广电扶贫项目，以保障村内产业发展水源供给。

针对饮水保障工程建设，全村现有保障性水源点17个，规模较大、聚集较为明显水窖群7个，铺设管网总长度约25千米，其中2014年之前建设约10千米，2014—2018年建设约15千米，全村已实现安全饮水有保障。在道路基础设施建设推进方面，截至2018年，全村通组道路硬化完成约25千米（占比约1/2），全部为2014年之前硬化完成。未硬化道路总长度约25千米，2014年之前建设硬化的泥土路完成12千米，2014—2018年建设完成13千米。村内在道路基础设施修建过程中，根据村内资源布局尽量做到农户“不离地”即可享受道路便利原则，道路建设虽会耗损一定资金，但在更大程度上促进了当地道路基础设施的合理优化配置。

当前，全村在住房、教育、医疗等方面取得明显改善，全村易地扶贫搬迁 16 户，农村危房改造 109 户，现已实现安全稳固住房全覆盖。村里的适龄儿童，部分随父母到打工的城市上学，部分到奉科村完小上学，部分留在本村上学（一年级至三年级，有 1 名教师）。村内 2018 年由丽江市军分区扶贫专项资金投入 270400 元新建村卫生室 1 栋，占地面积 159 平方米，有专职医生 1 名，全村建档立卡户已实现签约医生全覆盖，建档立卡户农村合作医疗缴纳由政府全额补贴，村民基本医疗有保障。

全村有 7 个党员活动室，其中江边八组党员活动室由县委组织部投资 17 万元于 2017 年建成，其余 6 个党员活动室全由县委组织部投资 12 万元 / 个，于 2017—2018 年建成。通过党员活动室的修建，保障了基层党组织阵地建设和基层公共服务质量提升；通过出租活动室内置办存放的部分公共服务设施，在为村民提供便利的同时，亦可进一步充实集体经济。

二、甲子村村庄资源及脱贫攻坚示意图与概述

甲子村（东经100度18分20秒，北纬27度09分00秒）隶属云南省玉龙县玉龙山办事处，位于玉龙县东北部，平均海拔约2400米，村域面积137.2平方千米，有耕地约4800亩，林地约130000亩。全村共19个村民组634户2491人（卡户87户337人），现有党员101人，19个村民组中共建有党员活动室18个（大洋槽组无）。

甲子村19个村民组中，大洋槽组平均海拔约2289米，本组41户共167人（卡户4户），以彝族为主；一碗水组平均海拔约2255米，本组45户共168人（卡户2户），以彝族为主；联合三组平均海拔约2219米，本组49户共217人（卡户2户），以汉族为主；二十三公里组平均海拔约2656米，本组28户共95人，以彝族为主；联合二组平均海拔约2310米，本组36户共141人（卡户3户），以纳西族和苗族为主；联合一组平均海拔约2311米，本组29户共114人（卡户2户），以纳西族为主；联合五组平均海拔约2262米，本组32户共132人（卡户5户），以纳西族为主；联合四组平均海拔约2268米，本组22户共86人（卡户4户），以纳西族为主；联合六组平均海拔约2262米，本组20户，共78人（卡户3户），以苗族为主；联合七组平均海拔约2244米，本组22户共102人（卡户4户），以苗族为主；青松一组平均海拔约2200

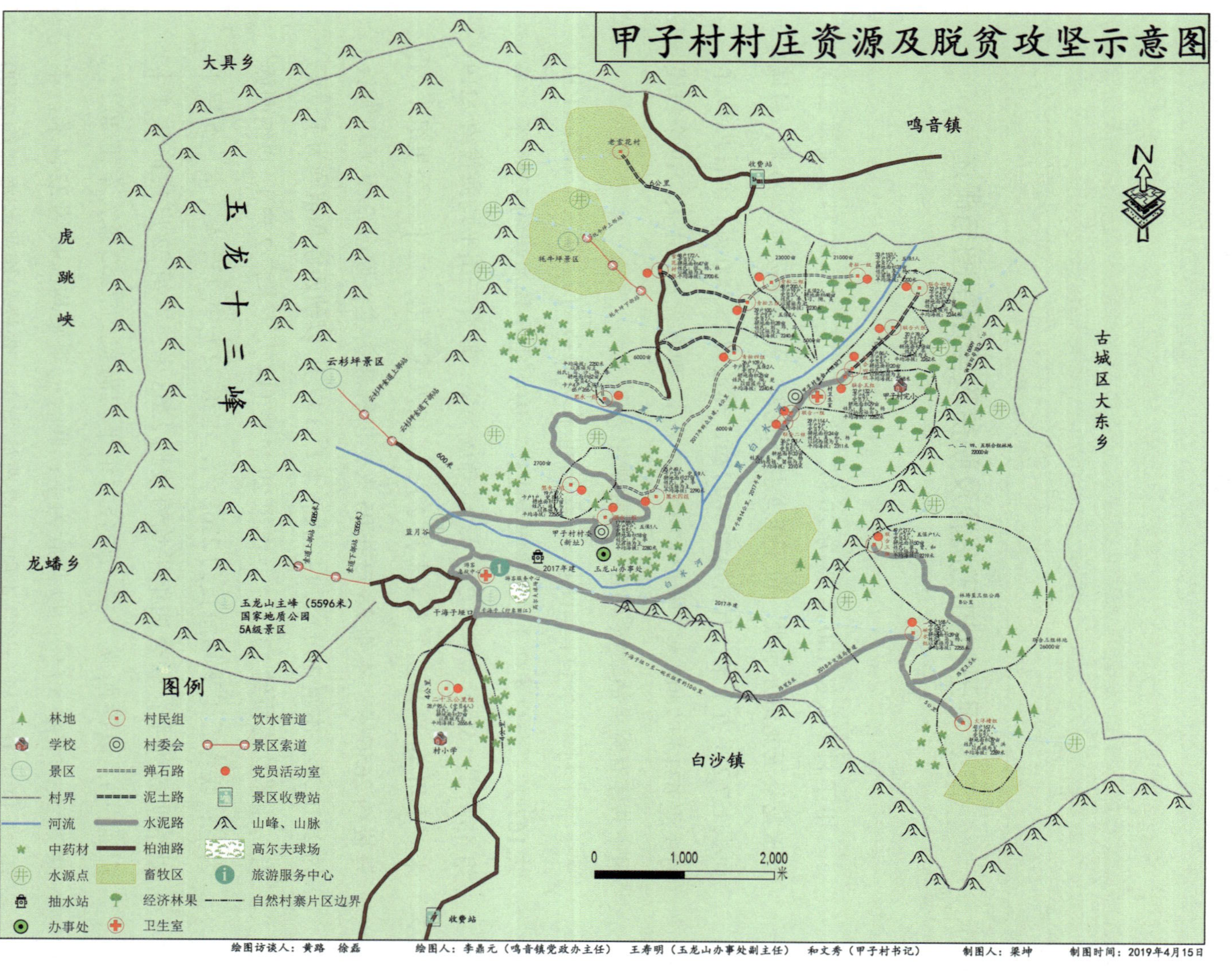

甲子村村庄资源及脱贫攻坚示意图
N
大具乡
鸣音镇
虎跳峡
玉龙十三峰
古城区大东乡
龙蟠乡
白沙镇
云杉坪景区
牦牛坪景区
老党花村
收费站
4公里
600米
蓝月谷
甲子村村委会（新址）
玉龙山办事处
2017年建
干海子垭口
村小学
玉龙山主峰（5596米）
国家地质公园
5A级景区
图例
林地
学校
景区
村界
河流
中药材
水源点
抽水站
办事处
村民组
村委会
弹石路
泥土路
水泥路
柏油路
畜牧区
经济林果
卫生室
饮水管道
景区索道
党员活动室
景区收费站
山峰、山脉
高尔夫球场
旅游服务中心
自然村寨片区边界
0
1,000
2,000
米
绘图访谈人：黄璐 徐磊
绘图人：李鼎元（鸣音镇党政办主任） 王寿明（玉龙山办事处副主任） 和文秀（甲子村书记）
制图人：梁坤
制图时间：2019年4月15日

米，本组 33 户共 153 人（卡户 12 户），以苗族为主；青松二组平均海拔约 2230 米，本组 48 户共 200 人（卡户 19 户），以苗族为主；青松三组平均海拔约 2240 米，本组 29 户共 100 人（卡户 9 户），以汉族为主；青松四组平均海拔约 2240 米，本组 26 户共 109 人（卡户 8 户），以苗族为主；雪花村组平均海拔约 2700 米，本组 48 户共 172 人，以藏族为主；黑水一组平均海拔约 2250 米，本组 65 户共 266 人（卡户 4 户），以彝族为主；黑水二组平均海拔约 2256 米，本组 19 户共 77 人（卡户 1 户），以彝族为主；黑水三组平均海拔约 2280 米，本组 17 户共 65 人（卡户 2 户），以彝族为主；黑水四组平均海拔约 2290 米，本组 25 户共 49 人（卡户 3 户），以汉族为主。

通过对甲子村 19 个村民组所在地理位置高程信息汇总分析及村民组民族特征分布总结得出，全村居住点中海拔相对较低的区域居住主要以汉族、苗族为主，海拔相对较高的区域居住主要以藏族、彝族、纳西族为主。全村居民居住生活空间主要集中于 2200—2300 米，共有 586 户；2200 米以下无居民点；2300 米以上共 48 户，反映出在本区内 2200—2300 米区域的空间环境属于生产、生活集中区域。从不同村组海拔高度及贫困户数量可看出，本村贫困户的空间分布主要集中于西北部区域，此种空间分布特征的形成主要源于本村地貌特征西高东低，表明本村贫困户空间分布山区大于坝区。

甲子村经济收入主要由劳务输出、种植业和旅游业反哺等组成：2018 年全村劳务输出 546 人；种植业主要以中药材、经济林果等为主；养殖业主要以养牦牛、黄牛、羊等为主。其中，主要以旅游业反哺为主，得益于村内临近玉龙雪山度假区的天然优势，旅游发展已逐步成为村内产业发展主导方向。村内组织成立了婚纱摄影公司、旅游服务公司等，所有农户均入股成为股东，进而在逐步消除村内民族间差异的同时也逐步增强了集体经济实力。同时，村内积极发挥基层党组织带头作用，以完善发展集体经济为夯实基层党组织服务能力的重要抓手，进而逐步增强集体经济实力，促进村内教育、医疗、基础设施建设持续稳步推进。

在道路基础设施建设推进方面，截至2018年，全村通组路硬化总里程约70千米（其中包含部分旅游环线公路），其中2014年之前完成约25千米（主要是旅游环线），2014—2016年完成约45千米。针对饮水保障工程建设，全村现有保障性水源点12个，铺设管网总长度约10千米，已实现安全饮水有保障。

自脱贫攻坚工作开展以来，全村在住房、教育、医疗等方面取得明显改善，全村共完成农村危房改造295户，现已实现安全稳固住房100%全覆盖。村内由玉龙雪山旅游开发区管理委员会2015年投资新建集村小学与幼儿园于一体的教学点1所，现有教师10名，其中幼儿园学生约20名，小学生约140名。村内有村卫生室与旅游区急救中心各1所，共有医务人员9名，当地村民就医北部区域以村卫生室为主，南部区域以旅游区急救中心为主，所有建档立卡户已实现签约医生全覆盖，建档立卡户农村合作医疗缴纳由政府全额补贴，村民基本医疗有保障。

全村现已建设完成的18个党员活动室主要由县委组织部投资10万元/个和玉龙雪山旅游开发区管理委员会投资13万元/个合资共建，共计23万元/个，于2017—2018年建成。通过党员活动室的修建，在保障基层党组织阵地建设战斗堡垒作用的同时，也为村内集体事务的处理提供了便利；同时，在村内旅游产业发展过程中，党员活动室的修建，进一步增强了村内的团结合作，实现了基层党建和治理经验相结合的社区治理创新。

三、奉联村村庄资源及脱贫攻坚示意图与概述

奉联村（东经 100 度 25 分 32 秒，北纬 27 度 35 分 01 秒）隶属云南省玉龙县奉科镇，位于玉龙县东北部，平均海拔约 1700 米，村域面积 23 平方千米，有耕地 1065 亩，林地 27459 亩。全村共 10 个村民组 390 户 1450 人（卡户 105 户 400 人），现有 2 个党支部（大放牛、营盘片区支部；牛角片区支部）10 个党小组 70 名党员，建有党员活动室 10 个（牛角二组无，其余 9 个村民组各 1 个，移民新村 1 个）。

全村分为营盘、牛角、大放牛 3 个片区。大放牛片区共包含 3 个村民组，其中大放牛一组平均海拔约 1720 米，本组 37 户（卡户 9 户），以纳西族为主；大放牛二组平均海拔约 1724 米，本组 37 户（卡户 7 户），全部为纳西族；大放牛三组平均海拔约 1632 米，本组 54 户（卡户 15 户），全部为纳西族。大放牛片区主要以和、木、树、杨、陈等几姓为主。牛角片区共包含 4 个村民组，其中，牛角一组平均海拔约 1855 米，本组 40 户（卡户 15 户），全部为纳西族；牛角二组平均海拔约 1783 米，本组 39 户（卡户 10 户），全部为纳西族；牛角三组平均海拔约 1837 米，本组 32 户（卡户 9 户），全部为纳西族；牛角四组平均海拔约 1788 米，本组 36 户（卡户 7 户），全部为纳西族。牛角片区主要以和、束、杨、方、顾等几姓为主。营盘片区共包含 3 个村民小组，其中，营盘一组平均海拔约 1908

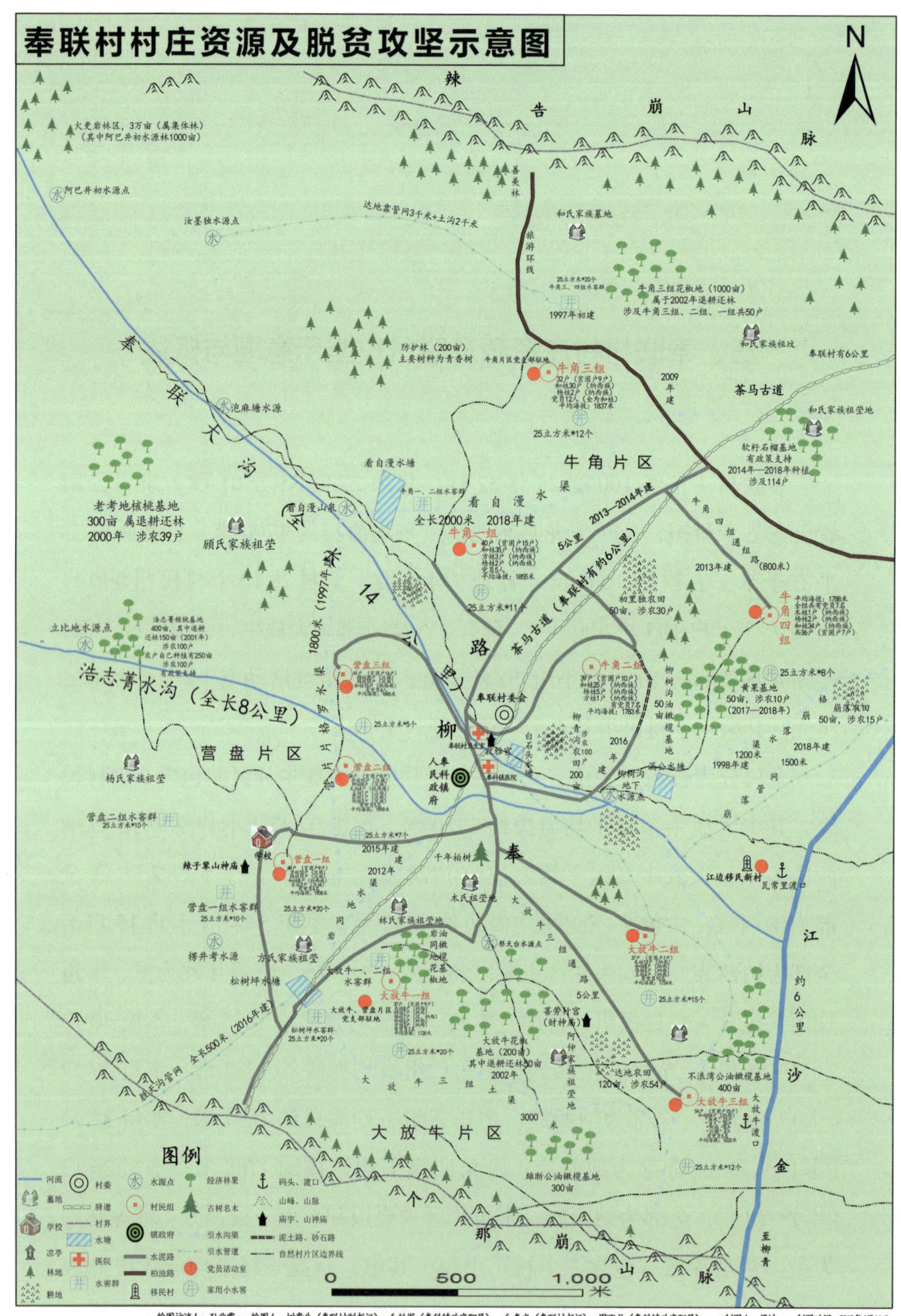

绘图访谈人：孙兆霞　绘图人：树贵生（奉联村副书记）　和铁军（奉科镇政府职员）　和春光（奉联村书记）　周飞龙（奉科镇政府职员）　制图人：梁坤　制图时间：2019年4月16日

米，本组 40 户（卡户 9 户），以汉族为主；营盘二组平均海拔约 1909 米，本组 34 户（卡户 8 户），以汉族为主；营盘三组平均海拔约 1845 米，本组 41 户（卡户 16 户），以汉族为主。营盘片区主要以方、杨、和、顾等几姓为主。

通过对奉联村 10 个村民组所在地理位置高程信息汇总分析及各村民组民族构成分布总结得出，中低海拔区域主要居住纳西族，高海拔区域主要居住汉族，此种分布格局的形成，源于奉联村移民聚居背景下，纳西族率先于此区域居住，故而占据了更好的生存空间。本村居民居住生活空间集中于 1700—1900 米，共有 262 户，以纳西族为主；1700 米以下 54 户，1900 米以上 74 户，以汉族为主，反映出 1700—1900 米区域空间环境在本区属于生产生活较集中区域。从不同村组的海拔高度及贫困户数量可看出，本村贫困户空间分布主要集中于中西部区域。此种空间分布特征的形成与本村地貌特征西高东低密不可分，表明本村贫困户空间分布山区大于河谷区域。

奉联村经济收入主要由劳务输出、种植业和家庭养殖三大板块组成。2018 年全村劳务输出 883 人；种植业主要以经济林果、中药材等为主，村内产业发展过程中有挂钩单位进行帮扶，农户收益也较为显著。全村现种植花椒约 1500 亩，2014 年之前实施，受益农户约 170 户；核桃约 500 亩，2014 年之前实施，受益农户约 200 户；黄果 50 亩，2017—2018 年实施，受益农户 10 户；软籽石榴 200 亩，2014—2016 年实施，受益农户 114 户；油橄榄约 800 亩，为新近实施产业，由农户零散种植和公司流转土地种植两种模式，享受政策帮扶。在产业发展上村内积极发挥党小组带头作用，党员参与其中，进一步加强了党员对村民和村集体的奉献意识。

在道路基础设施建设推进方面，截至 2018 年，全村通组道路硬化总里程约 20 千米。其中，2014 年之前完成约 5 千米，2014—2016 年完成约15千米；未硬化道路约2千米。针对农田水利建设，现有水渠约10千米，全为2014年之前建设完成。针对饮水保障工程建设，全村现有保障性水源点8个，规模较大、聚集较为明显的水窖群4个，户用小水窖约250个，现铺设管网总长度约10千米（其中2016—2018年铺设约3千米），已实现安全饮水有保障。

自脱贫攻坚工作开展以来，全村在住房、教育、医疗等方面取得明显改善，全村共完成农村危房改造219户，现已实现安全稳固住房全覆盖。村内2017年投资80万元新建村小学1所，现有7名教师58名学生，全村适龄儿童除部分随父母到外地上学外，其余均全部入学，无辍学儿童。村内建有卫生室1所，有医务人员2名，因本村离镇医院近，村内多数村民就医以选择镇医院为主，全村建档立卡户已实现签约医生全覆盖，建档立卡户农村合作医疗缴纳由政府全额补贴，村民基本医疗有保障。

全村10个党员活动室中，大放牛一组、牛角三组党员活动室由云南省建设投资控股集团有限公司投资20万元于2018年建成，大放牛二组党员活动室由县委组织部投资12万元于2017年建成，大放牛三组、营盘一组党员活动室由县委组织部投资15万元于2016年建成，牛角一组、牛角四组党员活动室由县委组织部投资15万元于2010年建成，营盘二组、营盘三组党员活动室由云南省建设投资控股集团有限公司投资12万元于2018年建成，江边移民新村党员活动室由县移民局投资49万元于2010年建成。通过党员活动室的修建，保障了基层党组织阵地建设，起到了战斗堡垒作用；保障基层公共服务质量提升，为村寨集体事务的处理提供了便利。

四、洪门村村庄资源及脱贫攻坚示意图与概述

洪门村（东经 101 度 31 分 13 秒，北纬 27 度 11 分 37 秒）隶属云南省玉龙县鸣音镇，位于玉龙县东北部，平均海拔约 1500 米。全村共有 13 个村民小组（其中洪门五组已整组搬迁，故村内现共有 12 个村民小组）234 户 997 人（卡户 33 户 139 人），村域面积 44 平方千米，有耕地约 3354 亩，林地 64728 亩。全村共 3 个党支部 10 个党小组，有党员 73 人，党员活动室 9 个（江边二组、江边七组、洪门一组无）。

全村 12 个村民小组中，江边一组平均海拔约 1537 米，本组 14 户（卡户 1 户），以纳西族为主；江边二组平均海拔约 1539 米，本组 9 户，以纳西族为主；江边三组平均海拔约 1553 米，本组 11 户，以纳西族为主；江边四组平均海拔约 1479 米，本组 24 户，以汉族为主；江边六组 1585 米，本组 11 户，以纳西族为主；江边七组平均海拔约 1587 米，本组 5 户，以纳西族为主；江边八组平均海拔约 1551 米，本组 51 户，全为纳西族；洪门一组平均海拔约 1502 米，本组 20 户，全为汉族；洪门二组平均海拔约 1575 米，本组 11 户（卡户 5 户），全为纳西族；洪门三组平均海拔约 1631 米，本组 19 户（卡户 6 户），以壮族和纳西族为主；洪门四组平均海拔约 1719 米，本组 34 户（卡户 14 户），全为纳西族；洪门五组平均海拔约 1566 米，本组 25 户（卡户 7 户），纳西族与汉族约各占 1/2。

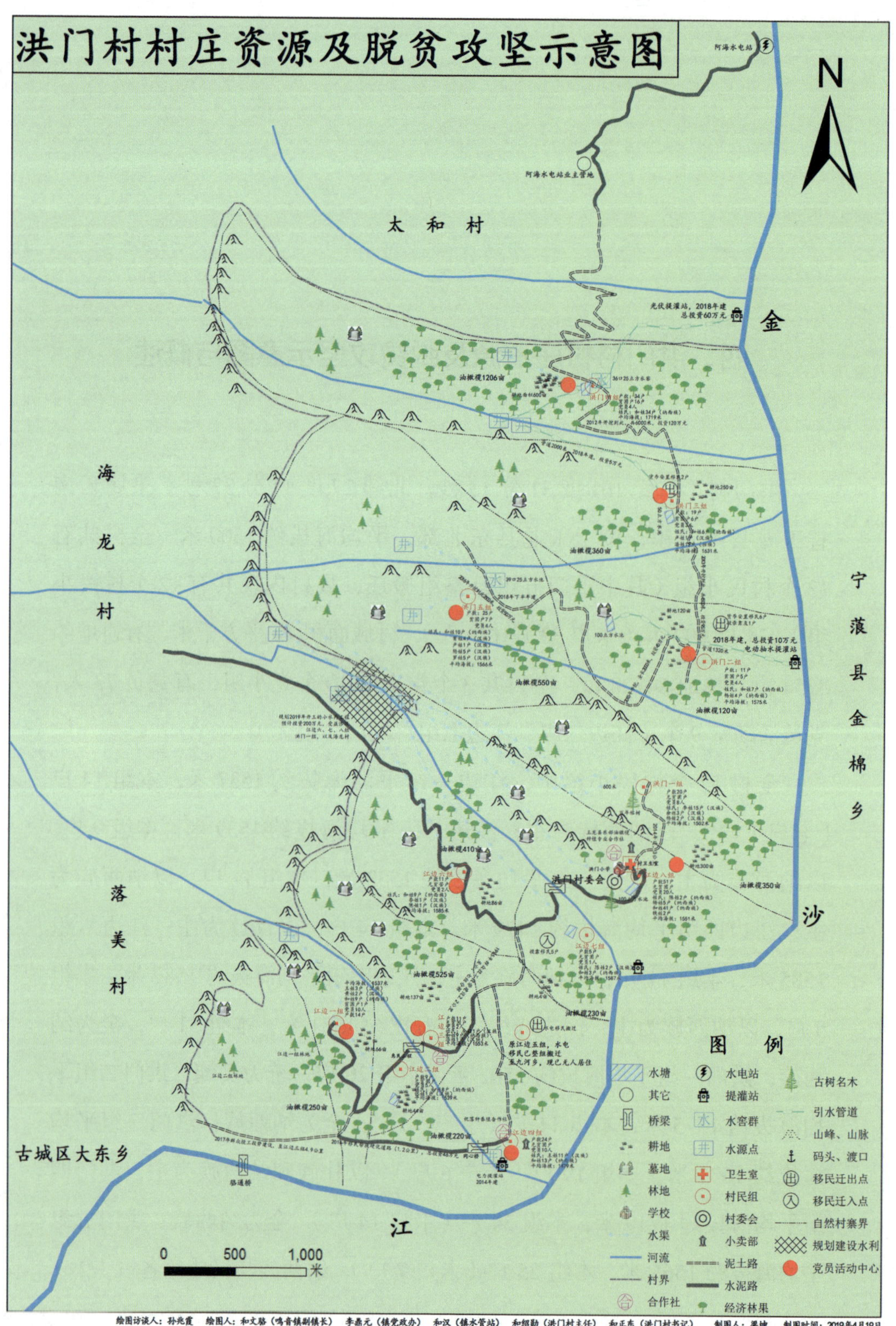

绘图访谈人：孙兆霞　绘图人：和文脉（鸣音镇副镇长）　李鼎元（镇党政办）　和汉（镇水管站）　和绍勋（洪门村主任）　和正东（洪门村书记）　制图人：果坤　制图时间：2019年4月19日

对洪门村 12 个村民组所在地理位置高程信息汇总分析及村民组民族特征分布总结得出，全村居住点中海拔较低区域主要以汉族为主，海拔较高区域主要以纳西族、壮族为主。此种分布格局的形成，反映出本区内不同族群所占据生存空间分布特征。本村居民居住生活空间集中于 1500—1700 米，共有 176 户，以纳西族、壮族为主；1500 米以下共 24 户，以汉族为主；1700 米以上 34 户，以纳西族为主，反映出 1500—1700 米区域的空间环境在本区属于生产生活较集中区域。从不同村组的海拔高度及贫困户数量可看出，本村贫困户的空间分布主要集中于北部区域，此种空间分布特征的形成首先与本村北高南低的地形空间分布密切相关；其次主要是因为南部片区村组所在区域属于河谷低洼地区，气候更益于农作物种植，产业发展较优越；最后是因为南部区域所临近的金沙江河谷地段地形较平坦，土壤相对较肥沃，便于产业发展。

在产业发展上，主要以种植油橄榄、核桃、中药材，畜牧等为主，其中油橄榄为新近实施产业，种植面积现有 6020 亩，随着油橄榄种植收益逐步明显，已逐步成为村内主导产业。在道路基础设施建设方面，全村通组路硬化完成约 50%，其中主要以集中于南部区域村组，北部村组通组路均未硬化；截至 2018 年，全村通组道路硬化总里程约 15 千米，全部为 2014—2018 年完成，未硬化道路总里程约 15 千米。针对农田水利建设，现有水渠约 30 千米；同时，村内现规划建设水利保障工程，项目将于 2019 年开始施工，总投资约 200 万元。针对饮水保障工程建设，全村现有保障性水源点 11 个，规模较大、聚集较为明显水窖群 2 个，且主要集中于北部区域。新铺设人饮水管网总长度约 7 千米，全在 2018 年建设完成，已实现安全饮水有保障。

在教育、医疗、住房等基本保障方面，全村完成农村危房改造 182 户，现已实现安全稳固住房全覆盖，农户已全部实现住房有保障。村内

2007 年由教育局投资约 300 万元建村小学 1 所，现为寄宿制学校，有 6 名教师 50 名学生，全村适龄儿童除部分随父母到外地上学外，其余均全部入学，无辍学儿童。村内 2001 年投资 10 万元建有卫生室 1 所，2016 年投资 10 万元对卫生室进行改扩建和医疗设备采购，现有 3 名医务人员，全村建档立卡户已实现签约医生全覆盖，建档立卡户农村合作医疗缴纳由政府全额补贴，村民基本医疗有保障。

全村现有 9 个党员活动室，全部由县委组织部投资（12 万元 / 个）于 2018 年建成，12 个村民组修建了 9 个，主要是基于党员人数、地理位置和项目资金等综合考虑进行布局，如此可以更好地发挥基层党组织阵地建设和战斗堡垒作用；另外，通过党员活动室的修建，有利于保证村内相关事务处理上的沟通，充分保障村民之间的非正式联系，进而促进信息资源共享，同时也促进了村民参与村庄公共事务主动性的提升，进而有效地提升基层党组织的凝聚力，促进村民团结。

五、太和村村庄资源及脱贫攻坚示意图与概述

太和村（东经 100 度 26 分 31 秒，北纬 27 度 18 分 58 秒）隶属云南省玉龙县鸣音镇，共 16 个村民组 558 户 1920 人（卡户 81 户 330 人），平均海拔约 2000 米，村域面积 114 平方千米，有耕地 3482 亩，林地 170000 亩。全村现有 2 个党支部（安乐片区支部和太和片区支部）14 个党小组 74 名党员，建有党员活动室 14 个（太和一组党员活动室因山体滑坡损毁）。全村以三条河为基础共划分为四个片区，即太和片区、兴补罗片区、安乐片区、竹龙片区。

太和片区有 4 个村民组，其中太和一组平均海拔约 2209 米，本组共 36 户（卡户 5 户），以纳西族为主；太和二组平均海拔约 2168 米，本组共 39 户（卡户 11 户），以纳西族为主；太和三组平均海拔约 2123 米，本组共 30 户（卡户 6 户），以纳西族为主；太和四组平均海拔约 2026 米，本组共 32 户（卡户 7 户），以纳西族为主。竹龙片区有 5 个村民组，其中竹龙一组平均海拔约 2520 米，本组 60 户（卡户 7 户），以傈僳族为主；竹龙二组平均海拔约 2126 米，本组 36 户（卡户 6 户），以傈僳族为主；竹龙三组平均海拔约 2374 米，本组 32 户（卡户 5 户），全为傈僳族；伟都二组平均海拔约 2000 米，本组 21 户（卡户 5 户），以傈僳族为主；桥头一组平均海拔约 2000 米，本组 24 户（卡户 5 户），傈僳族与纳西族各

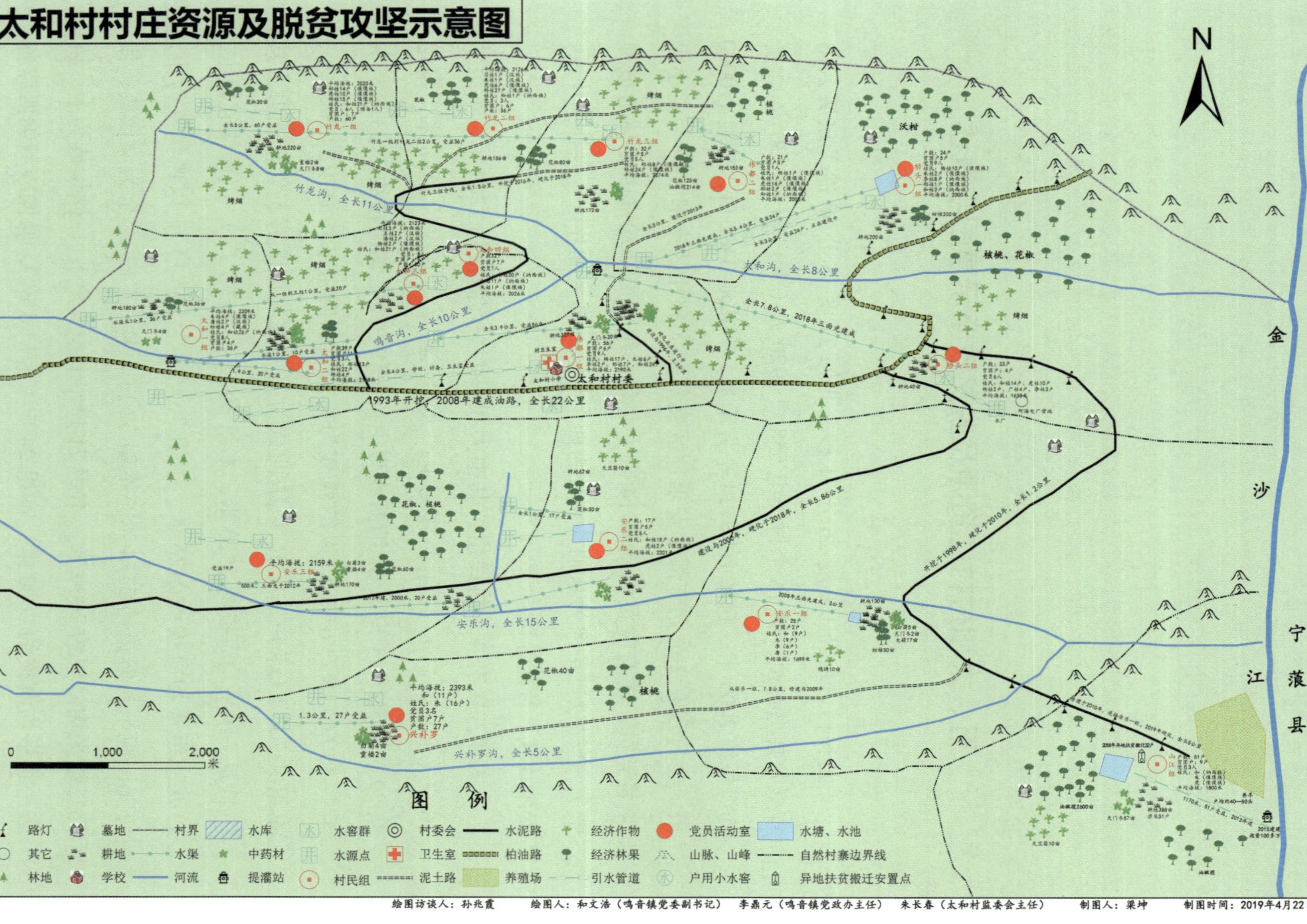

绘图访谈人：孙兆霞　绘图人：和文浩（鸣音镇党委副书记）　李鼎元（鸣音镇党政办主任）　朱长春（太和村监委会主任）　制图人：梁坤　制图时间：2019年4月22日

占一半。

安乐片区有 4 个村民组，其中，安乐三组平均海拔约 2159 米，本组 39 户（卡户 11 户），以纳西族为主；安乐二组平均海拔约 2201 米，本组 17 户（卡户 5 户），以纳西族为主；伟都一组平均海拔约 2190 米，本组 56 户（卡户 6 户），以纳西族为主；桥头二组平均海拔约 1633 米，本组 33 户（卡户 4 户），以纳西族为主。兴补罗片区有 3 个村民组，兴补罗组平均海拔约 2393 米，本组 27 户（卡户 7 户），以傈僳族为主；安乐一组平均海拔约 1699 米，本组 25 户（卡户 2 户），以纳西族为主；山江组平均海拔约 1800 米，本组 51 户（卡户 9 户），以纳西族为主。

对太和村 16 个村民组所在地理位置高程信息汇总分析及村民组民族特征分布总结得出，全村居住点中海拔较低区域主要居住纳西族，海拔较高区域主要居住傈僳族，此种分布格局的形成，一是因为当地历史上纳西族属于较大族群，占据了更多优势生存空间；二是因为迁徙至当地的时间上傈僳族晚于纳西族。本村居民居住生活空间集中于 2000—2300 米，共有 347 户，以纳西族为主；2000 米以下共 109 户，以纳西族为主；2300 米以上共 119 户，全为傈僳族，反映出 2000—2300 米空间环境在本区属于适宜于生产生活所需空间，同时也反映出纳西族在当地占据更好生存空间。从不同村组的海拔高度及贫困户数量可看出，本村贫困户的空间分布主要集中于南部与北部，中间区域较少，此种空间分布特征的形成主要源于本村地貌特征两边高中间低，表明本村贫困户空间分布山区大于坝区。

太和村在产业发展上主要以种植业为主，主要种植经济林果、中药材、烤烟等。自 2014 年开始，村内对传统产业进行了规模化发展，其中种植面积较大的主要有花椒（约 500 亩）、油橄榄（约 2800 亩）、沃柑（约 230 亩）、重楼（约 20 亩）、天竺葵（约 50 亩）等。其中，天竺葵、沃柑等属于脱贫攻坚开展以来新近发展产业，花椒和中药材种植产业为在原有基础上进行扩大化、规模化种植，已逐步成为村内主导产业。

在道路基础设施上，全村通组路与串户路已基本完成，但多数通组路与串户路还未完成路面硬化，仅部分主路完成了路面硬化，现已完成路面硬化约20千米，其中2014年之前仅硬化5千米，2018年硬化完成15千米；全村待硬化路面约40千米，均建设于2014年之前。针对农田水利建设，现有水渠约30千米，其中2018年建设约13千米，其余均为2014年之前建设完成。针对饮水保障工程建设，全村现有保障性水源点22处，规模较大、聚集较为明显水窖群4处，铺设饮水管道总长度约15千米，其中有4千米正在建设中，同时在相应位置建有提灌站，已实现安全饮水有保障。

在教育、医疗、住房等基本保障方面，全村现已完成农村危房改造346户，已实现安全稳固住房全覆盖，农户已全部实现住房有保障。村内2008年由教育局投资修建村小学1所，现为寄宿制学校，有13名教师、约170名学生。生源主要由太和村与邻近东联村适龄儿童构成，全村适龄儿童除部分随父母到外地上学外，其余均全部入学，无辍学儿童。村内2017年由财政局“四位一体”项目投资约60万元新建村卫生室1栋，现有医务人员2名，全村建档立卡户已实现签约医生全覆盖，建档立卡户农村合作医疗缴纳由政府全额补贴，村民基本医疗有保障。

全村现建成的14个党员活动室中，其中太和一组与山江组党员活动室由县财政局投资“四位一体”项目（110万元/个）于2018年建成；竹龙一组投资（26万元/个）融民族文化活动中心与党员活动室于一体的文化活动广场；其余党员活动室由县委组织部投资约10万元/个于2017—2018年建成。党员活动室的修建，有助于更好地发挥基层党组织阵地建设和战斗堡垒作用，有利于保证村内相关事务处理上对于民意的体现，保障了在农业科技推广过程中相关培训的开展，有效提升了基层党组织建设的凝聚力，促进了村民团结。

六、河源村村庄资源及脱贫攻坚示意图与概述

河源村（东经99度52分09秒，北纬26度38分29秒）隶属云南省玉龙县九河乡，位于玉龙县西南部，东邻九河村，南邻大理州剑川县，西邻怒江州兰坪县，北邻金普村，村域面积108平方千米，有耕地约7100亩，林地约130000亩，平均海拔约3000米。全村共14个村民小组512户2173人（卡户144户602人），现有12个党支部14个党小组，建有党员活动室8个。

全村14个村民小组中，牛住山组平均海拔约2565米，本组36户169人（卡户11户46人），全为白族；西峰坪组平均海拔约2645米，本组31户146人（卡户9户43人），全为白族；白岩组平均海拔约2696米，本组12户58人（卡户4户19人），全为纳西族；松坪组平均海拔约2700米，本组42户178人（卡户16户56人），全为纳西族；磨石河组平均海拔约2660米，本组61户225人（卡户12户56人），以纳西族和傈僳族为主；大麦地组平均海拔约2600米，本组29户143人（卡户7户33人），以白族和汉族为主；荞地坪组平均海拔约2725米，本组54户182人，以普米族为主；大栗坪组平均海拔约2800米，本组63户258人（卡户16户66人），以普米族、白族为主；单岭组平均海拔约2645米，本组38户178人（卡户12户53人），全为白族；狗子箐组平均海拔约2700米，本组35户

河源村村庄资源及脱贫攻坚示意图
N
兰
坪
县
剑
川
县
214
国
道
龙应村
九河村
九安村
河北村
龙源路
泥土路，规划2019——2020年硬化
2011年水利局提供水管，村民投工投劳建设，全长18公里，总投资30万元
林地10659.7亩
耕地841.54亩
林地11753.9亩
耕地716.66亩
林地7537.1亩
耕地1179.97亩
平均海拔：2725米
以普米族为主
李姓38户
54户182人
林地9441.1亩
耕地879.98亩
林地8440.7亩
耕地658.4亩
林地7127.5亩
耕地593.31亩
林地1180.6亩
耕地203亩
耕地756.15亩
林地6400.8亩
大磨石河居住点
小磨石河居住点
水塘箐居住点
大麦地居住点
荞地坪组
大栗坪居住点
小栗坪居住点
羊肠沟居住点
新居民点
水滴箐
狗子箐
黑山脚居住点
上草岭
下草岭
老屋基
白岩居住点
西埔坪居住点
东埔坪居住点
河源组
村卫生室
河源村委会
河源村完小
老君山景区
群龙山庄
自发移民6户
以前的煤矿
17公里，准备规划建设二级道路
2017年硬化完成
2018年3月铺设，全长6公里
2018年硬化完成
泥土路7.6公里
2019年3月硬化完成，全长2.8公里
3公里，计划2019年硬化
弹石路，建设资金98万
2009年建
本主庙
以山梁为界，水流大理归大理，水流丽江归丽江
0
1,000
2,000
米
图例
寺庙
学校
墓地
耕地
林地
村委会
河流
其它
中药材
提灌站
卫生室
村民组
水源点
水泥路
柏油路
种植园
党员活动室
山峰、山脉
水池、水塘
泥土路、弹石路
引水管道
村界
绘图访谈人：曹瑞波 徐磊
绘图人：杨叁山（九河乡乡长） 杨志云（河源村书记） 颜银山（河源村副主任）
制图人：梁坤
制图时间：2019年4月17日

148人（卡户14户60人），全为白族；老屋基组平均海拔约1932米，本组14户65人（卡户3户14人），全为纳西族；石红上组平均海拔约2994米，本组27户108人（卡户9户13人），全为纳西族；石红下组平均海拔约2976米，本组32户136人（卡户12户53人），全为纳西族；河源组平均海拔约2434米，本组42户179人（卡户10户39人），以汉族为主。

对河源村14个村民组所在地理位置高程信息汇总分析及村民组民族特征分布总结得出，全村居住点中海拔相对较低区域主要居住汉族、白族，海拔相对较高区域主要居住纳西族、傈僳族，此种分布格局的形成，主要与当地不同族群迁徙至当地的时间先后密切相关。本村居民居住生活空间分布特征为2700—2900米共有194户，以纳西族、普米族为主；2500—2700米共207户，以白族和汉族为主；2500米以下共56户，以汉族为主；2900米以上59户，全为纳西族。本村2500—2900米区域属于人口较集中区域，反映出本区空间环境在本区内属于生产生活集中区域，此高程内也是属于全村耕地集中区域。从不同村组的海拔高度及贫困户分布可看出，本村贫困户的空间分布主要集中于北部区域，以纳西族和傈僳族为主，此种空间分布特征的形成：一是因为本村白族和汉族贫困人口所占比重相对较小；二是因为北部地区人口密度较大，约占全村总人口的80%；三是因为本村北部区域地形起伏大、高差大，南部区域地势相对较平缓，便于产业发展。

本村经济收入主要以劳务输出、传统种养殖业为主，其中劳务输出占比较大，2018年全村劳务输出657人。在产业发展中，主要以种植中药材、养牛、养羊、养蜂等为主。道路基础设施建设方面，截至2018年，全村已完成通组路硬化总里程约40千米，其中，2014—2018年完成约30千米，2018年度完成10千米，当前还有约10千米通组路未硬化，未硬化道路已规划项目上报，计划2019—2020年全部硬化完成。饮水保障工程建设方面，全村现有保障性水源点 15 个，铺设饮水管网总长度约 30 千米，其中 2014 年之前完成约 14 千米，2014—2018 年完成约 16 千米，已实现安全饮水有保障。

全村在住房、教育、医疗基本保障方面已取得明显改善，住房安全保障方面，全村实施易地扶贫搬迁 12 户，农村危房改造 461 户，现已实现安全稳固住房全覆盖。村内 2015 年整合县卫计部门与省民宗委“较少数民族发展项目”资金约 60 万元改扩建村卫生室 1 栋，现有 7 间房 4 个床位 2 名医务人员，全村建档立卡户已实现签约医生全覆盖，建档立卡户农村合作医疗缴费由政府全额补贴，村民已实现基本医疗有保障。村内有小学 1 所，现为寄宿制学校，有教师 12 名、学生 145 名，自 2011 年开始，在县教育部门、社会救助、“世界宣明会”等多方资金支持下，村内逐年对小学进行改扩建建设，现已投入资金约 600 万元，村内无辍学儿童，适龄儿童义务教育有保障。

全村现建成的 8 个党员活动室中，牛住山组、西峰坪组、大栗坪组党员活动室由县委组织部投资 10 万元于 2017—2018 年建成；松坪组、石红上组党员活动室由县财政局投资 10 万元于 2015 年建成；荞地坪组党员活动室由县民宗、民政、财政多家部门资金整合 60 万元于 2016—2018 年建成；河源组党员活动室由县民宗部门投资 24 万元于 2016 年建成；磨石河组党员活动室由县民宗部门民族文化广场建设项目提供资金支持于 2017 年对原村小学改建完成。尚未修建党员活动室的 6 个村民组已规划于 2019—2020 年建设完成，主要由沪滇合作项目与三峡集团集中帮扶项目提供资金支持。通过党员活动室的修建，保障了基层党组织阵地建设和战斗堡垒作用，保障了当地村民在议事、集会等方面的便利性，保障了村民在处理村内相关事务上的沟通便利，促进了村民参与村庄公共事务的主动性，进而优化了社区治理的创新。

七、太平村村庄资源及脱贫攻坚示意图与概述

太平村（东经 99 度 56 分 13 秒，北纬 27 度 25 分 8 秒）隶属云南省玉龙县鲁甸乡，位于玉龙县西北部，平均海拔约 2400 米，村域面积 13.8 平方千米，有耕地 5648 亩，林地约 40000 亩，全村共 12 个村民组 467 户 1727 人（卡户 70 户 290 人），现有 3 个党支部，3 个党小组，党员 80 人，建有党员活动室 6 个。

全村 12 个村民小组中，八组（箐牌）平均海拔约 2657 米，本组 17 户 71 人（卡户 3 户 17 人），全为傈僳族；五组（拖八课上）平均海拔约 2793 米，本组 23 户 93 人（卡户 3 户 15 人），全为汉族；十一组（拖八课下）平均海拔约 2642 米，本组 39 户 139 人（卡户 11 户 49 人），以傈僳族为主；大水沟三组平均海拔约 2455 米，本组 56 户 171 人（卡户 12 户 48 人），以傈僳族为主；四组（排底）平均海拔约 2791 米，本组 72 户 151 人（卡户 13 户 54 人），以傈僳族为主；二组（塘上）平均海拔约 2521 米，本组 56 户 196 人（卡户 5 户 14 人），以汉族为主；十组（绣水塘上）平均海拔约 2287 米，本组 22 户 88 人（卡户 5 户 16 人），全为汉族；一组（绣水塘下）平均海拔约 2280 米，本组 48 户 115 人（卡户 4 户 18 人），以汉族为主；十二组平均海拔约 2667 米，本组 36 户 124 人，全为彝族；依盖七组平均海拔约 2459 米，本组 47 户 162 人，以纳西族为

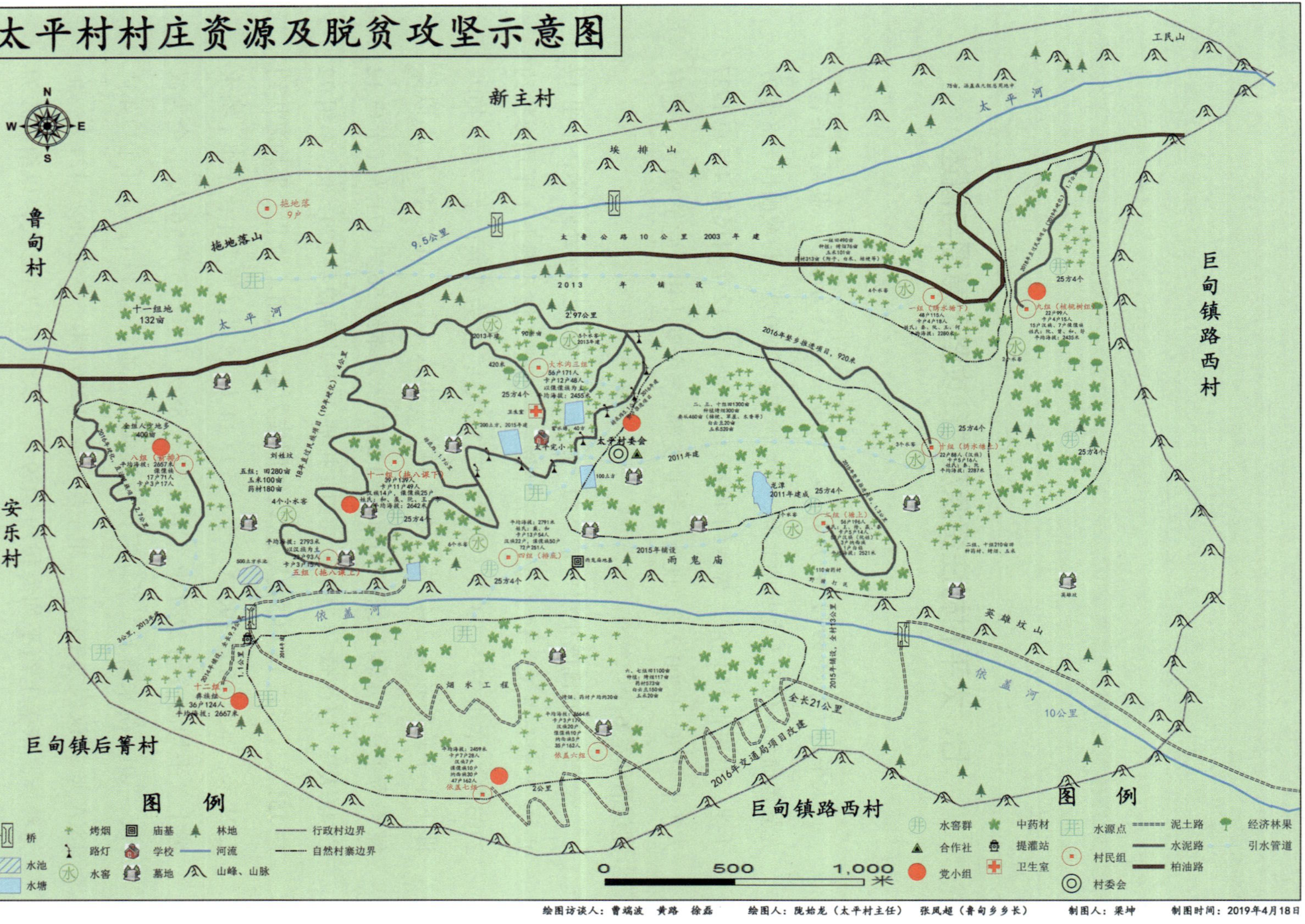

绘图访谈人：曹端波　黄路　徐磊　　绘图人：陇始龙（太平村主任）　张凤超（鲁甸乡乡长）　　制图人：梁坤　　制图时间：2019年4月18日

主；依盖六组平均海拔约2664米，本组35户162人（卡户3户17人），以汉族为主；九组（核桃树组）平均海拔约2435米，本组22户99人（卡户4户15人），以汉族为主。

通过对太平村12个村民组所在地理位置高程信息汇总分析及村民组民族特征分布总结得出，全村居住点中海拔较低区域主要居住汉族，海拔较高区域主要居住纳西族、傈僳族，此种分布格局的形成，是由于在当地历史上汉族作为较大群体占据了空间生存环境相对较优越区域，在当地汉族较其他少数民族居住历史较长。本村居民居住生活空间集中于2400—2700米，共有309户，以汉族为主；2400米以下共70户，2700米以上95户，主要是傈僳族和纳西族，反映出2400—2700米区域的空间环境在本区属于生产生活集中区域。从不同村组的海拔高度及贫困户数量可看出，本村贫困户的空间分布主要集中于中部区域，此种空间分布特征的形成主要因为本村中部区域人口基数大，贫困人口占比大。

村内产业发展主要以传统种养殖业为主，种植业主要以烤烟和中药材为主。烤烟主要集中于南部和东部区域，种植面积约800亩；中药材主要集中于北部和西部区域，种植面积约2000亩（主要有重楼、木香、桔梗、秦艽、草乌等），脱贫攻坚工作开展以来，村内主要引进了木香、草乌种植，面积约300亩；烤烟和中药材种植已逐步形成村内主导产业。

在道路基础设施建设上，太平河与依盖河之间区域通组路已全部硬化完成，总里程约15千米，硬化时间全部为2015—2018年。太平河以北区域主要为山地与林地，道路较少。依盖河以南的几个村民组通组路均为泥土路，未完成道路硬化，总里程约30千米，部分泥土路为2016年交通局组织实施改建，长度约21千米；292县道（太鲁段；太平—鲁甸）从村内穿过，长度约 10 千米，2003 年建设完成。饮水保障工程建设方面，全村现有保障性水源点 4 个，水窖群约 30 个，户用小水窖约 40 个，铺设饮水管道约 20 千米，全为 2014 年之前铺设完成，已实现安全饮水有保障。

当前全村在住房、教育、医疗等方面取得明显改善，全村共完成农村危房改造 220 户，已实现安全稳固住房全覆盖；村内有村小学 1 所，为寄宿制学校，现有 11 名教师 113 名学生，村内适龄儿童除部分随父母到外地上学外，其余全部入学，适龄儿童无辍学现象；村内 2005 年由“世界宣明会”捐资建村卫生室 1 栋，现有医务人员 2 名，全村建档立卡户农村合作医疗缴费由政府全额补贴，建档立卡户已实现签约医生全覆盖，村民已实现基本医疗有保障。

全村现建成的 6 个党员活动室中，八组（箐牌）党员活动室于 2017 年投资 14 万元建成；五组（拖八课上）、十二组、依盖六组党员活动室于 2016 年投资 13 万元建成；九组（核桃树组）党员活动室由市委组织部 2017 年投资 12 万元建成；村委驻地党员活动室由市委办公室 2013 年投资 17 万元建成；其余村组尚未修建党员活动室。党员活动室的修建，保障了基层党组织阵地建设和战斗堡垒作用，保障了村内相关事务处理上的便利，促进了村民参与村庄公共事务的主动性，进而有效地提升了基层党组织的凝聚力，促进了村民团结。

八、黎明村村庄资源及脱贫攻坚示意图与概述

黎明村（东经 99 度 55 分 54 秒，北纬 26 度 55 分 37 秒）隶属云南省玉龙县黎明乡，位于玉龙县西南部，村域面积 106.95 平方千米，有耕地面积 3997 亩，林地面积 100028 亩，森林覆盖率达 85%，平均海拔约 2800 米。全村共 29 个村民小组 771 户 2931 人（卡户 134 户 476 人），下设 4 个党支部 17 个党小组，有党员 154 人，现建有党员活动室 7 个。

全村 29 个村民组中，除格拉丹组以彝族为主外，其余村组主要以傈僳族为主。别独伍组平均海拔约 2030 米，本组 26 户共 94 人（卡户 3 户 12 人）；路鲁习组平均海拔约 2000 米，本组 28 户共 105 人（卡户 3 户 9 人）；堆存来组平均海拔约 2050 米，本组 19 户共 73 人（卡户 2 户 9 人）；王丽别组平均海拔约 2044 米，本组 30 户共 120 人（卡户 5 户 20 人）；克渣落组平均海拔约 2122 米，本组 34 户共 97 人；老竹比组平均海拔约 2000 米，本组 18 户共 56 人（卡户 6 户 16 人）；安哭组平均海拔约 1987 米，本组 15 户 56 人（卡户 2 户 6 人）；安那普组平均海拔约 1969 米，本组 31 户共 123 人（卡户 16 户 65 人）；海林子组平均海拔约 1940 米，本组 48 户共 176 人（卡户 11 户 46 人）；木汝是米组平均海拔约 1930 米，本组 15 户共 53 人（卡户 11 户 36 人）；劳吾把组平均海拔约 2190 米，本组 32 户共 129 人（卡户 5 户 19 人）；落咀组平均海拔约

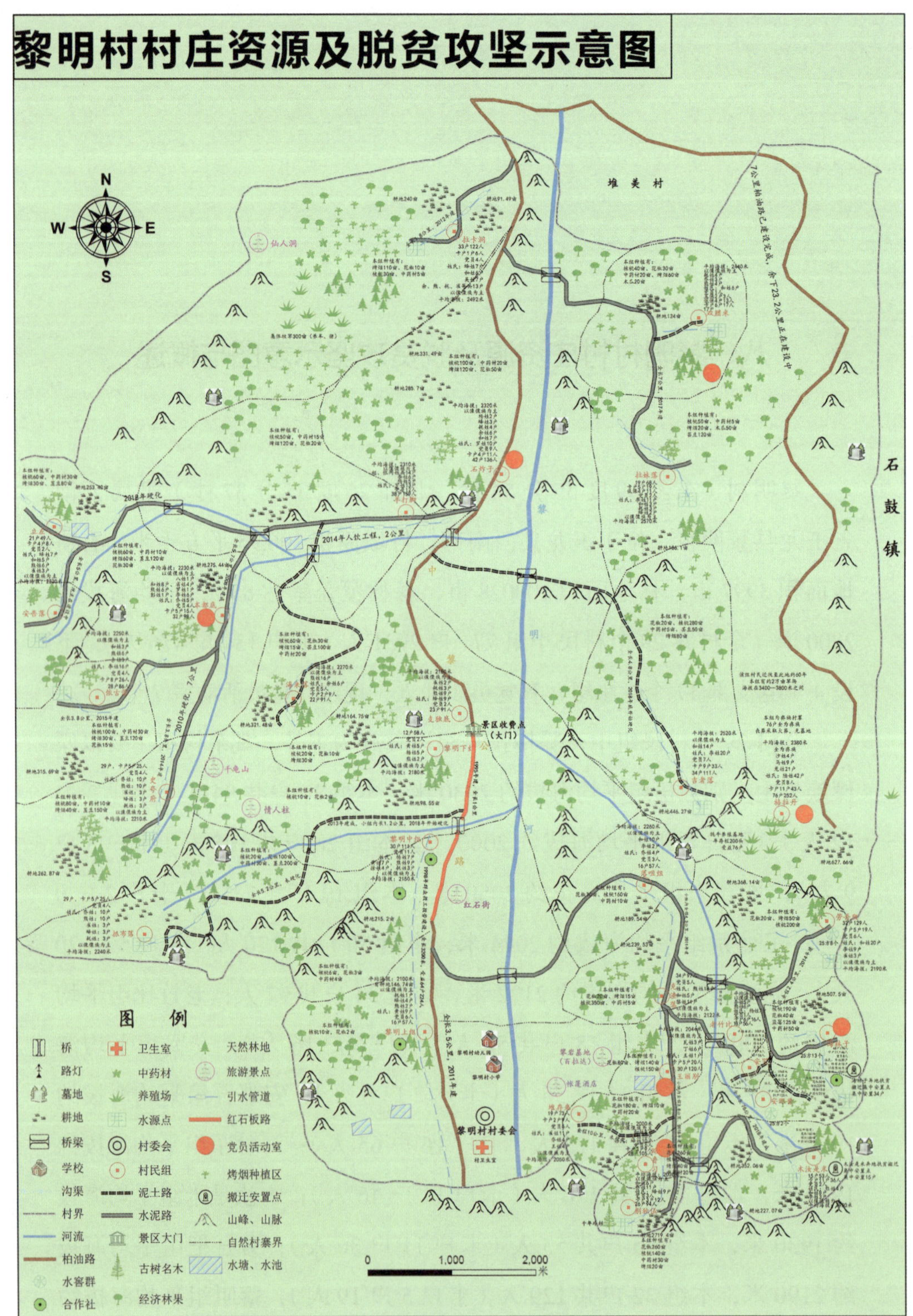

绘图访谈人：曹端波　黄路　徐磊　　绘图人：黄俊杰（黎明乡乡长）　和文浩（鸣音镇副镇长）　李鼎元（鸣音镇党政办主任）　黄文武（黎明村支书）　熊睇梅（黎明村副主任）

制图人：梁坤　　制图时间：2019年4月19日

2260 米，本组 16 户共 57 人；格拉丹组平均海拔约 2380 米，本组 76 户共 252 人（卡户 11 户 43 人）；吉者落组平均海拔约 2520 米，本组 34 户共 111 人（卡户 9 户 33 人）；拉妹落组平均海拔约 2570 米，本组 19 户共 68 人（卡户 5 户 19 人）；双腊米组平均海拔约 2440 米，本组共 17 户（卡户 6 户 17 人）；拉卡洞组平均海拔约 2492 米，本组 33 户共 122 人（卡户 1 户 6 人）；石炸子组平均海拔约 2320 米，本组 42 户共 136 人（卡户 4 户 11 人）；羊打脚组平均海拔约 2310 米，本组 38 户共 169 人；本都底组平均海拔约 2230 米，本组 32 户（卡户 5 户 15 人）共 98 人；立左组平均海拔约 2320 米，本组 21 户共 49 人（卡户 4 户 8 人）；依古落组平均海拔约 2250 米，本组 28 户共 86 人（卡户 8 户 26 人）；海来落组平均海拔约 2270 米，本组 22 户共 91 人（卡户 2 户 9 人）；史夸府组平均海拔约 2210 米，本组共 29 户（卡户 5 户 25 人）；支独底组平均海拔约 2180 米，本组 23 户共 91 人；黎明下组平均海拔约 2180 米，本组 12 户共 58 人；黎明中组平均海拔约 2150 米，本组 30 户共 111 人；黎明上组平均海拔约 2100 米，本组 16 户共 57 人；抓布落组平均海拔约 2240 米，本组共 29 户（卡户 5 户 25 人）。

通过对黎明村 29 个村民组所在地理位置高程信息汇总分析以及村民民族分布特征总结得出，全村居住点中海拔较低区域主要以傈僳族为主，海拔较高区域主要以彝族为主，此种分布格局的形成，主要与本村不同民族迁徙进入时间先后紧密相关。本村居民居住生活空间分布特征为 2000—2200 米共有 268 户，2200—2500 米共 380 户，2500 米以上共 53 户，2000 米以下 109 户。从农户分布数量上可看出本村 2000—2500 米区域属于人口较集中区域，反映出本区空间环境属于生产生活集中区域，此高程内也是属于全村耕地集中区域。从不同村组的海拔高度及贫困户数量可看出，本村贫困户的空间分布主要集中于东南部区域，此种分布特征形成的主要原因是本村东南部地区人口密度较大，约占全村总人口的70%。

本村产业发展北部片区主要以烤烟产业为主，中部片区主要以旅游业为主，南部片区主要以经济林果、畜牧业为主。种植业以经济林果、烤烟、中药材、芸豆等为主，其中成规模的主要有核桃、烤烟、花椒等，烤烟种植面积约1000亩，核桃种植面积约2700亩，中药材种植面积约350亩，花椒种植面积约1500亩。自脱贫攻坚工作开展以来，村内引进了蓝莓（125亩）、木瓜（20亩）的种植和牦牛养殖（年出栏约200头，受益农户76户）。同时，结合当地自然资源和民族文化资源，村内相应地也进行了乡村旅游开发。

道路基础设施建设方面，截至2018年，全村通组已完成道路硬化总里程约80千米（含柏油路），其中2014年之前完成约30千米，2014—2018年完成约40千米，有约10千米正在建设中；全村尚有约50千米通组公路未硬化。饮水保障工程建设方面，全村现有保障性水源点12个，铺设饮水管网总长度约20千米，新建水窖群约30个，已实现安全饮水有保障。本村有2个易地扶贫搬迁集中安置点。

自脱贫攻坚工作开展以来，全村在住房、教育、医疗等方面取得明显改善，全村共完成危房改造90户，易地扶贫搬迁56户，现已实现安全稳固住房100%全覆盖；村内2017年由县财政投资新建村卫生室1栋，现有5间房4个床位3名医务人员，全村建档立卡户已实现签约医生全覆盖，建档立卡户农村合作医疗缴费由政府全额补贴，村民已实现基本医疗有保障；村内2017年3月由县财政与当地旅游公司两家整合资金1500万元新建村小学与幼儿园各1所，幼儿园现有5名教师150名学生，村小学现有20名教师324名学生，当地适龄儿童全部入学，无辍学儿童，适龄儿童义务教育有保障。

全村现建成的7个党员活动室均为2017—2018年完成，其中海林子、格拉单支部党员活动室为投资80万元新建；路鲁习、拉妹落、石炸子支部党员活动室为投资10万元新建；本都底、王丽别支部党员活动室为投资2万—5万元修缮；其余村组尚未修建党员活动室。党员活动室的修建，保障了基层党组织阵地建设和战斗堡垒作用；作为群众聚集的重要场所，村内无论是涉及各个小组或整个片区的节日活动，都会集中到活动中心开展，进而加强了群众间的联络，提升了村民参与公共事务的积极性。

九、金普村村庄资源及脱贫攻坚示意图与概述

金普村（东经 99 度 56 分 41 秒，北纬 26 度 45 分 59 秒）隶属云南省玉龙县九河乡，位于玉龙县西部，全村共 13 个村民小组 352 户 1258 人（卡户 114 户 444 人），平均海拔约 2650 米，村域面积 56 平方千米，有耕地约 7150 亩，林地约 85000 亩。全村设有 6 个党支部 13 个党小组，有党员 85 名，现建有党员活动室 7 个。

全村 13 个村民小组中，老佐罗组平均海拔约 2495 米，本组 9 户（卡户 4 户），全为普米族；通海落组平均海拔约 2630 米，本组 20 户（卡户 6 户），全为普米族；大麦地组平均海拔约 2560 米，本组 12 户（卡户 5 户），全为普米族；大丰乐组平均海拔约 2623 米，本组 19 户（卡户 4 户），以纳西族为主；小丰乐组平均海拔约 2634 米，本组 32 户（卡户 11 户），以纳西族为主；拉支组平均海拔约 2800 米，本组 59 户（卡户 28 户），全为纳西族；拉普组平均海拔约 2695 米，本组 84 户（卡户 20 户），以普米族为主；木化组平均海拔约 2618 米，本组 15 户（卡户 3 户），以纳西族为主；冷水沟组平均海拔约 2771 米，本组 16 户（卡户 4 户），全为普米族；新乐组平均海拔约 2893 米，本组 33 户（卡户 11 户），全为纳西族；大栗树组平均海拔约 2677 米，本组 24 户（卡户 9 户），全为普米族；小马坪组平均海拔约 2798 米，本组 14 户（卡户 3 户），全为普米族；

访谈绘图人：曹端波 黄路　绘图人：杨叁山（九河乡乡长） 和文浩（鸣音镇副书记） 李鼎元（鸣音镇党政办主任） 杨万锋（金普村主任）　制图人：梁坤　制图时间：2019年4月20日

大马坪组平均海拔约2712米，本组14户（卡户5户），全为普米族。

对金普村13个村民组所在地理位置高程信息汇总分析及村民组民族特征分布总结得出，全村居住点中海拔相对较低区域主要居住普米族，海拔相对较高区域主要居住纳西族，表明普米族在本区所占据生存空间更利于生产生活所需，此种分布格局的形成，主要源于纳西族是迁徙至当地居住最晚民族。金普村属于山区，平坝较少，低处平坦区域已无可居住场所，纳西族遂居住于海拔相对较高地区。本村居民居住生活空间集中于2600—2800米，共有238户，以普米族为主；2600米以下共21户，全为普米族；2800米以上92户，全为纳西族，反映出2600—2800米区域的空间环境在本区内属于生产生活集中区，此高程内也是属于全村耕地集中区域。从不同村组的海拔高度及贫困户数量可看出，本村贫困户的空间分布主要集中于中部区域，此种空间分布特征的形成是由于本村中部地区人口密度较大，约占全村总人口70%；是由于山区更适宜于中药材种植，本村产业发展逐步形成以中药材种植为主。

金普村在规模化产业发展上主要进行了中药材、烤烟种植，截至2018年，全村中药材种植面积约3500亩。中药材种植从2003年开始发展，以村民零散种植为主，自脱贫攻坚工作开展后，村内通过引进企业进行土地流转，共流转1000多亩土地用于中药材规模化种植，中药材已逐步成为村内主导产业。全村中药材种植最大面积主要集中在新乐组与小马坪组，两个村民组成立了针对中药材种植的农民专业合作社。村内从2012年开始布局种植烤烟，至2018年，全村种植面积约350亩。村内产业布局主要是低海拔地区种植烤烟，高海拔地区种植中药材。村内还布局有蜜蜂养殖（2015年实施）、山葵种植（2016年实施，约300亩），养蜂产业在农户全年经济收入中占比逐步增大，部分农户通过养蜂每年可增收3万—4万元。基于村内优越水质条件，2018年成立了矿泉水加工厂，厂址基础设施建设和设备已经安装完成，开始生产后将成为金普村较大的一个扶贫车间，以带动农户就业。村内成立了党员服务队，党员服务队对产业的合理布局、农危改工作推进、教育扶贫等方面都起到了积极的推进作用。

在道路基础设施建设推进方面，截至 2018 年，全村通组路已全部完成道路硬化，道路硬化总里程约 40 千米。其中，2014—2018 年完成约 15 千米，2018 年度完成 25 千米。饮水保障工程建设方面，全村现有保障性水源点 15 个，规模较大、聚集较为明显水窖群 2 个，铺设饮水管网总长度约 25 千米，其中 2014 年之前完成约 14 千米，2014—2018 年完成约 9 千米，2018 年完成约 2 千米，已实现安全饮水有保障。

自脱贫攻坚工作开展以来，全村在住房、教育、医疗等方面取得明显改善，全村共完成危房改造 130 户，主要集中在 2017 年实施完成，现已实现安全稳固住房全覆盖。村内 2010 年由“世界宣明会”与当地教育部门合作投资建村小学 1 所，2019 年由三峡集团对口帮扶项目与当地教育部门合作投资 150 万元对村小学进行改扩建，现为寄宿制学校，学校现有 8 名老师 53 名学生。村内 2016 年投资 15 万元对村卫生室进行了改扩建，现有医务人员 2 名，床位 10 张，全村所有建档立卡户已实现签约医生全覆盖，建档立卡户农村合作医疗缴纳由政府全额补贴，村民基本医疗有保障。

全村现建成的 7 个党员活动室中，通海落组、大栗树组党员活动室由三峡集团对口帮扶分别投资 20 万元、15 万元于 2018 年建成；大丰乐组、大马坪组党员活动室由县委组织部分别投资 12 万元、15 万元于 2017 年建成；拉支组党员活动室由整村推进项目投资 35 万元于 2014 年建成；拉普组党员活动室由沪滇合作项目投资 30 万元于 2017 年建成；新乐组党员活动室由县财政投资 20 万元于 2015 年建成；其余 6 个村民组暂无党员活动室。党员活动室的修建，保障了基层党组织阵地建设和战斗堡垒作用的发挥；作为当地村民文娱活动的重要场地，活动室内相关活动的开展，也有助于推动乡风文明的提升；党员活动室为村民提供非正式联系的场所，进而加强了村民间的交流沟通，在促进当地产业发展方面也有助于实现信息交流、流通。

十、拉巴支村村庄资源及脱贫攻坚示意图与概述

拉巴支村（东经 99 度 46 分 32 秒，北纬 26 度 53 分 26 秒）隶属云南省玉龙县石鼓镇，位于玉龙县西部，平均海拔约 3000 米，村域面积 39.78 平方千米，有耕地 5351 亩，林地 74054 亩。全村共 8 个村民组 293 户 1003 人（卡户 67 户 247 人），现有 4 个党支部，党员 76 名，建有党员活动室 2 个（五组、三组各一个）。

全村 8 个村民组中，其中一组（拉巴支）平均海拔约 2566 米，本组共 55 户 146 人（卡户 9 户 25 人），以傈僳族为主；二组（五江水下）平均海拔约 2625 米，本组共 28 户 87 人（卡户 6 户 16 人），以傈僳族为主；三组（初科罗）平均海拔约 2661 米，本组共 32 户 124 人（卡户 7 户 28 人），以傈僳族为主；四组（拉金古下）平均海拔约 2676 米，本组共 39 户 115 人（卡户 8 户 27 人），以傈僳族为主；五组（平亮色）平均海拔约 2972 米，本组共 32 户 135 人（卡户 7 户 26 人），全为彝族；六组（拉金古上）平均海拔约 2840 米，本组共 37 户 131 人（卡户 11 户 39 人），以傈僳族为主；七组平均海拔约 2401 米，本组共 40 户 134 人（卡户 7 户 33 人），以傈僳族为主；八组（五江水上）平均海拔约 2695 米，本组共 21 户 103 人（卡户 7 户 29 人），以傈僳族为主。

对拉巴支村 8 个村民组所在地理位置高程信息汇总分析及村民组民

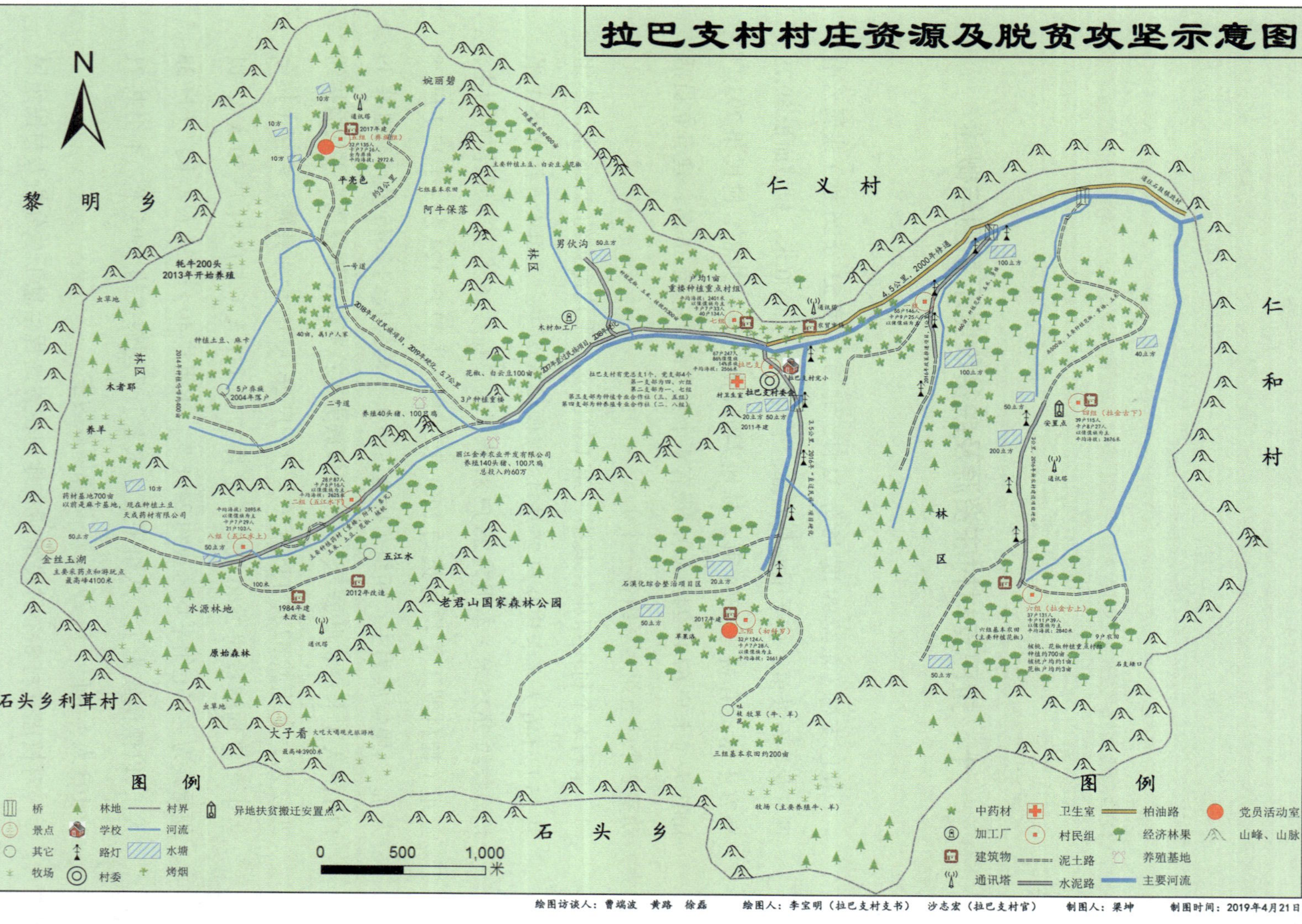

绘图访谈人：曹端波　黄路　徐磊　　绘图人：李宝明（拉巴支村支书）　沙志宏（拉巴支村官）　　制图人：梁坤　　制图时间：2019年4月21日

族特征分布总结得出，全村居住点中海拔较低区域主要以傈僳族为主，海拔较高区域主要以彝族为主，此种分布格局的形成，与本村不同民族迁徙进入时间先后紧密相关，当地彝族1983年才迁徙至当地居住，所占据生存空间多位于海拔较高区域，从客观程度上反映出不同族群所占据生存空间分布特征。本村居民居住生活空间集中于2500—2800米，共有175户；2500米以下共554户，2800米以上69户，反映出本村2500—2800米区域的空间环境在本区属于生产生活集中区域。从不同村组所处海拔高度上可明显看出，本村五组为全村居住海拔最高的村民组，本组主要以彝族为主，由此体现出本村在民族生态上傈僳族占据优势生产生活资源。从不同村组的海拔高度及贫困户数量可看出，本村贫困户的空间分布主要集中于南部区域，此种空间分布特征的形成首先主要是由于本村南部区域内居住村民迁入本村较晚，所占据自然资源禀赋条件相对较差；其次，本村大量的灌溉水源主要集中在北部村组，导致南部村组产业发展受限。

拉巴支村传统种植业主要有马铃薯、玉米、芸豆、油菜、核桃等，自脱贫攻坚工作开展以来，当地引进了中药材、花椒等的种植，其中花椒种植面积约500亩，中药材种植面积约1200亩（中药材种植有公司入驻管理）。中药材种植主要以重楼为主，重楼属于当地传统产业，从2008年开始村内已组织规模化推广实施，但经济效益不明显。自2014年精准扶贫工作开展以来，随着国家帮扶力度的加大，村内重楼种植逐步实现规模化；在政府引导下，当地逐步以重楼种植为主导产业来打造，并与云南白药公司签订收购协议，以此来进一步保证农户收入，进而推动了重楼种植的大面积推广，全村重楼种植面积现有约1200亩。针对高海拔村组产业发展受限，村内进行了规模化养殖产业发展，经济效益已逐步明显。村内现在成立有针对药材种植和养殖业发展的2家专业公司对村内产业发展进行管控，以保证产业合理化发展。

在道路基础设施的完善上，全村通组路硬化率相对较低，截至2018年，全村通组路硬化仅完成约15千米，全为2016年实施硬化；当前村内多数通组路仍以泥土路为主，全村通组路待硬化路面共有约14千米。对饮水保障工程建设方面，全村现修建有保障性蓄水池15个，可覆盖所有村民组，全村已实现安全饮水有保障。

当前全村在住房、教育、医疗等方面已实现基本保障全覆盖，全村共实施易地扶贫搬迁2户，农村危房改造158户，已实现安全稳固住房100%全覆盖。村内小学自1986年开始办学，2014年由教育局投资240万元新建校舍，现为寄宿制学校，有6名教师57名学生，村内适龄儿童除部分随父母到外地上学外，其余全部入学，本村适龄儿童无辍学现象。村内2017年通过县委办与县卫生局整合资金投入15万元新建村卫生室1栋，现有医务人员2名，全村建档立卡户农村合作医疗缴费由政府全额补贴，建档立卡户已实现签约医生全覆盖，村民已实现基本医疗有保障。

村内现建成的2个党员活动室主要是由县委组织部投资于2018年建成。因本村党员人数、人口集中比例、项目资金和修建指标限制，现建成的党员活动室相对较少，村内召开诸如基层党建的会议主要采取到党小组长家里和老党员家里两种模式。

参考文献

图书

[德]马克斯·韦伯:《经济与社会》(上卷),林荣远译,商务印书馆1997年版。

[法]克罗戴特·拉法耶:《组织社会学》,安延译,社会科学文献出版社2000年版。

[美]查莫斯·约翰逊:《通产省与日本奇迹:产业政策的成长(1925—1975)》,金毅、许鸿艳、唐吉洪译,吉林出版集团有限责任公司2010年版。

[美]道格拉斯·C.诺思:《制度、制度变迁与经济绩效》,杭行译,上海人民出版社2008年版。

[美]杜赞奇:《文化、权力与国家:1900—1942年的华北农村》,王福明译,江苏人民出版社2003年版。

[美]梅里利·S.格林德尔:《打造一个好政府:发展中国家公共部门的能力建设》,孟华、李彬译,商务印书馆2015年版。

[美]李侃如:《治理中国:从革命到改革》,胡国成、赵梅译,中国社会科学出版社2010年版。

[美]塞缪尔·P.亨廷顿:《变化社会中的政治秩序》,王冠华、刘为等译,上海人民出版社2008年版。

[印度]阿比吉特·班纳吉、[法]埃斯特·迪弗洛:《贫穷的本

质——我们为什么摆脱不了贫困》(修订版)，景芳译，中信出版社 2016 年版。

［印度］阿马蒂亚·森:《以自由看待发展》，任赜、于真译，中国人民大学出版社 2002 年版。

［印度］阿马蒂亚·森:《贫困与饥饿》，王宇、王文玉译，商务印书馆 2001 年版。

［印度］考希克·巴苏:《政策制定的艺术》，卓贤译，中信出版社 2016 年版。

［英］戴维·毕瑟姆:《官僚制》，韩志明等译，吉林人民出版社 2005 年版。

［英］邓肯·格林:《变革如何发生》，王晓毅译，社会科学文献出版社 2018 年版。

［英］卡尔·波兰尼:《大转型：我们时代的政治与经济起源》，冯钢、刘阳译，浙江人民出版社 2007 年版。

［英］莫里斯·弗里德曼:《中国东南的宗族组织》，刘晓春译，上海人民出版社 2000 年版。

曹锦清:《如何研究中国》，上海人民出版社 2010 年版。

陈锡文等:《中国农村改革 40 年》，人民出版社 2018 年版。

樊绰:《云南志》，中国社会科学出版社 1985 年版。

费孝通:《乡土中国》，江苏文艺出版社 2007 年版。

国务院扶贫办政策法规司、国务院扶贫办全国扶贫宣传教育中心:《人类减贫史上的中国奇迹：中国扶贫改革 40 周年论文集》，研究出版社 2018 年版。

和志武:《东巴经选译（纳西）》，云南人民出版社 1994 年版。

贺雪峰:《治村》，北京大学出版社 2017 年版。

黄承伟:《与中国农村减贫同行(下)》,华中科技大学出版社2016年版。

黄承伟:《中国扶贫行动》,五洲传播出版社2015年版。

黄宗智:《华北的小农经济与社会变迁》,中华书局2000年版。

[美]黄宗智:《中国的隐性农业革命》,法律出版社2010年版。

李培林、李强、马戎:《社会学与中国社会》,社会科学文献出版社2008年版。

丽江纳西族自治县志编纂委员会:《丽江纳西族自治县志》,云南人民出版社2001年版。

林毅夫、〔喀麦隆〕塞勒斯汀·孟家:《战胜命运——跨越贫困陷阱,创造经济奇迹》,北京大学出版社2017年版。

林毅夫、蔡昉、李周:《中国的奇迹:发展战略与经济改革》(增订版),上海人民出版社2014年版。

刘敏:《社会资本与多元化贫困治理——来自逢街的研究》,社会科学文献出版社2013年版。

陆汉文、黄承伟:《中国精准扶贫发展报告(2016)》,社会科学文献出版社2016年版。

陆学艺:《当代中国社会建设》,社会科学文献出版社2013年版。

陆学艺:《中国社会结构与社会建设》,中国社会科学出版社2013年版。

陆益龙:《后乡土中国》,商务印书馆2017年版。

师晓霞:《中国共产党执政期间执政党与社会关系研究》,人民日报出版社2010年版。

世界银行:《2000—2001年世界发展报告:与贫困作斗争》,中国财政经济出版社2001年版。

孙方明：《潮聚潮散附录：中国农村发展问题研究组部分文献》，社会文献出版社 2011 年版。

孙兆霞、张建、曹端波、毛刚强等：《政治制度优势与贫困治理》，湖南人民出版社 2018 年版。

孙兆霞、张建、曾芸、王春光等：《贵州党建扶贫 30 年：基于 X 县的调查研究》，社会科学文献出版社 2016 年版。

王春光、孙兆霞等：《社会建设与扶贫开发新模式的探求》，社会科学文献出版社 2014 年版。

王春光：《超越城乡：资源、机会一体化配置》，社会科学文献出版社 2016 年版。

王小强、白南风：《富饶的贫困》，四川人民出版社 1986 年版。

向德平、黄承伟：《减贫与发展》，社会科学文献出版社 2016 年版。

杨福泉：《多元文化与纳西社会》，云南人民出版社 1998 年版。

杨福泉：《象形文里写春秋：纳西族》，民族出版社 2015 年版。

杨国清：《丽江：民族团结和睦的家园》，当代中国出版社 2016 年版。

杨雪冬：《地方治理的逻辑》，社会科学文献出版社 2018 年版。

姚洋、杨汝岱：《政府行为与中国经济结构转型研究》，北京大学出版社 2014 年版。

姚洋：《中国道路的世界意义》，北京大学出版社 2011 年版。

叶敬忠：《农政与发展当代思潮》（第一卷），社会科学文献出版社 2016 年版。

《玉龙纳西族自治县概况》编写组：《云南：玉龙纳西族自治县概况》，民族出版社 2008 年版。

玉龙县纳西族自治县史志办公室编：《中国共产党玉龙纳西族自治县历史第一卷（新民主主义时期）》（送审稿），2017 年。

张培刚:《农业与工业化》(上卷),华中科技大学出版社2009年版。

张维迎、林毅夫:《政府的边界:张维迎、林毅夫聚焦中国经济改革核心问题》,民主与建设出版社2017年版。

郑永年:《中国模式:经验与困局》,浙江人民出版社2010年版。

周雪光:《中国国家治理的制度逻辑:一个组织学研究》,生活·读书·新知三联书店2017年版。

俞可平:《论国家治理现代化》,社会科学文献出版社2014年版。

期刊

蔡昉:《穷人的经济学——中国扶贫理念、实践及全球贡献》,《世界经济与政治》2018年第10期。

曾芸:《当"社区参与"遭遇行政路径依赖》,《南京农业大学学报》2014年第3期。

陈锡文:《坚决打赢脱贫攻坚战　如期实现全面小康目标》,《劳动经济研究》2015年第6期。

邓维杰:《精准扶贫的难点、对策与路径选择》,《农村经济》2014年第6期。

葛志军、邢成举:《精准扶贫:内涵、实践困境及其原因阐释——基于宁夏银川两个村庄的调查》,《贵州社会科学》2015年第5期。

黄承伟:《党的十八大以来脱贫攻坚理论创新和实践创新总结》,《中国农业大学学报(社会科学版)》2017年第5期。

黄承伟:《论习近平新时代中国特色社会主义扶贫思想》,《南京农业大学学报(社会科学版)》2018年第3期。

黄承伟:《论中国新时代扶贫理论实践研究》,《华中农业大学学报(社会科学版)》2019年第1期。

黄承伟:《我国新时代脱贫攻坚阶段性成果及其前景展望》,《江西财经大学学报》2019 年第 1 期。

黄承伟:《论新时代脱贫攻坚总结的认知和方法》,《贵州民族大学学报》2019 年第 1 期。

寇浩宁:《“政治化执行”: 村干部与农村低保办理的实践逻辑》,《中共福建省委党校学报》2017 年第 1 期。

邝良锋、程同顺:《乡贤治理的现实与理想: 基于一个乡村公共事件的调查》,《党政研究》2017 年第 3 期。

李博、左停:《谁是贫困户? 精准扶贫中精准识别的国家逻辑与乡土困境》,《西北农林科技大学学报（社会科学版）》2017 年第 4 期。

李棉管:《技术难题、政治过程与文化结果》,《社会学研究》2017 年第 1 期。

李佩祖:《论农村项目化公共品供给的组织困境及其逻辑》,《南京农业大学学报（社会科学版）》2012 年第 3 期。

李小云、马洁文、唐丽霞、徐秀丽:《关于中国减贫经验国际化的讨论》,《中国农业大学学报（社会科学版）》2016 年第 5 期。

刘永富:《习近平扶贫思想的形成过程、科学内涵及历史贡献》,《行政管理改革》2018 年第 9 期。

欧阳静:《论基层运动型治理——兼与周雪光等商榷》,《开放时代》2014 年第 6 期。

欧阳静:《政治统合制及其运行基础: 以县域治理为视角》,《开放时代》2019 年第 2 期。

孙兆霞、张建、毛刚强:《贵州省党建扶贫的源起演进与历史贡献》,《贵州社会科学》2016 年第 2 期。

孙兆霞:《脱嵌的产业扶贫: 以贵州为案例》,《中共福建省委党校学报》2015 年第 3 期。

孙兆霞:《以党建促脱贫:一项政治社会学视角的中国减贫经验研究》,《中国农业大学学报(社会科学版)》2017 年第 5 期。

张建、孙兆霞:《农户土地经营权实现方式与减贫发展——G 省 P 市“三变”实践张力试析》,《南京农业大学学报(社会科学版)》2018 年第 3 期。

谭宗梅:《基层协商:创新社会治理的实践选择》,《中共济南市委党校学报》2016 年第 2 期。

唐钧:《中国的贫困状况与整合性反贫困策略》,《社会发展研究》2015 年第 5 期。

汪三贵、刘未:《“六个精准”是精准扶贫的本质要求——习近平精准扶贫系列论述探析》,《毛泽东邓小平理论研究》2016 年第 1 期。

王春光:《扶贫开发与村庄团结关系之研究》,《浙江社会科学》2014 年第 3 期。

王春光:《政策执行与农村精准扶贫的实践逻辑》,《江苏行政学院学报》2018 年第 1 期。

王刚、白浩然:《脱贫锦标赛:地方贫困治理的一个分析框架》,《公共管理学报》2018 年第 1 期。

王谦、文军:《流动性视角下的贫困问题及其治理反思》,《南通大学学报(社会科学版)》2018 年第 1 期。

王晓晖、颜安:《农村精准扶贫:政策内涵、实践困境及政策建议——一个系统性的述评》,《贵州民族大学学报(哲学社会科学版)》2017 年第 2 期。

王晓毅:《社会治理与精准扶贫》,《贵州民族大学学报(哲学社会科学版)》2017 年第 1 期。

王晓毅：《完善乡村治理结构，实现乡村振兴战略》，《中国农业大学学报（社会科学版）》2018 年第 3 期。

魏程琳、赵晓峰：《常规治理、运动式治理与中国扶贫实践》，《中国农业大学学报》2018 年第 5 期。

肖唐镖：《从正式治理者到非正式治理者：宗族在乡村治理中的角色变迁》，《东岳论丛》2008 年第 5 期。

邢成举：《压力型体制下的“扶贫军令状”与贫困治理中的政府失灵》，《南京农业大学学报（社会科学版）》2016 年第 5 期。

许汉泽：《精准扶贫与动员型治理：基层政权的贫困治理实践及其后果——以滇南 M 县“扶贫攻坚”工作为个案》，《山西农业大学学报（社会科学版）》2016 年第 8 期。

叶敬忠：《小农户和现代农业发展：如何有机衔接？》，《中国农村经济》2018 年第 11 期。

张建：《运动型治理视野下易地扶贫搬迁问题研究：基于西部地区 X 市的调研》，《中国农业大学学报（社会科学版）》2018 年第 5 期。

折晓叶、陈婴婴：《项目制的分级运作机制和治理逻辑：对“项目进村”案例的社会学分析》，《中国社会科学》2011 年第 4 期。

周雪光：《运动型治理机制：中国国家治理的制度逻辑再思考》，《开放时代》2012 年第 9 期。

周雪光：《中国国家治理及其模式》，《学术月刊》2014 年第 10 期。

朱天义、高莉娟：《选择性治理：精准扶贫中乡镇政权行动逻辑的组织分析》，《西南民族大学学报（人文社会科学版）》2017 年第 1 期。

左停、杨雨鑫、钟玲：《精准扶贫：技术靶向、理论解析和现实挑战》，《贵州社会科学》2015 年第 8 期。

崔月琴：《以治理为名：福柯治理理论的社会转向及当代启示》，《南开学报（哲学社会科学版）》2016年第2期。

毛刚强:《论发展社区福利与农村减贫》,《贵州民族大学学报（哲学社会科学版）》2016年第6期。

报纸、网络资料

2019年全国两会习近平总书记参加甘肃代表团审议重要讲话，http://www.tibet.cn/cn/zt2019/qglh/lhjj/201903/t20190309_6520813.html，2019年3月9日。

2019年全国两会习近平总书记参加河南代表团审议重要讲话，http://china.cnr.cn/news/20190320/t20190320_ 524548778.shtml，2019年3月20日。

习近平:《打赢脱贫攻坚战，特别要建强基层党支部》，http://www.xinhuanet.com/politics/2018-02/12/c_1122404670.htm，2018年2月12日。

习近平:《更好推进精准扶贫精准脱贫，确保如期实现脱贫攻坚目标》，http://news.xinhuanet.com/politics/2017-02/22/c_1120512040.htm，2017年2月21日。

习近平:《提高脱贫质量　聚焦深贫地区　扎扎实实把脱贫攻坚战推向前进》，http://news.cnr.cn/native/gd/20180214/t20180214_524136452.shtml，2018年2月14日。

习近平:《脱贫攻坚不获全胜决不收兵》(在甘肃代表团参加审议)，《新华每日电讯》2019年3月8日，第1版。

习近平:《在贵州召开的部分省区市党委主要负责人座谈会讲话》，《中国扶贫》2015年第13期。

习近平:《在中央扶贫开发工作会议上的讲话》，http://www.shasm.gov.cn/Information/news/22056，2015年11月27日。

十八届三中全会《决定》、公报、说明（全文），http://news.eastday.com/eastday/13news/node2/n4/n6/u7ai173782_K4.html，2013年11月18日。

《国务院扶贫办召开全国扶贫开发建档立卡工作督查培训会》，http://www.cpad.gov.cn/art/2014/9/17/art_27_22099.html，2014年9月17日。

《国务院扶贫开发领导小组办公室主任刘永富答记者问（实录）》，http://topics.caixin.com/2019-03-07/101388773.html，2019年3月7日。

韩俊：《2020年后扶贫资金应继续投入到乡村振兴中》，《农民日报》2019年3月25日。

黄承伟：《全面决胜脱贫攻坚的根本遵循》，《学习时报》2017年5月1日，第A1版。

联合国大会：《变革我们的世界：2030年可持续发展议程》，http://genevese.mofcom.gov.cn/article/wjysj/201604/20160401295679.shtml，2015年9月。

刘永富：《凝心聚力，坚决打赢脱贫攻坚战：学习贯彻习近平总书记关于扶贫工作的重要论述研讨会发言摘编》，《人民日报》2018年11月8日，第16版。

林辉煌：《“皇权不下县”治理方式的历史两面性》，《北京日报》2016年11月14日。

《云南省加强基层服务型党组织建设的实施意见》，http://ynjgdj.yn.gov.cn/Home/Articles/340/?security_verify_data=313238302c393630，2015年6月1日。

《中共云南省委关于深入贯彻落实习近平总书记考察云南重要讲话精神闯出跨越式发展路子的决定》，《云南日报》2015年4月3日。

主要政策文件

《国务院关于印发“十三五”脱贫攻坚规划的通知》(国发〔2016〕64号)。

中共中央办公厅印发《关于加强基层服务型党组织建设的意见》(中办发〔2014〕6号)。

《中共中央办公厅、国务院办公厅印发〈关于创新机制扎实推进农村扶贫开发工作的意见〉的通知》2013年12月18日。

《中共中央办公厅印发〈关于加强基层服务型党组织建设的意见〉的通知》(中办发〔2014〕6号)。

《中共中央、国务院关于打赢脱贫攻坚战的决定》2015年11月29日。

《中共中央、国务院中国农村扶贫开发纲要(2011—2020年)》2011年12月1日。

《关于印发〈扶贫开发建档立卡工作方案〉的通知》(国开办发〔2014〕24号)。

《关于印发〈建立精准扶贫工作机制实施方案〉的通知》(国开办发〔2014〕30号)。

《云南省扶贫开发领导小组关于印发〈云南省贫困退出实施细则〉的通知》(云贫开发〔2016〕40号)。

《关于做好2019年贫困县涉农资金整合试点工作的通知》(财农〔2019〕7号)。

《云南省人民政府办公厅关于加快推进产业扶贫的指导意见(2017)》(云政办发〔2017〕139号)。

《云南省人民政府办公厅关于印发云南省健康扶贫30条措施的通知(2017)》(云政办发〔2017〕102号)。

《云南省人民政府办公厅转发省民政厅等部门关于做好农村最低生活保障制度与扶贫开发政策有效衔接实施意见的通知（2016）》（云政办发〔2016〕127号）。

《中共云南省委办公厅云南省人民政府办公厅关于印发〈云南省贫困退出机制实施方案〉的通知》（云贫开发〔2016〕11号）。

《关于加强贫困村驻村工作队选派管理工作十条措施的通知》（丽办字〔2018〕38号）。

《关于加强脱贫攻坚"挂包帮""转走访"工作机制建设的通知》（玉办通〔2016〕27号）。

《关于印发〈丽江市贫困人口、贫困村、贫困乡脱贫退出操作流程〉的通知》（丽开组办发〔2018〕16号）。

《〈关于在打赢精准脱贫攻坚战中深化腐败和作风问题专项治理的工作方案〉的通知》（丽纪发〔2018〕8号）。

《玉龙县党政领导班子和领导干部脱贫攻坚工作考核办法》（玉办通〔2016〕21号）。

《玉龙县贫困人口脱贫退出工作实施细则》（玉办通〔2016〕19号）。

《玉龙县贫困县退出工作实施方案》（玉党发〔2016〕11号）。

《玉龙县脱贫攻坚督查工作制度》（玉办通〔2016〕23号）。

《玉龙县脱贫摘帽考核奖惩办法》（玉办通〔2016〕25号）。

《玉龙县乡（镇）党委研究脱贫攻坚工作议事意见》（玉办通〔2016〕20号）。

《中共玉龙县委常委会研究脱贫攻坚工作议事规则》（玉党办发〔2016〕5号）。

《中共玉龙县委玉龙县人民政府关于建设金沙江绿色经济走廊"两带三网两提升"实施意见》（玉党发〔2018〕17号）。

《中共玉龙县委玉龙县人民政府关于举全县之力打赢脱贫攻坚战的决定》(玉党发〔2015〕14号)。

玉龙县扶贫开发领导小组办公室:《玉龙县决胜脱贫攻坚(县级)文件汇编(第二册)》2018年6月。

玉龙县扶贫开发领导小组办公室:《玉龙县贫困现状调研报告》2011年6月。

玉龙县人民政府:《国民经济和社会发展"第十三个五年"规划纲要》2016年5月。

中共玉龙县委、玉龙县人民政府:《提高政治站位,担当时代重任,举全县之力坚决打赢脱贫摘帽攻坚战——玉龙纳西族自治县脱贫攻坚工作报告》2018年7月。

玉龙县委组织部:《中共玉龙县委组织部抓党建促脱贫攻坚工作任务落实情况报告》2018年12月。

玉龙县委组织部:《玉龙纳西族自治县贫困县退出组织部汇编材料》2018年6月。

外文文献

Vivi Alatas, Abhijit Banerjee, Rema Hanna, Benjamin A. Olken, and Julia Tobias, "Targeting the Poor: Evidence from a Field Experiment in Indonesia", *American Economic Review*, 2012, Vol, 102, No, 4: 1206-1240.

后 记

本书是根据国务院扶贫办统一部署、开展的新时代中国县域脱贫攻坚系列研究之一。

贵州民族大学社会建设与反贫困研究院承担了对云南省玉龙县脱贫经验的研究。为了保证课题研究的顺利进行，我们组建了课题组，课题组组长为孙兆霞（贵州民族大学社会建设与反贫困研究院教授、博士生导师）、副组长为黄路（贵州民族大学社会建设与反贫困研究院院长，副教授）、王春光（中国社会科学院社会学所副所长，研究员、博士生导师）。课题组成员有：毛刚强（贵州民族大学社会建设与反贫困研究院研究员）、曹端波（贵州大学历史与文化民族学院教授）、陈志永［文化和旅游部中国乡土社会研究中心（贵州）执行主任，教授］、马流辉（华东理工大学社会与公共管理学院副教授）、徐磊（贵州民族大学民族学与社会学学院副教授）、王晓晖（贵州民族大学研究生院副院长，副教授）、田维绪（贵州民族大学民族学与社会学学院副教授）、张建（贵州民族大学马克思主义学院副教授）、王国勇（贵州民族大学民族学与社会学学院副院长，教授）、梁坤（贵州师范大学硕士生）、吴彪（中央民族大学硕士生）。参加调研及录音整理的学生有：贵州民族大学硕士生向丹、李安连、邓熙媛、龙丽萍、梅陈、康大为。参加课题调研录音整理的还有：贵州民族大学博士生兰英，硕士生阳卓、麻蕾、王瑶、张又嘉、卯会、石楠楠、雷陈陈、吴雪婷、黄玲、郑明玮、杨正莲、肖鸿禹、王芳荣、刘柯彤、曾凯琴，本科生赵钰雯、娄云、丁清乐、吴娟、王明轩、韦乾、梨龙仙、吴杰、杨光元、郭晓、邓东东、郭露、娄倩倩；贵州财经大学本科生陈英；贵州师范大学本科生杜谌林；遵义师范学院本科生陈羡鱼；贵州医科大学本科生肖海波；贵州民族大学人文科技学院本科生莫桂花。

课题调研共分四个阶段，前两个阶段是研究团队集中调研，在19天的实地调研中，共召开县、乡镇、村干部座谈会30余次，深度访谈政府工作人员、村干部及驻村工作人员40余人，贫困户及非贫困户100余人，累计收集文件资料1100余份，拍摄照片4200余张，绘制《村庄资源图》10张，访谈村级问卷10份、村民问卷120份。第三阶段3天时间，主要进行关键事件、关键人物的补充访谈和《村庄资源及脱贫攻坚示意图》的修订完善。第四阶段也是3天时间，一方面是就本书初稿与玉龙县各方进行深入沟通交流，另一方面是转达国务院扶贫办关于项目研究的两次重要会议精神，并与玉龙县的同志就编撰《中国脱贫攻坚　玉龙故事》作收尾阶段的研讨。4个阶段的调查共形成包含被访人口述成长史在内的访谈录音文字资料450余万字。进入写作阶段，课题组进行了十余次集体研讨，最终形成了本书初稿。

本书写作的具体分工为：概要（孙兆霞、毛刚强）、第一章（曹端波、黄路）、第二章（孙兆霞、张建）、第三章（王晓晖、田维绪）、第四章（陈志永）、第五章（徐磊）、第六章（马流辉）、第七章（孙兆霞）、第八章（毛刚强）、附录（梁坤）。全书统稿由毛刚强、张建负责。此外需要指出的是，本书是集体智慧的结晶，虽然每一章都由具体人员承担，但都是经研究团队多轮研讨所定下的基本框架。王春光研究员虽然没有承担具体的写作任务，但是作为课题组副组长，完成了大量高质量的访谈，并在几轮研讨中对本书的写作贡献了重要的研究视野和思路，对本书的一些方向性问题给出了重要的指导性意见。

最后，在本书即将付梓之际，我们衷心感谢全国扶贫宣传教育中心对我们的信任和指导，感谢云南省、丽江市和玉龙县给予的全力支持和配合，感谢贵州民族大学为相关研究工作提供的保障，感谢两轮评审专家对本书初稿提出的审读意见，使我们的书稿质量得以完善和提升。由于水平有限，书中难免有错漏之处，恳请各位读者批评指正。

本书编写组

2019 年 7 月